KB042417

새로운 지역격차와
새로운 처방

: 철근/콘크리트에서 지역발전유발 지식서비스로

김준우 · 안영진

박영사

서 문

이 주제에 대한 공부를 시작한지 10년을 훌쩍 넘어선다. 이제는 마무리를 짓고 싶은 생각이 간절하다. 그리고는 다른 주제로 자유롭게 떠나고 싶다.

이 책의 출발점은 저자들의 출신이다. 글쓴이 둘 다 태생이 '촌' 출신이다. 예전이나 지금이나 서울이 아니면 다 시골로 간주된다. 환경은 감성에 영향을 준다.

주변 촌사람에 대한 익숙함이 관심으로 이어진다. 잠재력을 다 발휘하게 할 수 있는 교육과 삶의 질을 높이는 제대로 된 치료를 받을 권리가 촌에도 있어야 한다. 권리를 찾기 위해서는, 지역 자신이 스스로의 미래를 좀 더 잘 대처할 방안을 찾아야 한다.

안타까움, 분노, 답답함과 같은 감정을 승화해 책으로 낸다. 진단과 해결책을 제시한다. 새 개념의 도입은 이를 위한 하나의 수단이다.

미래를 바라보지만, 이 책의 가치는 과거와 맞닿아 있다. 우리는 전통가치로서 배움을 강조한다. 이 책에서도 배움은 중요하다. 지역발전유발 지식서비스는 배움과 관련이 있다. 비유적으로 말하자면, 못 사는 집안일수록 오히려 더 중요하다. 못사는 도시일수록 지역발전유발 지식서비스가 더 중요하다.

많은 분의 도움이 없었다면, 이 책은 나오지 못했을 것이다. 경남대 사회학과 이은진 교수님은 긴 면담을 허락해주셨다. 교수님의 통찰은 책 곳곳에 반영되어 있다.

부산발전연구원의 황영우, 금성근, 송교욱 박사님으로부터는 부산 현안에 대해 배울 수 있었다. 지금은 경기연구원에 계신 김동영 박사님에게도 감사드린다.

전남대 지리학과 이정록 교수님은 정책 현실이해에 큰 가르침을 주셨다. 전남대 정치외교학과 김용철 교수님은 의료격차 설문조사를 도와주셨다. 조언을 해주신 대구대 사회학과 김두식 교수님에게도 감사를 드린다.

만질수 있는 책이 나올 수 있도록 애쓰신 분들에게 감사드린다. 이영조 팀장님은 어려운 순수 학술도서 출판을 맡아주셨다. 한두희 편집위원님은 꼼꼼하게 오류를 잡아주셨다. 김연서 선생님은 아름답고도 통찰력있는 표지를 만들어주셨다. 이러한 노력으로 이 책은 세상의 빛을 본다.

2017년 6월
김준우 · 안영진

목 차

제2부 새 개념의 필요성

제4장 '지역발전유발 지식서비스'의 정의 · 73

제5장 '지역발전유발 지식서비스'의 특성 · 111

제3부 새로운 격차

제6장 실망과 희망의 공존 : 공과대학교 · 133

제4부   미래의 준비

그림목차

표목차

부록목차

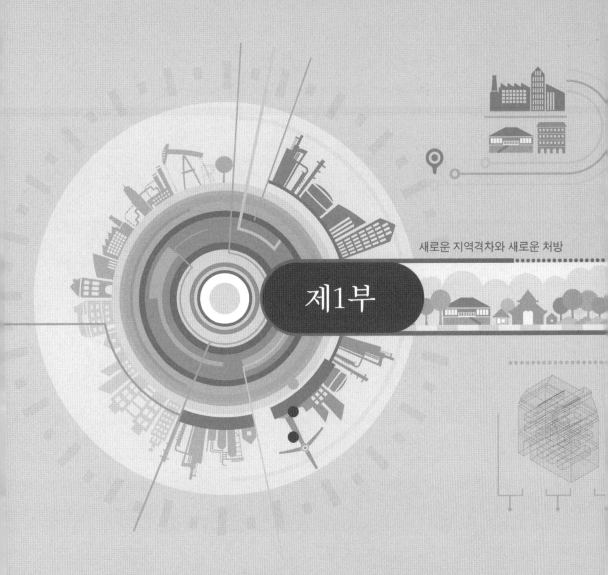

새로운 지역격차와 새로운 처방

제1부

해오던 것에 대한 반성

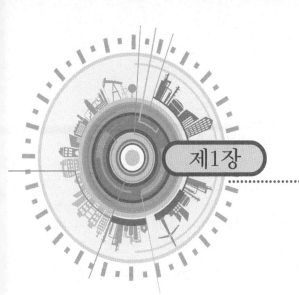

제1장 한국 지역 현안의 알파와 오메가 : 철근과 콘크리트

　이 책은 한국 지역격차 논의에 새로운 방향성을 제시한다. 새로운 개념을 내어 놓고 이의 적용가능성을 논의한다. 새 개념은 '지역발전유발 지식서비스'이다.
　'지역발전유발 지식서비스'는 '지역의 지속적 고부가가치 창출과 삶의 질 향상을 가능하게 하는 지식관련 고차서비스'이다.
　지역발전의 방향과 방법을 제시하는 두뇌기능, 종합병원급 의료서비스, 공과대학이나 이공계 연구소에 의한 연구개발이라는 세 가지를 현실에서의 예로 들 수 있다.
　새 개념을 제시하는 이유는 기존 논의가 정체되어 있기 때문이다. 현재의 지역격차 논의는 이전 논의와 별 차이를 보이지 않는다.
　지역격차를 이야기하면서, 사람들은 여전히 무엇인가 손에 잡히는 것을 만들려 한다. 도로, 항만, 공단, 신도시라는 오래된 처방이다. 세상의 빠른 변화에도 불구하고, 물리적 기반시설에 매몰되어 있다.
　현재 어느 지역 현안이던지 가지고 있는 공통점이 있다. 철근/콘크리트로 현실화된다는 점이다.

1.1 구닥다리 지역격차 논의와 계속되는 철근과 콘크리트

현재 진행되는 지역격차에 대한 담론은 진지함을 결여하고 있다. 여러 가지 새로운 개념을 제시하고 있지만, 현실과 유리되어 있다.

오히려 철근과 콘크리트라는 현실이, 새롭고 멋있어 보이는 표현과 이론을 불러내고 있다.

이렇게 구닥다리 이론이 현실에서 다시 살아난다. "지적 담론으로부터 자유롭고 스스로 실용적이라고 생각하는 사람은 보통 이미 죽은 경제학자의 노예이다 Practical men who believe themselves to be quite exempt from any intellectual influence, are usually the slaves of some defunct economist"라는 John Keynes의 표현이 맞아 들어간다. 사실 Keynes가 바로 '죽은 경제학자'이다. 1930년대 대불황 극복을 위한 대규모 정부지원 토목사업이, 21세기 한국에서 반복된다.

전국 여러 곳의 현안 사업은 정체된 논의를 반영한다. 사람을 판단하는데 말보다 행동이 중요하듯, 지역 현실에 대한 분석은 말잔치가 아닌 실제 벌어지는 일에서 출발해야 한다.

'낡은 사업'이 '새로운 수사(修辭)'로 포장되어 지역격차 해소 사업으로서 계속되고 있다. 1960년대 이후 압축성장 시기의 지역격차 해결책이 아직도 반복된다.

지역격차를 해소하려는 사업과 그렇지 않은 사업 모두, 실제로 동일한 본질을 가진다. 철근과 콘크리트이다. 단지 일반인이 이해하기 어려운 멋 부리는 구호가 난무할 뿐이다.

현실을 은폐시키는 이러한 언어의 향연에는 '혁신' '세계' '자유' '첨단' '친환경' '테크노'와 같은 수식어가 올라와 있다. 지역의 역점사업을 보면, 이러한 점을 쉽게 확인할 수 있다.

1.2 전북 새만금: '자유'와 철근/콘크리트

대형 선박이 접안할 수 있는 부두를 만드는 것이 전북의 가장 큰 현안이다. 2030년까지 정박지 수심 17m 14개 선석을 갖춘 새만금 신항만 건설과 새만금 산업단지 조기구축이 급선무이다(그림 1.1).

새만금개발청에 따르면, 2020년까지 52만 제곱미터 규모의 4선석을 개발한다. 2030년까지는 488만 제곱미터 규모 18선석을 만들고 장래 수요 대비 최대 33선석 입지를 확보한다(새만금개발청, 2014a).

2008년도에 새만금 유역 28.6제곱킬로미터는 '경제자유구역'으로 지정된다(새만금개발청, 2014b).

그림 1.1 새만금 신항 1단계 완성도

출처: 새만금개발청. 2014. 마스터플랜/기반시설계획 http://www.saemangeum.go.kr/sda/sub/marster/ 11월 13일 접근

현안이 무엇인지 알 수 있게 하는 것은 도면의 변경이다. 그림 1.2와 그림 1.3은 이를 잘 보여준다.

　두 그림의 중요한 차이는 그림 1.3 왼쪽 아래의 튀어나온 부분이다. 항만시설이다.

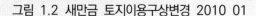

그림 1.2 새만금 토지이용구상변경 2010 01

출처: 새만금개발청 http://www.saemangeum.go.kr/sda/sub/marster/ 2016.11.20

그림 1.3 새만금 기본계획 2014 09

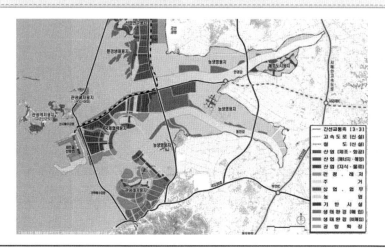

출처: 새만금개발청 http://www.saemangeum.go.kr/sda/sub/marster/ 2016.11.20

1.3 광주광역시: '친환경'과 철근/콘크리트

광주광역시에서는 '친환경 자동차 산업의 메카'가 구호이다. 솔직한 그리고 현실적 목표는, '자동차 100만대 생산도시' 조성이다.

광주에선 자동차산업이 주력이다. 2012년 통계청 기준 광주 생산액의 33%, 2013년 광주시청 자료 기준 광주 총 수출액의 36%를 차지하고 있다.

광주 도심에 자리잡은 기아자동차 공장은 총 36만평이며 임직원 7200명에 생산능력 62만대이다. 광주지역 1차 협력업체는 50여개이며, 2,3차 협력업체를 포함하면 250여개이다(서울신문, 2014년 8월 6일).

광주시가 '자동차밸리 추진 위원회'를 출범시킨 2014년 11월 7일 밝힌 청사진은 2015년부터 2020년까지 국비와 시비·민자를 포함한 총 8347억 원을 투입, 자동차 전용 임대 국가산업단지와 친환경 자동차 혁신클러스터를 406만㎡ 규모로 조성한다는 것이다. 생산 규모를 연산 100만대로 늘리면서 클린 디젤 등 친환경 미래형 자동차 산업 밸리를 만들어 간다는 계획이다(조선일보, 2014년 11월 8일).

광주광역시가 희망하는 이 자동차 관련 국가산업단지는, 곧 언급할 대구광역시 테크노폴리스의 형태와 유사할 것이다. 변두리 지역에 공단이 조성되고 또 도심과 연결되는 도로가 건설되는, 그런 모양새를 갖출 것이다.

 ## 1.4 인천광역시: '자유'와 철근/콘크리트

인천 역시 새만금과 마찬가지로 '자유'를 내세운다. 현재 인천의 현안 사업 중 하나는 송도신도시 건설이다. 영종도, 청라와 더불어 "인천경제자유구역"의 세 지구 중 하나가 송도이다.

세계화라는 이념이 이러한 새로운 이름과 관련 있다. 1990년대 김영삼 정부는 '세계화'라는 구호를 이 사업에 적용시킨다. 송도에 싱가포르와 같은 세계적 도시를 만들겠다는 계획이, 이러한 시장 이념을 현실화하는 방법으로 제시된다.

당장 인천에 이러한 도시를 만들지 않으면 한국경제는 큰일 난다는 협박성 논리가 제시되었다. 그 요지는 이러하다. 특단의 대책 없이는 홍콩이나 싱가포르와 같은 다른 아시아의 세계도시를 따라잡을 수 없을 뿐 아니라, 치고 올라오는 중국의 주요 도시들에게도 밀린다는 것이다.

송도는 전형적 신도시 개발 사업이다. 갯벌에 인공적인 섬을 만들었지만, 신도

그림 1.4 송도국제도시 도면

출처: 인천경제자유구역청 홈페이지. http://www.ifez.go.kr/front.do 주요사업/송도지구/도면 2014.11. 13. 접근

시에 필요한 요소를 갖춘다. 육지와 연결하는 진입도로가 건설되고 지하철도 연결된다. 영종도를 잇는 바다를 가로지르는 다리가 건설된다.

그림 1.4의 왼쪽 상단의 테두리로 연결되는 선이 송도와 영종도를 연결하는 인천대교이다. 학교, 공장, 연구소, 주거지역을 볼 수 있다. 그림 1.4의 왼쪽 하단에 대규모 항만시설이 보인다.

송도가 다른 곳과 차별화되는 것은 수도권 입지에서 나오는 화려함이다. 그림 1.5에서와 같이 현대적 건물과 인공수로가 펼쳐진 곳이 송도이기도 하다. 공격적 부동산 투자와 가격 등락으로 인해 유명세를 치렀다. 이에 대한 자세한 사항은 2장에서 다룬다.

그림 1.5 송도 중심지 전경

출처: 2011.5.7. Center of Songdo: Songdo International Business District with Northeast Asia Trade Tower in the centeruploaded by Telsmith
http://www.flickr.com/photos/ashly/5703487106/ sizes/l/in/photostream/

또 하나의 특이점이 있다. 이 사업은 1960년대 이래 정부가 일관되게 강조해온 균형발전이라는 이상과 정면으로 배치된다. 지역격차 해소 수단이 철근/콘크리트라면, 지역격차 강화 수단 역시 철근/콘크리트이다.

1.5 전라남도 나주: '혁신'과 철근/콘크리트

적극적인 지역격차 해소 사업도 마찬가지이다. '엄청난 구호'와 '철근/콘크리트'의 결합이다. 좋은 예가 혁신도시이다. '혁신'이라는 구호는 전국 곳곳에 널려있다. 실체는 철근과 콘크리트로 세우는 신도시 건설이다.

혁신도시의 경우에는, 이념 자체가 모순적이다. '지역균형발전'이라는 공적개입과 '혁신'이라는 시장작동이 합쳐졌다. 이에 대해서는 3장에서 자세히 다룬다.

경쟁을 위한 기업의 혁신을 강조하는 서구의 '지역혁신이론 regional innovation theory'을 수사로서 내세운다. 실제로 진행한 것은 20세기 여러 국가에서 시도한

그림 1.6 광주전남 공동혁신도시 전경 2013년

출처: 광주전남 공동혁신도시 빛가람 홈페이지. 혁신도시 추진상황/혁신도시 추진현황/혁신도시 전경사진 http://innocity.bitgaram.go.kr/ 2014.11.13. 접근

공공부문 지방이전을 통한 균형발전이다.

이렇게 또 다른 신도시가 탄생한다. 나주시 금천면의 배밭은 인공호수와 몇 개의 큰 건물이 있는 소규모 신도시로 변모한다.

그림 1.6와 그림 1.7은 시간에 따른 차이를 보여준다.

그림 1.7 광주전남 공동혁신도시 전경 2014년

출처: 광주전남 공동혁신도시 빛가람 홈페이지. 혁신도시 추진상황/혁신도시 소식지/2014년 10월호
http://innocity.bitgaram.go.kr/ 2014.11.13. 접근

1.6 대구광역시: '테크노'와 철근/콘크리트

대구광역시 서남쪽 개발현장에서의 구호는 '테크노'이다. 현실은 공단조성이라는 철근/콘크리트이다.

물론 사업추진 관련 자료에 '공단'이란 표현은 나오지 않는다. "주거, 교육, 문화, 레저 기능이 조화된 미래형 첨단복합도시로 조성되는 경제특구(한국형 실리콘 밸리)"(대구경북경제자유구역청, 2015)라는 설명과 함께 '테크노폴리스'라는 표현이 등장한다. 그림 1.8에서는 연구소, 대학, 아파트, 공장이 혼재되어 있다.

'테크노'라는 이름에 맞게 첨단 기술을 내세운다. 사업추진을 관할하는 대구경북경제자유구역청은, 첨단기업 유치를 목표로 한다. 가장 자랑하는 실적은 2012년에 이루어진 현대 IHL과 나카무라토메 정밀공업의 공장 준공이다.

하지만 현실은 그냥 보통 공단이다. 그림 1.8에서의 대학교 그리고 연구소 입지가 자동적으로 특별한 공단을 만들어 주지는 않는다.

그림 1.8 대구 테크노폴리스 입주기업

출처: 대구경북경제자유구역청. 2015. http://www.dgfez.go.kr 투자지구소개/대구지역/대구테크노폴리스지구/입주기업 1월 8일 접근

중요한 것은 입주 기업의 면면이다. 그림 1.8의 숫자가 의미하는 것은 입주기업이다. 입주기업들은 기계, 자동차, 전자, 섬유 등의 다양한 영역에 속해있다.

그림 1.8에 나오는 기업을 한번 열거해보는 것이 필요하다. 다음은 홈페이지 (http://www.dgfez.go.kr 2016년 1월 19일자 기준)를 그대로 옮겨 적은 입주업체 목록이다.

좋은 기업이 섞여 있는 것은 사실이지만, 세계적 기술력을 갖춘 강자가 집결된 곳은 아니다. 3장에 나오는 프랑스 남부 과학도시 Sophia Antipolis의 유치기업 목록을 비교해보면 이를 쉽게 이해할 수 있다.

표 1.1 대구 테크노폴리스 입주기업 목록

1	SW	태영산업(렉스코)
2	기계	금강정밀산업사
3	자동차	한미아이티(주)
4	기계	㈜아이디알시스템
5	자동차	상신브레이크㈜
6	전기전자	㈜대지메카트로닉스
7	자동차	주식회사 라지
8	기계	㈜조양
9	기계	대영코어텍㈜
10	바이오	비오비켐텍
11	기계	우리텍㈜
12	바이오	㈜도야지식품
13	기계	㈜태현
14	기계	영신기전공업㈜
15	기계	영풍열처리
16	바이오	농업회사법인 청수주식회사
17	바이오	진경포장
18	기계	용흥산업 주식회사
19	바이오	유가찹쌀 영농조합법인
20	기계	㈜아이디에스
21	섬유	㈜해원통상
22	전기전자	㈜한국이엔씨
23	바이오	파인쿡
24	바이오	한국디엔씨
25	바이오	세연식품
26	전기전자	콤푸레샤㈜
28	자동차	경창산업㈜

29	자동차	㈜화신테크
30	바이오	㈜에코윈
31	기계	태양산업
32	섬유	㈜보우
34	기계	대신정공 산업
36	기계	㈜티에스티 산업
37	기계	대광소결금속㈜ 산업
40	자동차	진명산업사 산업
41	자동차	㈜디에이치테크 산업
42	자동차	㈜한국정공 산업
43	기계	㈜태린 산업
44	기계	㈜영인이엔지 산업
45	기계	오성시스템
49	기계	㈜상아뉴매틱 산업
55	자동차	현대아이에이치엘㈜
56	기계	KNT주식회사
57	전기전자	명신정밀
58	전기전자	금오 이엠에스
60	전기전자	㈜휴코스
61	섬유	지원 섬유
62	섬유	성재 엠에이치택
63	섬유	㈜빛과 창
64	섬유	화성 화섬
65	기계	㈜스멕
66	자동차	현대 커민스엔진 유한회사
67	전기전자	씨앤엠 로보틱스㈜
68	기계	㈜대주 기계
69	전기전자	㈜대성 하이텍
70	정보통신	㈜애드브릿지
71	전기전자	㈜베사
72	전기전자	삼익정공㈜
73	전기전자	국일 메카트로닉스
74	섬유	창훈레이스
75	섬유	부강디앤씨
76	정보통신	순정산업
77	정보통신	에스와이글로벌
78	기계	㈜하이컨 코리아
79	전기전자	주식회사 유빈
80	정보통신	㈜진명아이앤씨
81	정보통신	㈜경성화인켐
82	기계	㈜유지인트
83	섬유	태명약업사
84	기계	아삽스틸 코리아㈜
85	기계	㈜가우스

86	전기전자	㈜리빙케어 소재기술
87	섬유	㈜백일
88	기계	㈜태영화학
89	기계	㈜에이씨에스
90	기계	대영 코어텍㈜
91	기계	㈜유진 엠에스
92	섬유	㈜보우
93	자동차	삼금 공업㈜
94	전기전자	구비 테크㈜
95	전기전자	㈜민영산업
96	기계	㈜동우써키트
97	자동차	진명산업사
98	기계	㈜에스제이이노테크

사실 공단조성 못지않게 현실적으로 중요한 사업이 있다. 진입도로 건설이다. 그림 1.9 왼쪽 아래편에는 테크노폴리스 진입도로가 점선으로 표시되어 있다. 고속도로와 비슷한 수준의 왕복 4차선으로 건설되어 있다.

들인 비용만큼의 효용을 찾기 어려운 어리석은 철근/콘크리트의 전형이 이 진입도로이다. 주변과 잘 연결되지 않는 교통시설이기 때문이다.

진입로가 다른 고속도로나 도심순환도로와 연결되는 것처럼 보이는 그림 1.9는 현장상황을 왜곡시킨다. 테크노폴리스는 고속도로나 순환도로와 잘 연결되어 있지 않다.

테크노폴리스 진입도로는 그림 1.9 중앙에 있는 4차 순환도로와 잘 연결되지 않는다. 지도에 나와 있지는 않지만, 진입도로와 만나는 4차 순환도로구간은 순환도로로서의 기능을 하지 못하고 있다. 예산부족과 주변 아파트 주민의 반대로 예정된 고가도로 건설이 되어 있지 않는 상태이다.

바로 이 도로가 상화로이다. 상화로 3.9km 구간에 교차로가 6개나 있어 상습 정체구간이다. 문제는 테크노폴리스 진입도로가 바로 이 구간으로 대책없이 그냥 신호등 교차로로 연결되어 버린다는 것이다.

진입도로 자체가 순환도로로서 기능을 할 수 있게 설계를 못한 것은 안타까운 일이다. 연결지점 주변은 대구수목원과 산지가 많기 때문에 공사에 큰 어려움이 없다.

서쪽으로 구마고속도로 화원IC 인근, 동쪽으로는 앞산터널(지도에서 '4차순환도

그림 1.9 대구 테크노폴리스 위치도

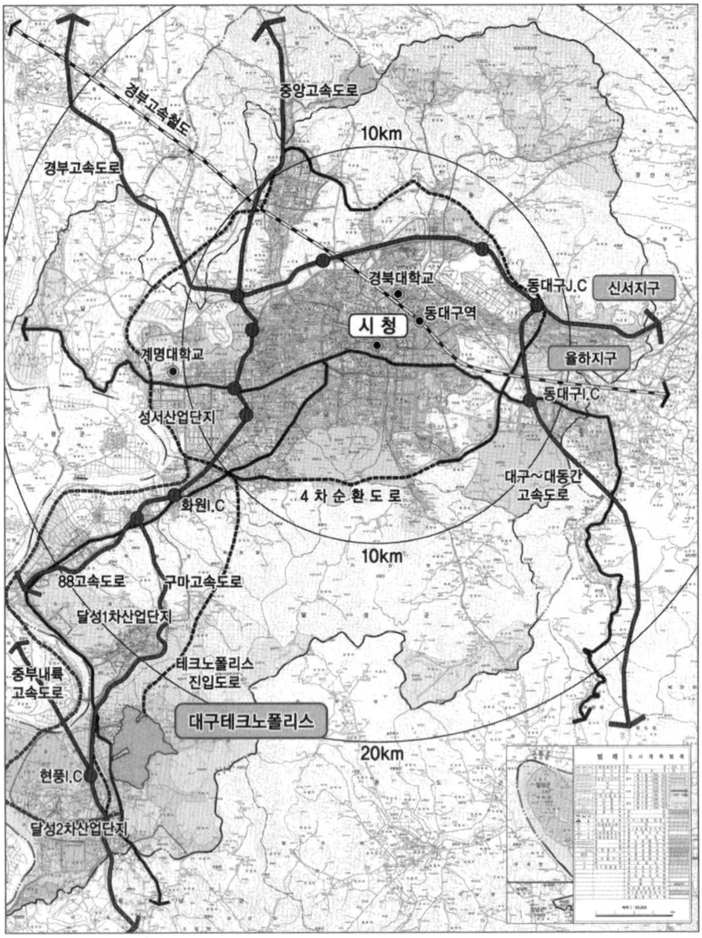

출처: LH공사 홈페이지 http://www.lh.or.kr/ 국가정책산업/산업물류난시/대구 테크노폴리스/위치도 2014.
11.13. 접근

로'라는 글자 바로 위 점선 구간)을 연결시켰어야 했다. 각 연결 지점을 입체화하면
된다.

앞으로도 문제이다. 향후 상화로 자체가 입체도로화 된다 하여도 연결문제는
여전히 골칫거리로 남기 쉽다. 2016년 현재 이 연결지점은 정체악화와 교통사고
발생으로 원망을 사고 있다. 미래에도 마찬가지일 것이다.

심지어 더 어리석은 점도 있다. 테크노폴리스 자체와 바로 인근 고속도로를 이 진입도로가 연결하지 않는다. 다시 그림 1.9의 왼쪽 하단 진입로를 표시하는 점선을 보자.

대구 도심의 4차 순환도로에서 테크노폴리스로 와서는 도로가 실질적으로 끝나버린다. 테크노폴리스가 외부로 연결되는 테크노폴리스 바로 서쪽의 구마고속도로 현풍IC까지는 많은 신호등이 기다리고 있다.

다르게 표현하면 현풍IC와 대구도심이 그대로 연결되지 않는다. 테크노폴리스 만들 때부터 화원IC와 대구 도심을 쭉 연결시킬 생각이 분명히 없었다. 그냥 테크노폴리스라는 철근과 콘크리트 소비처가 필요했던 것일까?

이 진입로는 '어리석은 철근/콘크리트'의 전형(典型)을 보여준다. 이와 반대되는 '똑똑한 철근/콘크리트'에 대해서는 책 맨 마지막에 언급한다.

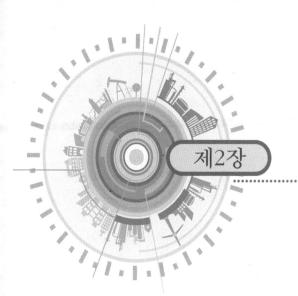

제2장 우리는 왜 철근/콘크리트에 열광하는가?

'어리석은 철근/콘크리트'에 대한 책임은 누구에게 있나? 쓸데없는 공사로 주머니를 채우는 높은 분과 사업가일까?

이 질문에 대답하기 위해, 하나의 이론과 하나의 사례를 제시한다. 이론으로서는 성장동맹론이 제시된다. 상식적으로 이해되지 않는 '어리석은' 사업이 추진되는 이유가 설명된다.

여기에 반전이 있다. 일반 시민 역시 한 몫 하고 있다. Agatha Christie의 추리소설 '오리엔트 특급 살인 Murder on the Orient Express'에서처럼 모두가 범인이다.

모두가 관여된 그러한 철근/콘크리트는, 종교적 제단과 같다. 믿음을 적극적으로 실현하고 또 기념하는 장소이다.

재물에 대한 숭배와 '철근/콘크리트'에 대한 신앙은 맥을 같이 한다. 우리는 돈을 소중히 여기는 수준에서 한 발 더 나아가 있다. '돈'을 숭배한다.

재산증식이라는 종교적 행위를 실천하고 기념하는 물리적 대상이 철근/콘크리트이다. 거대한 구조물이다. 아파트 단지, 초고층 건물, 도심순환도로, 도심철도 모두가 이에 해당한다.

도시의 독실한 신자는 재개발 아파트 매매를 통해 차익을 실현한다. 다른 신자의 부러움을 산다.

기관 투자자는 도로를 깔고 아주 오랫동안 약탈적 수익을 가져간다. 신적 존재의 현실 강림이다.

2.1 성장동맹론

모든 철근/콘크리트가 필요에 따른 것은 아니다. 이것이 성장동맹론을 이 책에서 다루는 첫 번째 이유이다.

수요와 공급이 객관적으로 작동한다는 경제학 원리에 대해 성장동맹론은 비판적이다.

'구조적 투기꾼'이란 개념은 이러한 인식에서 나온 것이다(Logan & Molotch, 2007:79):

> 어떤 장소사업가들은 미래 입지 추세를 예측하는 능력에 전적으로 의지하지 않는다. 이들은 정보력에다 미래에 대한 개입을 보탠다. 한 장소가 다른 장소에 대해 가지는 관계를 바꿀 수 있는 자신들의 능력에, 이들은 투기한다. 다른 이들이 장소로부터 사용가치를 추구하는 방식을 결정지으려고 이들은 시도한다는 것이다 … 입지적 이점을 결정하는 의사결정을 하는 큰 장에 영향을 미침으로써 남는 부동산 임대료 수익을 만드는 것이 이들의 전략이다. 군수공장 위치 선점에 영향을 미치거나, 고속도로 구간을 변경하거나, 자신의 부동산으로 옮겨올 사유 기업체에 대한 정부보조를 하게 하는 등의 노력을 기울일 수 있다. 특정한 토지용도나 도시계획의 설정에 대해, 이들은 반대 혹은 찬성 로비를 한다.

Logan & Molotch(2007:82,83)는 이러한 구조적 투기가 어떠한 식으로 진행되는지도 언급한다:

어떤 땅의 정부가 지리적 경계와 일치하는 경우에, 엘리트는 성장 목적을 달성하기 위해 정부를 동원할 수 있다. 사용가치를 위해 주민들이 성장을 저지하려고 위협한다면, 정부는 경찰을 동원하거나 (길거리에 나앉게 된 주민에게 보상금을 지급한다든지 등의) 당근책 제공으로 반대세력을 분열시킬 수 있다. 성장동맹의 다양한 일원들의 역할 조정을, 정부는 도와줄 수도 있다. 야심찬 성장사업에 대한 지역 사업가들의 협조를 구해낼 수도 있고, 협조하지 않는 이를 혼내 줄 수도 있다. 유사하게, 반대하는 주민들의 요구를 들어주는데 반대하는 사업가의 반대를 넘어서도록 도와 줄 수도 있다. 성장엘리트의 더 크고 더 장기적 이익은, 반대하는 사람들에게 선별적 양보를 제공하는데서 나올 수 있다. 이런 일을 하기에 정부조직이 적합한 경우가 종종 있다.

마지막으로, 정부조직을 통해서 상위수준으로부터 자원을 얻어낼 수 있다. 성장동맹 시각에서 보자면, 정부를 통하는 것은 일상생활의 수준에 머무르지 않는다. 공적투자, 공해 규제, 정부 조달 비용에 있어 더 큰 지역적 수준에서의 작동방식을 결정하는 높은 수준에, 이는 영향을 미친다. 성장동맹 참여자들은 (고속도로 건설에 돈이 배정될까? 와 같은) 높은 수준에서 이루어지는 의사결정의 내용 뿐 아니라, (도시, 군, 주 중 어느 주체가 노선 결정을 할까? 와 같은) 절차상 문제도 신경 써야 한다. 지역엘리트가 활용할 수 있는 정부가 있다면, 지역엘리트는 공무원 전문가, 그리고 상위 행정조직에 맞설 "자치"의 힘을 가질 수 있다. 지역정부를 통함으로서 엘리트의 노력은, 기득권의 공모가 아닌, 법적 구성체와 법적 구성체의 주민을 위해 전개된 시민운동의 모습을 가질 수 있다.

자신이 신이라도 된 것처럼 부동산 개발을 조직적으로 진행시키는 '집단 同盟 coalition'으로서의 성장동맹은 어떠한 이로 구성되어 있을까?

Logan & Molotch(2007)에 의하면, 성장동맹의 구성은 주도적 주체와 보조적 주체로 이루어져 있다. 주도적 주체는 지역 부동산자본가, 정치인, 지역 언론, 공공 서비스업체로 이루어져있다. 가스회사와 전력회사가 대표적 공공 서비스 업체이다.

여기서는 지역 부동산자본가가 어떻게 주도적 주체 범주에 드는지만 설명한다. 지역 부동산자본가는 정치인을 만들거나, 스스로 정치인이 되거나, 정치인과 결탁한다(Logan & Molotch, 2007:117-121):

성장동맹은 정치인과 같은 사람들만을 존속시킨다. 환경을 구하거나, 파괴하려는, 흑인이나 다른 소외된 집단을 해방시키거나 탄압하려는, 시민자유를 늘이거나 없애려는 욕구에 의해, 정치경력을 쌓게 해주는 선거자금 모금이나 공식적 찬사가 만들어지지는 않는다. 입법권이 주어져 있기 때문에, 정치인은 앞서 얘기한 것들 중 하나를 하게 될 수도 있다. 하지만, 성장에 대한 정치인의 합의가, 그러한 기회를 제공해주는 맥락으로서의 정치를 가능하게 한다. 새 투자를 유치하고 이전 투자를 유지하기 위해 정치인이 행동에 나서는 것을, 우리가 자주 보게 되는 이유가 바로 이 때문이다.

시카고의 Ogden 시장과 같이, 어떤 이는 성장동맹을 위해 공직을 수행하면서 자신들이 막대한 부를 챙기려 한다. 댈러스 시장인 Robert Folson은 50개가 넘는 지역사업에 직접적 이권을 가지고 있었다. 이들 중 많은 사업은 지역 성장에 사업 성패가 달려 있다 … 전 주지사인 John Connally는 또 다른 텍사스 사람으로서 오스틴 지역에 5천만 달러가 넘는 부동산을 가지고 있다. 이 땅은 전국에서 가장 큰 주거 및 상업용도 개발지가 될 예정이다 … 부분적으로는 지역 정치인들이 고속도로 출구 인근 땅을 엄청난 임대료 수익을 위해 사들였기 때문에, Robert Moss는 엄청난 규모의 고속도로와 다리 건설을 반대에도 불구하고 해낼 수 있었다. 개혁 정강을 내세우고 1954년 선거에서 이긴 다음에, 하와이의 대부분 주요 민주당 정치인들은 개발자, 변호사, 용역업자, 그리고 투자자로서 직접적 이익을 챙겼다.

결과적으로 양당 모두의 후보는 이념적 지향이 어떻든 간에, 이런 사람들의 총애를 받아야 한다. 그리고 이는 후보들을 성장동맹의 손아귀에 들어가게 한다. 그래서 관직에 있는 만은 사람들이 자신의 권력을 자기 자신을 부자로 만들기 위해서가 아니라 "공동체 전체"에 혜택을 주기 위해 한

다. 이는 전체 임대료 수익을 늘이려고 한다는 것이다. 다시 말하지만, 정
치인이 부동산 투자에 가끔씩 직접적으로 나서지 못하게 한다는 것은 아니
다. 이는 정치인이 자신과 특별한 관계에 있는 특정 장소 사업자들에게 특
혜를 못 준다는 것도 분명히 아니다.

성장동맹론의 두 번째 매력은 왜 일반사람들이 부동산 개발에 열광하는지를
보여주는 날카로움이다. 성장동맹론은 이념적 동조에 주목한다.

성장연합의 주체들을 주도적 주체와 보조적 주체로 나누는 것도 이에 연유한
다. 부동산 관련 개발과 관련해서 물질적인 이해관계가 별로 없지만, 보조적 주
체는 개발에 적극적인 입장을 보이기도 한다.

심지어는 손해가 나는 상황에서도 이념적 동조가 일어난다. 부동산 개발이 이
끄는 성장을 손해보면서도 열렬히 지지한다.

성장동맹에 대한 지지는 이념의 작용일 수 있다. 구체적인 이해관계나 객관적
인 사실에 기반을 두지 않을 수 있다. Logan & Molotch(1987:83)는 소매업자들
의 객관적인 상황과 주관적 입장을 대조시킨다. 소매업자에게 부동산 관련 성장
은 득보다는 실이 많다. 맥도널드나 전국규모 백화점, 체인음식점 혹은 대형할인
매장과 같은 새로운 경쟁자가 지역에 생길 수 있다. 이러한 업체들은 많은 수의
지역 소매업자들을 문 닫게 한다. 토지 관련 직접적 이해관계가 실제로 별로 없
는 일부 정치인들도 마찬가지이다. '지역을 위한다'는 생각으로 성장에 대해 매우
적극적이다.

그렇다면 이념은 어디에서 온 것일까? 객관성과는 무관하게 지역성장에 대한
생각을 바꾸려는 의도적 노력을 보면 쉽게 이해가 된다. 경제관련 잡지나 관광관
련 인쇄물에 나오는 지역 선전 광고, 축제행진, 지역이름을 달고 다니는 스포츠
팀을 예로 들 수 있다. "Greater Baltimore" "Greater Cleveland" 같은 문구는
지역성장을 일반대중에게 호소한다. 지역 미녀선발이나 학생 글쓰기 대회도 성장
이념을 키우는 도구이다(Molotch, 1976:315).

이러한 성장이념은 환경오염이나 삶의 질 저하와 같은 중요하고·심각한 문제
들을 부수적인 것으로 만들어 버린다(Molotch, 1976).

부동산의 임대수입을 증가시키는 것으로 대변되는 교환가치가 기본적으로 개

발의 원동력이다. 하지만 이를 찬성하는 시민의 생각과 행동이 개발을 가능하게 하기도 한다.

어리석은 사업도 잘 진행될 수 있는 이유가 여기에 있다.

2.2 한국의 성장동맹

성장동맹론은 미국의 현실에 기반한다. 당연히 다른 나라 적용에는 한계점을 드러낸다.

미국은 서구 국가들 가운데에서도 사용가치와 교환가치의 갈등이 두드러진다. 이는 Logan & Molotch(1987:2-3)가 스스로 인정한다.

토지이용, 세입, 도시서비스제공에 있어 미국 지방정부는 강한 의사결정권과 재정적 자립도를 가지고 있다. 부동산 관련해서는 돈을 벌 기회가 지역에서 상당히 결정된다. 지역단위 정부에 영향력을 미치려는 욕구가, 지역 내 개인이나 집단에게서 당연히 강하게 나타난다.

하지만 Molotch(1999:250)에 따르면, 중범위 이론으로서 성장동맹론은 세계 어느 곳을 이해하는 데에도 적합하다. 다만 미국을 벗어난 성장동맹론은 '추상적 개념틀'로서 적용되어야 한다(Molotch, 1999:250).

이 장에서 언급할 인천의 송도경제자유구역과 관련해서 외국 사례를 살펴볼 필요가 있다. 일본, 이스라엘, 그리고 영국이 참조할 만하다.

Broadbent는 1958년부터 1980년 사이의 큐슈 오이타 현 산업용 매립지 조성 사업을 분석한다. '정치적 그리고 경제적으로 활발한 집단의 연합이 힘을 결집해 경제성장을 주도한다(1989:707)'는 전형적 성장동맹론적 문장으로 Broadbent는 글을 시작한다.

성장기구론의 '추상적 개념틀'을 유지하면서도, 미국 사례와는 다른 결론을 도출한다. 전국적인 대기업이 성장연합을 지배한다.

흔히 얘기되는 일본의 '강한 국가(Johnson, 1982)' 이미지와는 달리, Mitsui로 대표되는 일본의 대기업이 오이타현 大分縣 매립지 조성공사를 진행한다. 원유정제공장과 같은 시설투자를 실행한다.

1962년도 '新産業都市 New Industrial Cities'에 관한 법률이 제정될 때도, 대기업의 힘은 막강하다. 이 법률은 농촌지역의 산업화 요구에 자민당이 대처하는 형식으로 시작된다. 외진 지역이 초기에는 선정되었다.

하지만 기존 대도시권역 주변을 선호하는 대기업들의 입김이 나중에는 작용한다. 오이타 현은 1964년에 신산업도시로 지정된다.

Broadbent에 따르면, 다른 주체들의 역할은 미미하다. '日本社會黨 Japan Socialist Party, 현재는 社會民主黨' 출신 오이타 현의 지사는 사업 진행에 대한 결정권을 가지지 못한다. 지방정부의 존재감이 거의 없다.

영국 Bristol 도시발전을 살펴본 Basset(1999)에 따르면, 영국의 경우 지역 부동산 자본의 존재가 분명하지 않다. 또한 초국적 기업이 재계를 대변하고 있다. 재계와 지역정부의 연대는 부동산 개발보다는 유럽의 도시발전관련 지원금 확보를 목표로 한다.

미국보다는 위계적이다. Wood(1999:174)에 의하면, 영국은 IBB(Department of Trade and Industry's; Invest in Britain Bureau)를 정점으로 하는 위계적인 개발과정을 가지고 있다. 부동산 투자는 중앙, 광역지역, 소지역의 유관기관 조정에 의해 대개 결정된다. 재계의 역할은 제한적이다.

흥미롭게도 Basset(1999:182-3)은 1990년대 들어서 영국도시와 미국도시가 비슷해진다고 주장한다. 그가 가장 강하게 주장하는 것은 세계화의 영향이다. 그에 따르면, 세계화는 도시간의 경쟁을 강요한다. 미래성장분야라고 생각되는 신기술과 금융부분이 특히 치열하다.

도시들은 땅과 재정적 지원 뿐 아니라 다양한 도시마케팅을 통해 긍정적인 이미지를 보여주려 한다. 이러한 경쟁에서 승리하기 위해서는 뚜렷한 성장전략을 성취하기 위한 지역역량의 동원이 과거보다 더 요구된다.

세계화 이외에도 영국이 미국과 비슷해지는 요인이 있다. 정리하자면 다음과 같다:

(1) 지역 재계가 도시정책에 참여하도록 권장하는 중앙정부
(2) 지역 기업인의 도시재개발이나 도시간 경쟁에 대해 보이는 새로운 열정
(3) 지역 재계의 자원과 영향력을 활용하려는 지방정부

이스라엘에서도 중앙정부의 역할이 미국보다 더 두드러진다. 웨스트뱅크와 접해있는 이스라엘의 Little Triangle Region을 Kirby & Abu-Rass(1999)는 연구한다. 인구성장, 지역계획, 지방정부의 감독에까지 이스라엘 국가의 힘이 미친다는 것을 이들은 지적한다.

지역개발이나 토지이용계획을 활용해서 지역간 발전정도를 관할하는 유럽 국가의 영향을 이스라엘에서 찾아볼 수 있다. 그 중에서도 영국적 전통이 강하다.

이스라엘은 필요한 경우 작은 정해진 공간에 대한 법적 통제를 없애기도 한다. 이를 통해 투자 유치를 꾀한다. 이스라엘은 동남부의 '네게브 Negev' 사막 지역에서 의료와 작업안전 규정을 철폐한다. Free Processing Zone이라는 제도이다.

송도 경제자유지구에서 노동, 환경 규제를 한국 정부가 철폐하려는 것과 비슷한 맥락이다.

한국 성장동맹에 대한 분석을 몇 들어보려 한다. 유재원(2003:69)은 충청북도 성장동맹에 대해 연구한다. 한국의 경우에는 성장연합 핵심구성원이 다르다.

지주가 아니다. '자치단체와 상공회의소'이다. 기업과 자본을 유치하는 것이 아닌 '국책사업 유치'가 성장동맹의 주된 활동목표이다.

도청, 청주상공회의소, 충주상공회의소가 충북 성장연합의 핵심구성원이며, 이들은 여러 사업의 유치과정에서 주도적 역할을 수행한다. 청주공항, 오송고속전철역, 오창과학산업단지, 오송의료보건단지가 대표적이다.

상공회의소가 핵심적 역할을 하는 이유는 기업의 이동성이 제약되어 성장기구론의 지주와 비슷한 처지에 놓이기 때문이다. 기업인은 국책사업의 유치를 통해 기업의 이익을 증대시키려 한다.

유재원(2003:70)은 이 이익을 다음과 같이 설명한다:

    국책사업의 유치는 자치단체는 물론 지역기업인에게도 많은 편익을 가
    져다준다. 금융업자는 국책사업이 실시될 지역의 주민들이 받은 토지보상

금을 유치함으로써, 건설업자와 주택업자는 국책사업과 관련된 공사를 수
주함으로써, 대규모 부동산업자는 토지보상을 받은 주민들이 주택을 매입
하거나 임차하는 것을 중개함으로써 이익을 챙기게 된다. 언론 또한 국책
사업의 유치와 관련된 중요한 편익수혜자이다. 국책사업 유치에 따른 인구
증대와 지역경제 활성화는 신문판매부수와 광고수입을 증대시키고 대규모
건설공사는 언론사주가 경영하는 사업체의 사세확장의 기회가 되기 때문
이다.

2.3 송도경제자유구역의 사례
: 얻을 것이 없는데 지지를 보내는 시민

여기서는 인천시민들이 어떻게 송도경제자유구역을 보고 있는지 살펴보는 설
문 결과를 분석한다. 객관적인 이해관계와 주관적인 인식을 물어본다.

2005년에 발간된 인천광역시 KT 전화번호부를 표본틀로 삼는다. '체계적 무작
위 표본추출' 방식을 사용한다. 실제 설문조사는 2006년 선별된 101명에 대한 전
화면담을 통해 이루어졌다. 다양한 연령과 직업군을 가진 성인을 포함시키기 위
해, 여러 시간대에 걸쳐 조사가 이루어졌다.

이 설문에서 중요한 점은 송도에 대해 어떻게 평가하며 왜 그렇게 평가하느냐
이다. 자신의 이익과 관련시켜서도 응답하게 한다.

반전이 실제 일어난다. "송도경제자유구역에 대해 어떻게 생각하십니까?"라는
질문에 긍정적 답변이 더 많다. 분명한 입장을 알기 위해 응답은 "긍정적"과 "부
정적" 두 가지로 제한되어 있다.

이렇게 보통 인천 시민은 송도경제자유구역을 지지한다. 송도에 대해 긍정적
인 입장을 가진 응답자는 81명이다. 부정적인 응답자는 20명이다.

긍정적 응답에 대한 응답자의 주관적 설명은 세 가지로 대체적으로 분류해 볼
수 있다. 개발 자체에 대한 긍정, 경기 활성에 대한 기대감, 국가적 경쟁력 강화
이다.

"긍정적이나 부정적으로 생각하시는 이유가 무엇입니까?"라는 질문에 대한 대답은 다음과 같다.

개발하는 것이 안하는 것보다 긍정적인 요소가 더 많은 듯

개발시도는 괜찮다

인천을 발전시키기 위한 시도이므로

경기가 살아날 수 있게 하는 개발이므로

좋은 것 같다

매우 좋은 투자이며 계획이기 때문

나중에 발전할 것 같아서

인천발전을 위해 좋은 시도 같다

개발을 안 하는 것보다는 나을 것 같다

좋은 것 같다

개발이 되서 경기가 활성화 될 것

인천의 발전

괜찮은 것 같다

무역이 활성화되어 경제로 풀릴 것이라 생각되어

지역개발

도시를 발전시키기 위한 것이므로

어느 일부라 하여도 발전이 있는 사회가 된다하면

물류 교역의 중심도시로 발전가능

개발을 통해 인천이 더 잘살게 될 것 같아서

투자시도는 괜찮은 것 같다

인천의 발전을 위한 시도이므로

지역경제발전

인천시의 발전이 될 것 같아서

지역발전

필요한 용도로 개발하는 것은 필요하다고 생각함

인천시의 발전을 위한 것이므로

인천시의 발전

인천발전을 위해서 필요하다고 생각한다

국가경제발전을 위한 시도이므로

지역경제 활성화에 도움이 될 것 같다

인천의 침체된 경기에 활력을 줄 것이라 생각

인천시의 경제활성화

인천 경제활성화

인천시의 발전

인천발전

시도 자체는 괜찮은 것 같다

서울 이외의 도시를 발전시킬 수 있어서

인천시 발전

인천과 우리나라의 발전

부정적인 것보다는 긍정적인 면이 더 많은 것 같아서

인천발전

인천발전

시도 자체는 긍정적인 것 같다

인천을 발전시키게 하려는 노력이므로

인천공항 + 경제자유구역 + 새로운 상권 = 3각 벨트 형성

발전이 된다면

인천시의 발전이 온다면

인천시의 발전

인천발전에 도움이 될 거 같음

경제를 살리기 위한 시도이므로

개발을 하는 것은 좋다

개발자체는 찬성하기 때문

개발하는 것 자체는 괜찮은 것 같다

개발 안하는 것보다는 낫다

인적 물적 자원의 흐름의 활성화

수도권에 가깝고 항구가 위치되어 있기 때문

괜찮을 거라 생각한다

개발을 함으로써 경기가 활성화 될 것

인천시의 발전을 위한 것이기 때문

지역발전

인천경제발전

인천시 발전

부정적인 면보다 긍정적인 면이 더 많을 것이다

괜찮은 시도 같다

괜찮은 계획인 것 같아서

인천을 발전시키기 위한 것이기 때문

괜찮은 것 같다

인천과 한국의 발전

괜찮을 것 같다

송도경제자유구역의 투자 효율성에 대해서도 인천시민들은 긍정적이다. "송도경제자유구역이 투자금액만큼 효과가 있을 것이라고 생각하십니까?"라는 질문에 62명(61.4%)이 "예"라고 응답한다. 나머지 39명(38.6%)은 "아니오"라고 답한다.

긍정적으로 응답한 사람들이 지목한 효과의 존재이유는 대체로 두 가지다. '시간이 해결할 것이다'와 '투자가 효과를 낳는다'이다.

"왜 효과가 있거나 없다고 생각하십니까?"라는 질문에 대한 긍정적 응답은 다음과 같다:

효과가 있으니 투자를 하는 것

투자를 통해 외국의 자본을 끌어들일 수 있기 때문에

계획에 맞게 된다면 분명히 효과가 있을 것

잘 모르겠지만 큰 투자니만큼 효과가 있지 않겠나?

개발을 통해 이익이 있지 않겠나?

그럴 것 같다

장기적으로 효과를 볼 것

그러니까 투자하지 않겠나?

수도권에서도 인천은 아직 이러한 개발이 없었는데 이런 시도 통해 큰 수익 가능

큰 효과를 지닐 가능성이 높은 개발

장기적으로 보면 효과가 있을 듯

장기적으로 봐야 한다

장기적으로 보면 효과가 있을 것

새로운 부의 창출

가치는 창출이니까

많은 금액을 투자한 만큼 심혈을 기울이지 않았을까 한다

투자가 활성화되면, 경기회복

오랜 준비 뒤에 한 것이니만큼 효과가 있을 듯

경제자유구역에 어느 정도 투자유치가 될 것이므로

투자한 만큼 효과가 있으니까 많은 예산을 쓸 거 같다

있으니 하는 거 아닌가?

장기적으로 볼 때 중국과의 무역이 늘어날 것이므로

사람이 많이 모이니까

먼 훗날 결국은 효과가 있을 것

고용효과 창출

아무래도 효과가 있으니 투자하지 않겠나?

경제가 발전하면 도움이 되니까

가치가 있으니까

투자가 많아야 경제성장

부정적으로 생각하는 의견은 상대적으로 다양하다. 생태계 파괴, 무계획성, 투자유치의 어려움, 구도심과의 격차가 제시된다.

"긍정적이나 부정적으로 생각하시는 이유가 무엇입니까?"라는 질문에 대한 부정적 대답은 다음과 같다:

> 생태파괴
> 실패할 것이 보이기 때문
> 투자가 많지 않을 것 같다
> 뚜렷한 계획 없이 진행되는 것 같다
> 세금낭비 같다
> 별로 도움이 되지 않을 것 같다
> 서민정책은 뒷전이고 세금낭비다
> 너무 한쪽으로만 발전한다
> 송도에 사는 사람들의 교통문제
> 실패할 것이다
> 위치선정의 불합리

투자대비 효과가 없다는 응답은, 대체적으로 투자를 이끌어 내기 어려울 것이라고 주장한다. "왜 효과가 있거나 없다고 생각하십니까?"라는 질문에 대한 부정적 응답은 다음과 같다:

> 외국에서 투자안함
> 단기적으로 보면 효과를 얻기 힘들다
> 큰 성과를 거두기는 힘들다
> 계획만큼 외국기업을 유치하지 못할 것
> 과부하(타 지역 비롯)
> 항구도시와 실질적인 생활면이 서민적이라 투자가 많지 않을 것 같다

너무 남발되고 있는 투자

우리나라보다 외국 거대기업의 이익만 있을 것

기반시설, 위치가 맞지 않다

아직은 시기상조, 20-30년 정도 미래를 위한 투자를 한다면 괜찮을 듯

투자액수가 너무 많고 광범위함

실패할 것이다

외국유치기업의 한정화(지리적 위치) -중국과 가까움

송도는 서울과 거리가 좀 멀고 하지만 가능성은 있다고 생각함

많은 효과가 있기 힘들 거 같다

그럴 것 같지 않다

오히려 실패해서 인천시민들의 세금만 올라갈 것

효과는 있겠지만 크지는 않을 거 같다

큰 성공은 못할 것 같다

그러기는 힘들 것 같다

글쎄, 결국 시민들에게는 득이 될 것 같진 않다

이러한 객관적 이해관계와 주관적 견해의 상관관계는 흥미롭다. 성장동맹론에서는 일반시민이 부동산 개발을 통한 지역개발에 대해 긍정적인 경우가 많다고 한다. 심지어 자신의 객관적 이해관계를 따져보면 이러한 개발이 손해일 경우도 많다고 한다.

객관적 이해관계에 대한 질문으로서 "송도경제자유구역의 건설이 선생님에게 득이 됩니까?"라는 질문을 던진다. 역시 분명한 응답을 위해 답변은 '예' '아니오' 두 가지로 제한된다.

주관적 견해에 대한 질문은 앞서 이미 언급되었다. "송도경제자유구역에 대해 어떻게 생각하십니까?"라는 질문이다.

주관과 객관을 대비시켜 본다. 성장을 지지하는 이에게서 모순이 나타난다.

표 2.1을 보자. 긍정적인 응답을 한 81명 중에서 75.3%인 61명이 송도경제자유구역이 자신에게 득이 되지 않는다고 밝혔다. 나머지 24.7%인 20명만이 자신

에게 득이 된다고 응답한다.

이와 대조적으로, 성장을 반대하는 이는 자신의 객관적 상황을 반영하는 합리적 결정을 내린다.

여기서 '合理的 rational'이란 상식적이란 의미가 아니다. 서구 사회과학 전통에서 합리적이란 표현은 자신의 계산된 이익을 추구한다는 의미이다. Mancur Olson의 *The logic of collective action: Public goods and the theory of group*이라는 책은 이를 잘 보여준다.

부정적인 견해를 가진 응답자 20명 모두 송도 개발이 자신에게 득이 되지 않는다고 판단한다.

'합리적'이라는 앞서 개념 기준으로 해석하면 다음과 같이 얘기할 수 있다. 반대한 이는 모두 '합리적'이다. 100%가 이해관계를 가지고 있지 않고, 이에 따라 성장을 반대한다.

표 2.1 송도경제자유구역에 대한 인식과 이해관계의 교차표

		"선생님에게 득이 됩니까?"		소계
		예	아니오	
어떻게 생각하십니까?	긍정적	20명 (24.7%)	61명 (75.3%)	81명 (100%)
	부정적	0명 (0%)	20명 (100%)	20명 (100%)

자신에게 득이 된다는 이유는 '인천발전'과 '경기회복'이 많다. "득이 되거나 안 되는 이유는 무엇입니까?"라는 질문에 대한 긍정적 응답은 다음과 같다:

경기가 살아나서
경기가 풀려 조금이나마 살기가 편해질 것이다
유동인구의 증가
인천시의 한사람으로 인천이 발전하면

> 인천의 발전이 되면 내게도 도움이 될 듯
> 인천이 발전되면 조금이라도
> 인천이 발전하면 살고 있는 사람들에게도 도움이 될 것이라 생각
> 조금은 더 살기 좋아질 것 같다
> 인천시민으로서
> 많지는 않지만 조금은 도움이 될 것 같다
> 도시발전
> 인천시민으로 조금은 도움이 되지 않을까?
> 인천시에 살고 있기 때문
> 인천시민이므로

노동자가 부동산 개발을 종종 지지한다는 것을, 성장동맹론도 알고 있다. 노동자 대다수가 성장을 지지하는 가장 큰 이유는 '일자리 창출'이라는 구호이다 (Levison, 1974; Molotch, 1976:320). 미국에서도 노동조합이 대규모 개발 사업을 열렬히 지지하는 경우가 흔히 있다.

득이 되지 않는 이유는 주로 "나와 상관없다"가 대부분이다. 지역상권이 파괴된다는 응답도 하나 있다. 부정적 응답은 다음과 같다:

> 결국은 실패해서 오히려 살기 어려워질 것
> 관련없다
> 결국 외국인들의 돈 놀음이 될 것이다
> 상관없는 일이다
> 일자리 창출이 별로 없다
> 나와는 상관없다
> 나와 상관없는 분야다
> 관계된 부분도 없다 세금이 올라가면 더 힘들어지기 때문
> 오히려 실패하면 취업하기 힘들어질듯

> 오히려 지역상권이 파괴되어 피해를 본다
> 별다른 영향이 없다
> 전혀 나에게 해당이 없다
> 세금만 늘어날 것이다
> 오히려 힘들어 질 것, 세금

"송도경제자유구역 건설로 득을 보는 사람은 누구라고 생각하십니까?"라는 질문에는 총 85명이라는 많은 수가 대답을 한다. 두개 이상의 주체를 언급한 응답자가 44명이나 된다. 여러 주체들이 이해관계에 연관되어 있다고 많은 응답자는 판단한다. 항목의 직군별 분석 결과는 다음과 같다. 복수응답을 포함한 총 건수는 127건이다.

분류기준을 먼저 제시한다. 응답수에 따라 순서를 매긴다. 그리고, 구체적 응답을 제시한다.

여기서 순위는 분류에 따라 달라지므로 그 자체로서의 의미는 크지 않다. 예를 들어보자. '부동산 관련자'와 '돈에 여유있는 계층' '지도층'을 합치면 '시민 혹은 국민' 응답수를 넘어선다.

이익을 보는 주체에 대해서는, 꽤나 비판적인 시각을 보인다. 돈이나 부동산을 가진 주체들에 대한 응답이 많다. '시민 혹은 국민'이라는 분류를 제외한 주체는 다 재력이 막강하다.

기업, 부동산 관련자, 돈에 여유가 있는 계층, 지도층, 인천시라는 분류는 모두 돈에 여유가 있고 개발로 돈을 벌려고 하는 주체이다. 다음은 이러한 응답 분류 결과이다:

> **(1) 기업 47건**
> 외국기업 - 21건
> 국내기업 - 9건
> 국내무역업자 - 7건

투자자 - 10건

(2) 시민 혹은 국민 36건
인천시민 - 18건
송도 주민 - 10건
한국 국민 - 8건

(3) 부동산 관련자 23건
지주 - 5건
투기꾼 - 3건
부동산 관계자 - 1건
분양자 - 1건
건설업자 - 11건
개발업자 - 2건

(4) 돈에 여유가 있는 계층 12건
부유층 - 11건
중산층 - 1건

(5) 지도층 5건
고위 행정직 - 2건
기득권층 - 2건
정치인 - 1건

(6) 인천시 4건
인천시청 - 1건
인천시 - 3건

인천시민이나 대한민국 국민이 혜택을 본다는 견해는 여기서는 드디어 소수의 견으로 전락한다.

"송도경제자유구역 건설로 득을 보는 사람은 누구라고 생각하십니까?"에 대한 응답을 분류하지 않고 다시 제시해본다.

5%의 부유층

송도주민들

단기적으로는 부동산 관계자, 건설업자

일부 부유층

인천시민과 국민들

대한민국 국민

부자들, 인천시민

건설업자, 땅주인들

기업들(외국기업 포함)

인천시민(특히 송도사람들)

건설업자, 외국투자자

건설기업, 외국상대 무역을 하는 기업들

투자자들

중산층

분양자

인천시민

살고 있는 주민들

수출입 관련 사업, 외국기업

당장은 건설업자, 땅주인, 장기적으로는 인천시민, 국민들

일부 부자들

일부 건설업자, 지주, 외국기업

외국기업

수출입에 관련 있는 기업, 외국인

관련 산업 사람들
인천시민
재산가들
송도주민들
외국인 투자자
경제적 이권이 관계된 사람들
지주, 투기꾼, 대기업(건설업체)
외국자본가
서해안 개발, 인천개발이 득이 되는 사람들
인천시민, 외국인 기업들
경제력이 있는 사람
투자자와 거주자
경제적으로 여유가 있는 사람들, 투자자
언제나 그렇듯이 기득권층과 관계있는 사람들
1차적-투자자, 외국인들, 2차적-전국민
인천시민 모두
일부 지주들 (송도)
모두 다 (인천시민)

"이 사람들이 득을 보는 이유는 무엇입니까?"라는 질문에 대한 응답은 더욱 비판적이다. 이 응답자들이 송도에 대해 전반적으로 긍정적이고 경제적으로 타당한 사업으로 본 그 사람들이 맞나 의심이 들 정도이다.

개발이익
외자유치를 많이 하니까
가치상승효과
인천 발전하면 살고 있는 사람에게도 도움, 외국기업이 편하게 활동할 수 있기 때문

부동산 투자

투자한만큼 신도시가 발전되면 그에 이득을 얻는 것

원래 그런 사람들이니까

지역경제 활성화로 인한 부가가치 창출

부동산 지가 상승

조금씩은 다 도움이 될 것

일차적으로 건설업자와 땅주인과 주변, 부동산 가격 상승

부동산 가격의 상승

수출입이 늘어날 거 같아서

결국 그들의 놀음일 것 같다

부패적으로 개발에 관계되는 사람들

장기적으로 인천시민들과 투자자들이 이익을 얻을 것 같다

결국 발전이 되면 모두에게 도움이 될 것 같다

발전도시니까

무역자유지역이 되서, 새로운 기간시설을 건설하므로

직업보유

그들이 들어와서 결국 그들이 이익만 가져갈 것 같다

투자를 했으니 그 사람들이 득을 볼 것 같다

모든 값이 상승

경제적 이권에 직접 연관이 있으니

무역을 하는데 이점을 주는 개발이므로

이를 통해 인천이 더 살기 좋아지면 도움이 될 것

결국 그들을 위한 개발이다

부동산값 상승

부동산 값 상승

개발이 성공하면 조금씩 이익을 볼 것

외국인 투자자들을 위한 자유구역이고, 개발을 통해 부동산 가격이

올라갈 것

건설 등을 통해 지가상승과 그를 통해 투자할 때 보다 이익을 얻을 듯

투자한 배 이상의 수익을 송도경제자유구역을 통하여 얻어낼 수 있기 때문

인천시의 발전으로

마음대로 우리를 물질로 좌지우지 할 것 같다

인천에 살기 때문에

경제자유구역이니까

개발되어 성공해도 일부만 득이 될 것

수출입이 많아지면 이익을 서로 얻을 수 있기 때문

관련없는 분야다

모두 득이 될 것이다

몇 명에게 부가 집중되므로

2.4 송도는 왜 어리석은 철근/콘크리트인가?

갯벌이 없어지는 생태계 파괴에 대해서는, 여기서 길게 설명하지 않는다. 송도를 개발하는 이들은 친환경도시로서 송도를 포장한다. 다시 어려운 단어가 등장한다. 'LEED Leadership in Energy & Environmental Design'이라는 인증을 자랑한다.

갯벌에 인공섬을 만들면서 친환경 도시라고 주장하는 것은 어불성설이다. 자동차 회사가 더 저질의 싼 부품을 쓰면서 상품성 개선을 주장하는 것과 유사하다.

송도와 같은 매립 사업은 사실 안전성에도 문제가 있다. 지반 액상화로 큰 지진 피해를 입은 고베의 인공 매립섬 Port Island를 생각해보면 된다.

여기서는 公益과 市場이라는 두 가지 기준을 가지고, 어리석은 개발로서의 송도를 확인해보려 한다. 환경이나 안정성은 이미 언급하였기에, 공익으로서 주택 공급을 다룬다. 시장으로서는 원래 계획 자체가 시장 상황에 부합한 것인지를 살

퍼본다.

2.4.1 부자를 위한 주택 공급

주택공급을 위한 신시가지를 만들겠다는 원래의 송도 매립사업이 현재의 송도 모습보다는 덜 어리석을 것이다. 보통 신시가지처럼 소형 아파트라도 많이 공급했으면 좋았을 것이다.

그 많은 송도 아파트 중에서 소형은 거의 없다. 돈 많은 사람이 서해 낙조를 바라보는 아파트에 살면서 인공운하를 따라 조성된 멋있는 상가를 거닐기 위한 자원투입이 되어 버렸다.

송도의 경우, 원래 일반 시민을 위한 택지조성이다. 갯벌에 흙을 붓는 것이 시간을 끌면서 지체된다. 노태우 대통령이 주도한 1990년대의 200만호 건설사업은 마무리 단계에 들어서 버린다.

이 때 사업의 주목적이 바뀐다. 민선 1기 시장을 선출한 1995년 인천시에 의해 송도의 주목적은 정보통신산업과 국제업무 중심도시로 변경된다(허동훈, 2006: 37-39).

또 멋있는 단어가 나타난다. 송도 텔레포트, 인천항, 인천공항을 축으로 하는 '트라이포트 tri-port = airport + seaport + teleport'가 인천시정 주요 과제가 된다.

트라이포트 정책을 보완하여, 인천경제자유구역 개발계획은 수립된다. 2003년 8월 경제자유구역 지정 승인이 떨어진다.

이제 누가 땅을 가지고 있는지 살펴보자. Molotch(1999)는 부동산이 상품화될수록 구조적 투기의 개연성이 커진다면서, 부동산 소유관리의 주체와 건설과정을 강조한다.

송도경제자유구역 토지소유의 가장 큰 주체는 인천광역시이다. 경제자유구역의 총괄사업시행자는 인천광역시이다(인천광역시, 2003:4). 송도지구의 사업시행방식은 송도지구에 포함된 대상 토지를 인천광역시가 직접 매립 또는 매립 권한을 가지고 조성하였기 때문에 인천광역시가 '공영개발방식'을 적용하여 추진한다(인천광역시, 2003:476).

한편, 단위 사업 시행사는 인천광역시 뿐 아니라 정부투자기관, 지방공사, 민관합동법인, 외국인 직접투자 등이 가능하다(인천광역시, 2003:4). 예를 들어, 미국 Gale사와 국내 포스코의 합작회사인 NSC 등 외국기업이 직접 사업에 참여 가능하도록 사업지구별로 단위사업 시행자 지정을 달리 할 수 있는 것이다(인천광역시, 2003:476).

주택건설에 있어서는, 인천시가 직접 건설업자로서 이익을 추구하기도 한다. 지방공기업인 인천도시개발공사는 송도경제자유구역내에 32 – 65평형 2,758호 아파트를 건설한다. 사업기간은 2003년 8월에서 2010년 6월까지다. 대지면적은 79,846평에 달한다(인천도시개발공사, 2008a).

중상층에 편향된 주택건설 계획 자체도 역시 인천시가 주도한다. 송도국제도시 공동주택 공급이 일반분양과 중대형 평형 위주로 진행된 것은 이유가 있다.

2006년 9월 7일 열린 인천시의회 제1차 정례회 3차 본회의 시정 질문 발언은 이를 잘 보여준다. "인천경제자유구역내에 지어진 5천여 호 중 임대주택은 단 한 가구도 없다"며 "더욱이 인천시 도시개발공사는 소형주택도 짓지 않고 있다"라고 김성숙 의원은 발언한다(경인일보, 2006).

이러한 편향은 계획된 것이다. 인천시(2003:71)는 『인천경제자유구역 개발계획』이라는 책자의 '<주택정책과> 경제자유구역과의 관계'라는 글에서 중상층을 위한 사업이라고 명시한다:

- 인천경제자유구역 지정에 따른 성장잠재력이 향상됨으로서, '정주할만
  한 도시' '투자가치가 있는 지역'으로 인지도가 상승하여 쾌적하고 살
  기 좋은 정주환경조성을 주도할 것임
- 고품격 주거단지 조성을 위하여 고급주거 수요계층을 위한 중대형 아
  파트를 확충하며, 환경 친화적 도시계획을 장기적으로 추진해야 할
  필요성이 있음
- 특히, 외국인 투자유치를 위한 고급 정주환경조성을 위한 생활권 계획
  과 고품위 정주환경조성이 요청됨

Molotch (1999:250)가 언급한 부동산 관련 '구조적 투기' 역시 횡횡한다. 2006

년 10월 23일 국회 행정자치위의 인천시 국정감사에서는 가천의대 송도테크노밸리 생명화학연구소 부지 특혜의혹이 제기된다.

가천의대 측이 송도테크노파크 지원시설용지를 인천시로부터 싼 가격에 분양받은 사실과 가천의대 이사장이 안시장의 고액 정치자금 후원자라는 사실을 김낙순 의원은 지적한다(인천일보, 2006a).

더 가지기 위한 가진 자의 잔치가 벌어진다. '코오롱 더 프라우 오피스텔'의 경우 청약 경쟁률이 5000:1을 넘기기도 한다. 평형에 따른 청약증거금이 단 3일 동안 5조여 원을 농협으로 몰리게 한다. 이는 270만 명이 사는 인천시의 2007년 예산 4조 9천억 원과 맞먹는 액수다(경인일보, 2007).

2.4.2 시장에 맞지 않는 계획

송도경제자유구역은 시장 상황에 기초하지 않은 잘못된 사업이다. 일단 지으면 된다는 소망적 사고의 결실이다.

1989년에 개봉된 영화 '꿈의 구장 Field of Dreams'이 연상된다. 주인공 Kevin Costner는 옥수수밭에 야구 구장을 만든다. '지으면 그가 올 것이다 If you build it, he will come'라는 목소리 때문이다. 영화는 멋있게 끝나지만, 송도라는 현실은 그렇지 않다.

송도는 계획 자체가 존재하지 않는 현실에 기반을 둔다. 경제자유지구라는 제한된 지리적 구역에서는 전국적으로 실행하는 규제를 쉽게 바꿀 수 있고 또 바꾸는 것이 바람직하다는, 중앙정부의 소망적 가정에 기초한다.

당연히 현실에서는 엇박자가 발생한다. 포스코와 미국 부동산 개발업체 게일 Gale이 30대 70의 지분 비율로 합작한 게일 인터내셔널 코리아의 사장인 조용경의 지적은 이러한 저자의 주장을 뒷받침한다(신동아, 2006:196−205):

> 우선 게일이 꼽은 송도사업의 성공조건 세 가지를 말씀드릴게요. 첫째는 인천공항과 송도를 연결하는 인천대교가 있어야 한다. 둘째는 외국기업과 외국인을 유치하도록 정주(定住)환경을 만들어줘야 하고, 그러자면 외국인이 가장 중시하는 수준 높은 국제학교가 있어야 한다. 그리고 셋째는 영어

가 자유롭게 통하는 세계적인 병원이 있어야 한다는 것입니다. 덧붙인다면
정보기술(IT) 환경이 있어야 하고요. 이에 대해 정부는 2001년, 2002년에
모두 그렇게 하겠다고 약속했어요. 다리는 우여곡절 끝에 예정보다 1년 늦
어졌지만 공사가 시작됐습니다. 그런데 국제학교 유치 문제는 당초 계획과
달라졌어요. 원래는 외국인 투자형태로 학교를 유치하겠다는 것이었고, 그
래서 몇 군데 외국법인이 투자하겠다고 나섰습니다. 또 어느 단계까지는
국제학교의 정원 중 40%까지 한국 학생들로 채울 수 있도록 하겠다고 정
부가 구두로 약속했습니다. 교육인적자원부도 동의했고요. 그런데 이 법안
(외국교육기관 설립 운영에 관한 특별법)이 국회로 가자 여당 (교육위원회 소
속) 의원들이 '교육주권의 포기'라며 반대했습니다. 결국 지난해 5월 법안
은 손질이 돼서 통과됐지만 몇 가지 문제점이 있어요. 외국에서 학교를 운
영하는 비영리법인이 들어와야 하고, 과실(果實)송금은 안 된다는 것이 첫
째 문제입니다. 둘째는 한국인 학생을 정원의 30%까지 받을 수 있지만,
초기 몇 년 동안만 이렇게 한다는 것입니다. 사정이 이렇게 되니 투자하려
던 외국의 교육법인들이 발을 뺐어요. 번 돈을 가져갈 수 없는데 누가 들
어오겠습니까. 학교 유치 못하면 이 사업은 올 스톱됩니다.

그는 이 부분을 계속해서 언급한다(신동아, 2006:196–205):

〈질문, **박성원 기자**〉: 과실 송금을 할 수 없고, 비영리 법인이 들어와야 한
　　　다면 학교 시설 투자는 누가 하게 됩니까?
〈대답, **조용경 사장**〉: 송도신도시개발유한회사(게일사와 포스코 건설의 합작
　　　회사, 대표 존 하인스)가 1500억원을 투자해 지어야 합니다. 우리로
　　　선 예상하지 않은 추가 부담이죠. 게일 사는 부동산 개발업체입니
　　　다. 개발업체는 도시를 건설하기 위한 마스터 플랜을 만들고, 도시
　　　에 필요한 시설에 투자할 회사를 찾아내는 게 일입니다. 개발업체
　　　가 직접 투자하지는 않습니다. 그런데 법 때문에 하는 수 없이 투
　　　자하게 된 거죠. 눈물을 머금고 끝까지 가보자는 심정이에요...
〈질문, **박성원 기자**〉: 비영리법인으로 못 박았기 때문에 1500억원을 투자
　　　해도 건질 수 있는 수익은 없겠네요.

〈대답, 조용경 사장〉: 그렇습니다. 결국 다른 부분에서 손실을 메워야 합니다. 그렇지 못하면 손해를 봐야 하고요. 이뿐이 아닙니다. 1800억 원이 투입되는 중앙공원은 인천시에 1달러에 기부하도록 돼있고, 1억 달러가 소요되는 문화센터도 지어서 반납해야 합니다. 여기에 국제학교까지 무수익 투자로 분류되다 보니 손해가 큽니다. 결국 주택과 상가분양 등에서 이익을 내야 하는데, 상가는 돈이 많이 남지 않아요. 그렇다고 주택분양에서 손실을 메우려 하니 여론은 왜 송도의 집값을 높여 받느냐고 비난합니다. 우리가 수익도 나지 않는 투자를 통해 좋은 도시를 만들고, 그 때문에 주택가격이 올라간다는 것을 인정해줘야 하는데 현실은 그렇지 않습니다.

왜 계획 자체가 엉터리인지를 보려면 한국 국토 계획 전반에서 송도가 차지하는 부분을 이해할 필요가 있다. 한국에서 경제자유지구 논의가 시작된 것은 1990년 중반이다. 1990년대 중반 '세계화' 추진과정에서 일부 논의가 있다.

1990년대 말에는 제4차 국토종합개발계획을 수립하면서 동북아 거점에 대한 논의가 이루어진다(인천경제자유구역청, 2005). 세계화는 구실이며, 균형발전이라는 공익은 의도적으로 무시된다.

이렇듯 제4차 국토종합계획은 송도경제자유지구의 개발이 우발적인 사건이 아니라, 세계화에 대한 체계적 대응 차원에서 검토되었다는 것을 알 수 있다.

제4차 (2000 – 2020) 국토종합계획은 이전의 계획에 비해 현저하게 다른 내용을 다루고 있다. 수도권의 국제기능 강화와 세계도시로의 발전기반 구축이라는 세계관을 새로운 계획은 제시하고 있다.

이전 국토개발 계획은 대체로 두 가지 중 하나이다. 하나는 작은 중소도시를 육성하자는 성장거점식 방식이다. 다른 하나는 서울을 대치할 중심지를 지방에 육성한다는 중심지육성식의 방식이다.

두 가지 방식 모두 수도권 성장억제라는 공통점을 가진다. 인구, 제조업, 서비스업 등 거의 전 영역에서 규제를 받는 대상이 수도권이다.

제4차 계획은 다르다. 국제기능 수행을 위한 수도권의 물적 기반 및 전문적 서비스 산업 육성이 강조된다. 서울의 국제금융, 교역, 업무 및 문화교류 기능을 육

성하고 다국적 기업의 거점화하는 세계도시로 발전시켜야 한다고 주장한다(대한
민국 정부, 2000:26).

국제물류, 수송, 정보 및 첨단기술 수용의 거점역할 수행이라는 역할이 인천에
배당된다. 인천국제공항과 연계한 공항 배후도시 건설과 송도미디어밸리 조성이
적시된다.

송도는 경제적 효율성에 기반한 사업이 아니다. 단기적으로도 효율적이지 않
고, 장기적으로도 효율적이지 않다. 처음부터 송도경제자유지구는 유치 대상인
초국적 자본의 경제적 요구를 고려하지 않은 사업이다.

경제자유지구의 추진은 중앙정부의 선언으로 시작한다. 인천경제자유구역청에
서 제공하는 백서(2005)를 보아도 투자의 주체가 될 초국적 기업들의 의견을 묻
는 과정은 보이지 않는다.

결과적으로는 수도권에 새로운 공단이 만들어졌다. 기존 균형발전 정책을 둘
러가서 무력화시키는 우회로가 만들어진 셈이다. 대기업에 대규모 수도권 택지를
좋은 조건으로 제공하는 사업이 되어 버렸다.

외국인을 위한 특구라는 경제자유지구의 특성에 의해 송도에서의 대기업 입지
는 원래 원천적으로 배제되어 왔다. 하지만 상황이 이제 달라졌다. 본사, 생산,
연구개발 기능을 수행할 수도권 요지 입지로서 대기업의 송도 진출이 최근에 적
극적으로 이루어져 왔다.

이렇게 송도의 대기업 입지가 가능한 것은 부진한 외국인 유치에 궁지에 몰린
인천광역시와 중앙정부가 국내기업 입주를 허용해주었기 때문이다.

2011년에는 "국내외 기업의 입주수요"라는 표현이 처음 등장한다. 다음은 경
제자유구역에 대한 2002년 처음 법이 만들어졌을 때와 2011년 개정된 법의 조문
이다. 2002년에는 국내기업이 들어올 수 있는 여지가 없다. "외국인의 투자유치
및 정주 가능성"이라고 되어 있다. 2002년 법 조문은 부록에서 볼 수 있다.

> **경제자유구역의 지정 및 운영에 관한 법률**
> [법률 제6835호, 2002.12.30, 제정]
> 제5조 (경제자유구역의 지정시 고려사항) 경제자유구역위원회는 제4조제3항 또는 제
> 4항의 규정에 의한 심의·의결을 함에 있어 다음 각 호의 사항을 고려하여야 한다.

1. 외국인의 투자유치 및 정주(定住)가능성
2. 지역경제 및 지역균형발전에 대한 파급효과
3. 필요한 부지확보의 용이성 및 개발비용
4. 국제공항·국제항만·광역교통망·정보통신망·용수·전력 등 기반시설
5. 환경적으로 건전하고 지속가능한 발전의 가능성
6. 지방자치단체의 지원체계 및 지원내용
7. 그 밖에 대통령령이 정하는 사항

경제자유구역의 지정 및 운영에 관한 특별법
[법률 제10529호, 2011.4.4, 일부개정]
제5조(경제자유구역의 지정요건) 경제자유구역은 다음 각 호의 요건을 갖춘 지역에 대하여 지정한다.
1. 경제자유구역기본계획에 부합할 것
2. 충분한 국내외 기업의 입주수요 확보가 가능할 것
3. 외국인 정주(定住)환경의 확보 또는 연계가 가능할 것
4. 경제자유구역의 개발에 필요한 부지와 광역교통망·정보통신망·용수(用水)·전력 등 기반시설의 확보가 가능할 것
5. 경제자유구역의 개발에 경제성이 있을 것
6. 지방자치단체의 재정부담, 민간자본 유치방안 등 자금조달계획이 실현 가능할 것
7. 그 밖에 전문 인력 확보와 지속발전 가능성 등에 관하여 대통령령으로 정하는 요건을 갖출 것

송도에 입주한 대표적 대기업은 그림 2.1에 보이는 삼성 바이오로직스이다. 법이 개정된 2011년에 설립되고 그 이후 공장을 지어나간 것을 알 수 있다.

연혁에 설명을 보태 적어둔다:

2011년 삼성바이오로직스 설립
2011년 송도 1공장 착공
2013년 송도 1공장 DS(Drug Substance) cGMP 가동
2013년 BMS와 생산파트너십 체결

2013년 송도 1공장 DP(Drug Product) cGMP 가동

2013년 송도 2공장 착공

2013년 Roche와 생산파트너십 체결

2015년 송도 3공장 착공

2016년 송도 2공장 DS(Drug Substance) cGMP 가동

그림 2.1 송도에 입지한 삼성 바이오로직스 전경

출처: https://www.samsungbiologics.com/company/location.do

여기서 생각해보면 재미있는 점이 있다. 독자에게 생각할 거리를 제공한다는 측면에서 제시해보려 한다.

첫 번째는 먼저 공항도시로서의 입지 매력이다. 삼성바이오로직스 생산품은 부피나 무게가 크게 나가지 않는다. 비행기편 수출이 용이할 것이다. 공항도시론이 생각나는 부분이다.

두 번째는 강남 배후지로서의 송도이다. 생각보다 강남에서의 접근성이 좋다. 양재IC에서 서쪽으로 쭉 고속도로를 타고 달려오면 인천대교의 관문인 연수JC로 통한다. 그림에 그어 둔 선이 이를 의미한다.

연수JC 밑에 B로 표시된 곳이 삼성바이오로직스이다. 공장부지로는 부적합한 연약지반인데도 불구하고 이 곳에 투자를 하는 이유는 무엇일까를 한번 생각해 볼 수 있는 대목이다.

안전성을 제외하면, 부동산으로서는 좋은 선택이다. 현재가치와 미래가치 모두 나쁘지 않다. 성장동맹론으로 돌아가자. 삼성이 송도개발의 최대 수혜자일까? 그렇다면 한국 대표 기업으로 삼성이 이러한 이득과 관련되는 것이 어떠한 의미가 있을까?

그림 2.2 강남으로부터 접근성이 좋은 송도

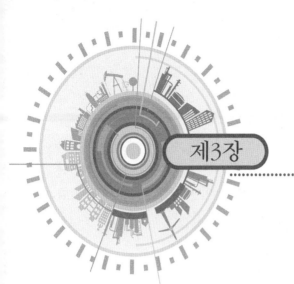

제3장

아직까지도
지역격차 해소책으로서
철근과 콘크리트?

지역격차 해소책은 1960년대부터의 압축성장 시대에서 도로, 공단, 항만과 같은 기반시설 건설이 주를 이룬다. 전라도, 강원도, 제주도와 같은 소외지역을 낳기도 했지만, 경부축에서는 인상적 성과를 내기도 한다. 경부고속도로의 건설과 공업도시 울산의 등장은 이를 상징적으로 보여준다.

그렇다면 이러한 1960년대 해법은 아직도 유효한가? 철근과 콘크리트는 현재라는 시점에서 지역격차라는 괴물을 물리칠 비장의 무기인가? 이에 대해 긍정적으로 생각하는 사람이 많다.

여기서도 반전이 있다. 이러한 해법에 대한 믿음은 보수와 진보라는 이념대결을 넘어선다. 이 장에서 다루는 혁신도시가 바로 그러한 예이다.

저자의 입장을 밝히자면 부정적이다. 철근과 콘크리트는 물론 필요하다. 하지만 지역격차 해소를 위한 중점 정책으로 가져가서는 안 된다.

두 가지 문제를 언급해본다. 첫째는 이미 상당한 철근/콘크리트가 지방에도 깔려있다. 기반시설이 이미 상당히 건설이 되었기 때문에, 신규 기반시설에 대한 투자가 가지는 의미가 줄어든다. 2012년 기준 전국 도로 포장률은 83%이다. 일반국도는 97.6%이며, 특별 광역시도는 99.1%이다. 지방도 역시 2005년의 79%로부터 2012년에는 83.9%로 증가한다(통계청, 2014).

산업단지, 항만, 공항 등의 일부 기반시설은 수요보다 공급이 일부 지역에는 넘치기도 한다. 지방에 기반시설이 더 넘쳐나기도 한다. 공항의 경우는 이를 잘 보여준다. 전라남도의 무안공항과 강원도의 양양공항이 대표적인 사례로 흔히 꼽힌다. 공항이름에 이를 추진한 거물 정치인의 이름을 붙이자는 조롱이 나오기도 한다.

정치인과 건설업자가 주역으로 나선 성장동맹의 결과물이다. 하지만 이제는 다르다. 산업단지를 건설하거나 도로를 깐다고 해서 지역에서 예전과 같은 큰 박수를 받지는 못한다.

물론 어떤 대규모 투자가 필요할 수 있다. 국민의 기본권 확보 차원에서 섬이나 산골에도 충분한 기반시설이 필요하다. 책 제일 마지막에 '똑똑한 철근/콘크리트'라는 표현으로 자세히 설명해 두었다.

두 번째는 이러한 기존 기반시설의 파급효과가 예전만 못하다는 것이다. 현재는 경제구조 자체가 지식을 기반으로 전환되고 있는 시점이다. 20세기 초반부터 본격적으로 시작된 공장에서의 상품대량생산체제를 보완하는 성격의 기반시설이 가지는 의미는 당연히 예전만 못할 수밖에 없다. 석탄시절의 운송수단인 운하를 21세기 한국에 도입하려는 대운하 건설 때의 논쟁을 생각해보면 쉽게 이해할 수 있다.

세상의 변화는 증시에서 쉽게 느낄 수 있다. 한국거래소에 따르면 2015년 1월 6일 기준으로, 네이버는 코스피 시가 총액 5위이며 다음카카오는 코스닥 시가 총액 1위이다(아시아경제, 2015년 1월 9일). 제조업 중심 한국 경제에도 지식기반 기업의 성장은 두드러지게 나타난다.

이번 장은 지역격차를 해소하겠다는 현재형 철근/콘크리트를 다룬다. 나주 혁신도시이다. 세계화를 내세우는 사람들이 인천 앞바다 갯벌을 망친 것에 대해 2장은 설명한다.

3장은 지역격차를 해소해야 한다고 목소리를 높이는 이에 대한 이야기이다. 이들은 나주에 있는 배밭을 엎고 고층건물을 올린다. 1장에 나오는 그림 1.6과 그림 1.7는 이를 잘 보여준다.

실제 관련된 사람들에게 이러한 정책이 어떠한 의미를 가지는지를 이 장에서는 살펴본다. 먼저 서울 강남 한복판에서 나주로 옮겨오는 한국전력을 비롯한 이전 공기업 직원들과 그 가족들의 이야기로 시작한다. 왜 '혁신'이라는 표현이 수사에 불과한지도 살펴본다.

이제 '현재진행형 지역격차 해소책'으로서 '어리석은 철근/콘크리트'가 어떻게 횡횡하는지 알아보자.

 ## 현재진행형 철근/콘크리트가 남긴 것: 나주로 옮겨오는 당사자의 이야기

> 혁신도시 발표에 따라 인근 주변 땅값만 상승되었을 뿐 혁신도시 입지선정에서도 폭 넓은 지역민 의견 수렴을 거치지 않아 지역 사회와 격리된 별도의 '특구' 조성에 따른 반쪽자리 혁신도시에 대한 우려와 이전시 근무자 처우가 얼마나 향상될 것인가에 대한 걱정과 우려를 불식시킬 많은 대안들이 제시되어야.
>
> 혁신도시 성공하십시요.
>
> 불필요하고 행정에 비효율성을 야기시키는 정책이라고 생각합니다.
>
> 무조건 오라고 하지 말고 올 수 있게끔 정말 괜찮은 도시로 만들면 오지 말라고 해도 갈 것입니다.
>
> 너무 멀어요.
>
> 교육, 교통, 주거 등 기본 인프라 구축이 우선되어야 하고 서울 등 수도권 거주를 포기하는 기회비용 이상의 상응하는 보상이 있어야 혁신도시 프로젝트는 성공할 것이다.

시기와 주변여건에 따라 추진계획이 변동되거나 축소되지 않고 일괄적으로 추진되어 소기의 목적이 달성되기를 바람.

교통접근성이 우수해야 한다./인구이동 유인책 필요(KTX할인, 주택 저가 분양 등)

혁신도시내의 주택 소유시 일가구 이주택에 대한 세금 감면 제도 마련 필요.

교통이 편리하도록 개선해 주세요. 아파트 분양가 높지 않도록 부동산 투기 방지해 주세요.

이전하는 직원과 직원가족이 정착할 수 있는 정주여건을 조성(특히, 교육 시설에 메리트가 있어야 할 것으로 보임)

좋은 학교 시설을 만들어 주시면 고맙겠습니다. 또한 KTX가 통과하면 더욱 더 좋습니다.

혁신도시 건설에 대해서는 긍정적으로 생각하고 있지만, 직원 모두가 가야한다는 것은 무리라고 생각함.

혁신도시와 관련된 기업 강제이주에 반대한다.

국가경제적으로 비효율적인 일로 반대한다.

초기에는 초등이하 자녀가 있을 경우에만 함께 이주가 가능하겠지요. 이때, 점차 중고교를 시기적절하게 우수교사 유치 및 현대화로 학생들의 진학을 계속 흡수할 수 있고 주변시설(의료시설 등)을 동반 발전시킬 수 있다면 점진적으로 나주를 제2의 고향으로 삼으려는 분이 많아질 것이라 생각합니다.

모쪼록 역사에 남을 만한 좋은 도시를 만들어 주세요.

혁신도시에 거주하는 상주인구 유인책을 펴 도시로서의 제 기능을 발휘

하도록 하여야 함.(학교, 편의시설 등 다수 유치)

인구 100만 이상. 문화, 교육, 상업, 의료 등의 인프라 구축이 있기 까지는 가족 거주가 곤란.

당사자의 이야기이다. 이러한 이야기는 어떠한 경우에도 매우 중요하다. 정책적 결정을 할 때에는 더더욱 그러하다.

나주 공동혁신도시로의 이주를 앞에 둔 한국전력을 비롯한 이전 대상기관 직원에 대한 2006년 설문조사에서 나온 자유의견이다.

이들의 비판적 주장은 지금 살펴볼 때 틀린 점이 하나도 없다. 이들의 주장을 모아서 정책을 만들어야 했다.

밀실에서 높은 사람들이 알아서 일을 진행하는 것보다 사람들의 의견을 모아 결정하는 민주주의 방식의 우월성을 여기에서도 확인해볼 수 있다.

이들은 입지에 대한 분명한 주장을 밝힌다. 나주 배밭이 아닌 접근성이 좋은 대도시권역을 사실상 적시하고 있다.

'강제이주' '비효율'과 같은 비판적 표현에서 시작할 수 있다. 실질적으로 강제이주가 되지 않도록 해야 하며, 비효율을 줄여야 한다. '인구 100만 이상' '교통접근성이 우수해야' 'KTX가 통과하면'이라는 표현을 생각해보자.

교육/의료에 대규모 투자를 할 여력이 되지 않는다면 역시 어느 정도 기반을 갖춘 곳에 이전을 추진했어야 했다. 저자는 묻고 싶다. 왜 꼭 배밭을 엎었어야 할까?

교육/의료를 제대로 갖추어 주었어야 한다. 아니면 최소한이라도 갖추어진 곳으로 정했어야 한다.

'문화, 교육, 상업, 의료 등의 인프라 구축' '우수교사 유치 및 현대화로 학생들의 진학을 계속 흡수할 수 있고 주변시설(의료시설 등)을 동반 발전' '학교, 편의시설 등 다수 유치' 정주여건을 조성(특히, 교육 시설에 메리트가 있어야 할 것으로 보임) '교육, 교통, 주거 등 기본 인프라 구축이 우선되어야'라는 응답 글자 그대로이다.

이쯤에서 드는 의문은 정말 왜 이 사업을 하는가이다. 철근/콘크리트라는 개발 그 자체를 위한 것은 아닐까?

이 장은 설문조사로 시작한다. 조사결과는 가족동반 이주 의사가 당사자에게는 거의 없다는 것이다.

이는 현실로 나타나고 있다. 나주 혁신도시는 정부의 관심에서만 없어진 것이 아니다. 광주전남 지역민의 관심에서도 멀어진 곳이다. 방치되어 있다.

혁신도시가 어떤 식으로 방치되었는지는 지역 언론이 한 번씩 보여준다:

인근 축산 분뇨가 아직 쌓여 있다(남도일보, 2015년 9월 9일).

여름에는 벌레 떼가 들끓는다(광주타임즈, 2015년 6월 23일)

아파트 수돗물에서 흙탕물이 나왔다(세계일보, 2015년 4월 1일)

아직 파출소가 없다(노컷뉴스, 2016년 3월 18일),

유치원과 어린이집이 부족하다(세계일보, 2016년 1월 4일)

응급실을 갖춘 종합병원이 없다(미디어전남, 2015년 1월 6일)

3.2 혁신지로서 혁신도시?

먼저 '혁신'의 의미를 살펴보자. 카스텔은 혁신에 우선적 관심을 두는 대표적인 학자이다. 그에 의하면, 새로운 기술패러다임의 특징은 그 원료가 정보이며 그 산물도 정보라는 점이다.

'정보경제에서의 광산과 주물 공장'(Castells and Hall, 1994:1−7)은 이제 '기술 단지 technopole'이다.

예전에 광산과 주물 공장이 중요하듯, 현재 기술단지가 중요한 것도 다 이유가

있다. 혁신적 사회적 분위기와 조직이 이제 중요하다. 새로운 아이디어, 조직형
태, 관리체제가 창의적으로 작동해야 '혁신적 정보과정'이 생성된다.

'혁신적 분위기'라는 개념이 제시된다. "계속적인 상승작용과 이러한 상승작용
적 역량에 기초한 생산과정에의 투자를 만들어내는 사회·제도적·조직적·경제적·
지역적 구조(Castells and Hall, 1994: 9)"이다.

실리콘 밸리가 대표적인 예이다. 1970년대 중반부터 실리콘 밸리는 고급기술
의 생산과 서비스에 있어서 혁신적 분위기를 자생적으로 유지해오고 있다.

혁신적 분위기의 가장 중요한 요소는 "가장 앞서있는 전자산업 지식의 저장고
라는 사실과 차세대 지식을 만들 수 있는 사회적 네트워크와 전문가들 조직"이
다(Castells and Hall, 1994: 26).

'혁신적 분위기'에 가장 초점을 두고, 이들은 세계의 여러 기술단지를 분석한
다. 혁신적 분위기가 가장 두드러진 곳은 실리콘 밸리이다.

스텐포드 대학의 산파적 역할, 졸업생들의 기업가 정신, 기술과 지식에 대한
개방적 태도가 실리콘 밸리의 발전과정에서 중요한다.

실리콘 밸리와 같은 정도의 혁신적 분위기를 다른 곳에서 찾아보기는 힘들다.
대만의 신추 Hsinchu, 한국의 대덕연구단지, 프랑스의 소피아 앙띠폴리스가 그
런 다른 곳이다.

여기서 혁신도시를 지어야 한다고 주장하는 이들이 자주 인용하는 성공적 해외
혁신도시를 하나 자세히 살펴보자. 그림 3.1에 나오는 소피아 앙티폴리스이다.

그림 3.1 Sophia Antipolis 전경

출처: http://www.investincotedazur.com/en/sites/sophia−antipolis/ 2016.3.1. 접근

2011년 1월 기준으로 볼 때, 1,260개의 기업과 25,911의 일자리가 이 곳에 있다(www.wikipedia.org /search/sophia antipolis/ 2016.3.1. 접근).

교육 및 기술관련 공공기관과 기업을 저자가 분류해서 다음과 같이 제시한다. 정부기관, 연구소, 대학, 기업의 목록이 인상적이다.

Mines ParisTech, École Nationale Superieure de Mines de Paris
Polytech'Nice-Sophia (polytechnic school of the University of Nice Sophia-Antipolis)
Skema Business School, School of Knowledge Economy and Management
INRIA, Sophia-Antipolis unit
European Research Consortium for Informatics and

Mathematics (ERCIM), the European home of the World
Wide Web Consortium (W3C)
European Telecommunications Standards Institute (ETSI)

3Roam
Accenture
Air France
Altran Praxis (software house)
Amadeus, a travel industry IT company
American Express Business Travel
ARM Holdings
Ashland Inc.
Astrium GeoInformation Services
Atos
Avanade
Broadcom
Bosch
Cadence Design Systems
Capgemini
Codix
Cisco
Crossbeam Systems
CSR plc
Dassault Systèmes
Dow
Fortinet
Freescale
Galderma Laboratories
Gemalto

Hewlett-Packard

Hitachi Sophia-Antipolis laboratory

Honeywell

Huawei

IBM

Icera Semiconductor, now part of Nvidia

Infineon

Institut Eurécom

Intel

Lionbridge

Luxottica

Micromania Video Game Retailer

MRL Technology

Nicox

Nvidia

Orange

Pixeet, (360 degree software and mobile hardware solutions, International Center for Advanced Communication)

Rohm and Haas

SAP AG, SAP Labs France

Scaleo chip

Sigma Orionis SA (the oldest spin-off company of Sophia Antipolis, founded in 1984 by researchers from Mines Paristech)

Slice Factory

ST Ericsson

STMicroelectronics - STNWireless JV.

Tetra Engineering Europe

Triadss Tech Solutions

> Toyota ED2 (Toyota Europe Design Development studio)
> The Next Level
> UDcast
> Valbonne Consulting
> Wall Street Systems

소피아 앙티폴리스와 대조적으로, 나주혁신도시는 그리 혁신적이지 않다. 2016년 10월 31일 기준 나주시청 홈페이지를 살펴본다. 나주혁신도시에는 대학이 하나도 자리잡고 있지 않다. 눈에 두드러진 과학 연구소 역시 찾아보기 어렵다.

이전 기관의 목록도 그리 '혁신적' 성격이 없다. 이런 저런 다른 성격이 공기업이 나열되어 있다.

단지 전력시장에서 독점적 지위를 가진 한국전력이 매출액이나 직원수에서 세계적일 뿐이다. 처음부터 혁신보다는 덩치 큰 공기업이라는 것이 중요했을 것이다.

> 농식품공무원교육원
> 우정사업정보센터
> 한국방송통신 전파진흥원
> 한국문화예술 위원회
> 한국콘텐츠진흥원
> 국립전파연구원
> 한국농수산식품유통공사
> 한국농어촌공사
> 전력거래소
> 한국전력공사
> 한전KPS(주)
> 한전KDN(주)
> 사립학교교직원연금공단

한국농촌경제연구원

3.3 공공기관 이전지로서 혁신도시

'혁신'과 '공공기관이전'이 합쳐진 사업이 혁신도시란 것이 당시 공식 입장이다. "지방이전 공공기관 및 지역 전략산업과 관련된 산·학·연·관이 서로 긴밀히 협력할 수 있는 최적의 혁신여건과 수준 높은 교육 주거 문화 등 정주환경을 갖춘 새로운 차원의 도시"를 말한다(국토균형발전위원회·건설교통부, 2005: 26).

공공기관 지방이전과 혁신체제 구축이라는 두 가지가 합쳐진 혁신도시 성격은 명시되어 있다. "국제경쟁의 중심이 국가간에서 지역 간으로 전환됨에 따라 세계 각국은 혁신성과 역동성을 갖춘 특성화된 도시개발을 적극 추진 중에 있으며, 이러한 세계적 추세에 부응하여 우리나라도 혁신주도형 발전패러다임에 근거한 역동적 국가균형발전정책을 추진 … 공공기관 지방이전을 촉매로 혁신성과 역동성을 갖춘 특성화된 도시 또는 지구를 건설하여 지역발전 거점으로 육성하고자 한다"(국토균형발전위원회·건설교통부, 2005: 24).

이정록(2006) 역시 두 가지가 합쳐진 성격을 언급한다. 인구유입, 지방세수 증가, 지역 전략사업과 연계한 지역혁신체계의 구축, 취업기회 확대, 지방교육 향상, 지역 내 균형발전 촉진, 관광명소로서의 기능 수행으로 설명한다.

하지만 혁신도시에서 '혁신'이란 표현은 말잔치에 불과하다. 혁신도시 논의는 급작스럽게 이루어졌다. 혁신도시 추진현황을 분석한 김채규(2006)는 노무현 대통령이 2003년 6월에 발표한 '국가균형발전을 위한 대구 구상'을 공식적인 출발점으로 본다.

"행정도시의 건설사업이 지닌 당위성과 시의성, 그리고 그 배경에 관해 좀 더 깊이 있고 체계적인 논의와 이에 따른 차분한 대국민 설득이 얼마나 깊이 있게 이뤄졌는지에 대해서는 회의가 없지 않다"라고 안영진(2006: 70)은 지적한다.

물론 공공기관 이전은 그 자체로서의 의미를 가진다. 혁신도시를 공공기관 지방이전이라는 시각에서 보는 입장은 지역사회 파급효과에 주목한다.

공공부문의 지방이전을 지역발전을 위한 수단으로서 인식하게 한 이론적 기초는 잘 알려져 있듯이 스웨덴의 경제학자 뮈르달 Myrdal의 '누적적 인과모델'과 페로 Perrox의 '성장거점론'이다(Yliskyla-Peuralahti, 2003; 안영진·김태환, 2004: 3).

프리드리히(Friedrich, 1988)는 공공기관의 지방이전이 대상지역에 파급효과를 가질 수 있다고 주장한다:

① 많은 공공기관들은 노동력 집약적이고, 따라서 많은 일자리를 창출한다.

② 민간기업과 비교했을 때 비교적 고용규모가 크다.

③ 민간기업보다는 비교적 중간 및 고숙련 직원이 많다.

④ 지난 4반세기 동안 공공분야의 고용이 빠르게 늘어났고, 전체 고용 중 공공부문 고용비중이 증가하였다.

⑤ 공공부문은 변호사, 인쇄소 등의 다른 서비스와 연결되어서 간접고용 파급효과를 가진다.

⑥ 공공부문 종사자들과 그들 가족의 이주는 해당지역 시장경제를 활성화시킨다.

⑦ 공공부문은 보통 민간기업과 경쟁하지 않기 때문에 해당지역 민간기업의 성장을 억제하지 않는다.

⑧ 공공부문 서비스가 해당지역 바깥의 고객에게도 제공되기 때문에 이에 따른 파급효과가 있다.

⑨ 공공부문의 입지는 그 지역에 도움이 되는 재정적 지원이나 고용정책에 긍정적 영향을 미칠 수 있다.

⑩ 공공부문입지는 그 지역의 경제발전을 도모하는 정치인들의 이해관계를 나타내기 때문에 민간기업의 투자를 유도할 수 있다.

⑪ 공공부문은 비교적 안정적인 성장을 보이기 때문에 주기적 변동이 별로 없다.

3.4 나주 이전 대상기관 직원에 대한 설문조사

이 조사는 2006년 5월 1일~25일에 걸쳐 이루어진다. 나주 공동혁신도시로 이 주하는 17개 공공기관의 이주 예정 직원 4,562명이 대상 집단이다.

설문조사는 각 해당 기관에 공식적으로 의뢰해서 이루어진다. 표 3.1에 보이는 것처럼 직원 수에 비례해서 설문지가 배포된다. 총 500부를 배포 그 중 476부가 수거되고, 응답률은 95.2%이다. 대상 집단인 직원 4,562명의 10.4% 정도가 실제 설문조사에 응답했다.

표 3.1 이전 대상기관에 대한 설문지 배포 및 수거

구 분	이전대상 직원수(명)	응답설문지 부수(매)
한국전력공사	1,200	105
한국농촌공사	701	81
한국무선국 관리사업단	75	11
한국농촌경제연구원	218	22
농업연수원	42	5
한국문화예술위원회	60	5
전파연구소	137	17
저작권심의조정위원회	29	7
프로그램심의조정위원회	80	11
한전기공	192	19
농수산물유통공사	224	27
정보통신부 지식정보센터	377	39
한국전력거래소	263	32
한전KDN	500	47
한국정보보호진흥원	245	29
사립학교교직원 연금관리공단	163	14
한국문화콘텐츠진흥원	56	5
합 계	4,562	476

남자 응답자가 여자 응답자보다 4배 가까이 많다. 4분의 1 정도가 독신이다. 평균 나이는 37.34이다. 연령 분포에서 20대가 9.1%, 30대 58.1%, 40대 30.5%, 50대 2.3%이다. 30대와 40대를 합치면 88.6%로 거의 대부분을 차지한다고 볼 수 있다.

'배우자 포함 동거 가족수'의 평균은 2.5명이다. 동거가족이 없다는 응답이 8.2%이며, 1명과 동거한다는 응답이 12%이며, 2명과 동거가 23.3%이다. 3명과 같이 산다는 응답이 41.4%로 가장 많다. 4명과 동거가 10.5%, 5명과 동거가 3.6%이다. 6명과 7명의 경우는 각각 0.8%와 0.2%이다.

미취학 어린이나 초·중고교에 취학하는 자녀가 있는 경우는 전체의 62.9%이다. 가족이나 교육과 관련된 정책 필요성을 강하게 시사한다.

미취업, 사무관리직, 전문직, 서비스 및 판매직 순서로 배우자 직업분포는 나타난다. 미취업은 대부분 주부들이다.

주부는 응답 280명 중 단일 직종으로 가장 큰 비중인 42.8%를 차지한다. 사무관리직은 113명으로 33.8%를 차지한다. 사무관리직은 일반 회사원과 공무원이 대부분을 차지한다. 응답자 중 65명으로 19.5%를 차지하는 전문직에는 교사와 학원강사가 36명으로 가장 많다. 서비스 및 판매직은 3%로 의미 있는 비중을 차지하지 않는다.

거주지에 있어서는, 직원 중 절반 이상이 서울에 거주하고 있다. 서울 거주 직원은 59% 정도이다. 응답한 476명 중 280명이 서울 거주자에 해당한다.

이른바 '강남권(강남구, 서초구, 송파구)'에 전체 응답 476명 중 99명이 거주하고 있어 21%를 차지한다.

서울 거주가 아닌 경우에도 '분당'으로 대표되는 성남시 거주자가 많다. 전체 476명 응답자 중 35명으로 7.4%를 차지한다.

응답 직원 중 절반 이상인 56.7%가 집을 소유하고 있는 것으로 나타났다. "현재 소유하고 있는 집이 있으십니까"라는 질문에 답한 476명 중 270명이 '예'라고 답하였다.

주택소유에 있어서도 서울집중 현상은 여전하다. 응답한 267명 중 52.4%에 해당하는 140명이 서울에 '자신의 소유주택 중 가장 가격이 비싼 주택'을 가지고 있다.

주택소유에 있어서도 부동산 가격이 비싼 곳으로의 집중현상을 살펴볼 수 있다. 강남권(강남구, 서초구, 송파구)에 대해 응답 직원 267명 중 50명이 '소유주택 중 가장 비싼 주택'을 가지고 있다. 전체의 18.7%에 해당한다.

이전 대상 직원은 가족과 함께 이주할 생각이 별로 없다. 표 3.2는 가족과 같이 거주할 것인가에 대한 응답이다. 이는 혁신도시가 어떤 모습을 모일 것인가를 사실상 결정한다.

응답자의 19.8%만('꼭 그러겠다'와 '아마 그러할 것이다')이 나주에 건설될 공동혁신도시로 가족과 함께 이주하겠다고 응답한다. '가능성이 전혀 없다'고 응답한 아주 부정적인 태도가 475명의 절반에 가까운 209명으로 전체의 44%를 차지한다.

'꼭 가족과 같이 옮겨 오겠다'는 아주 긍정적인 응답은 27명으로 전체의 5.7%이다. 긍정적 응답인 '꼭 그러겠다', '아마 그러할 것이다'는 94명인 19.8%에 불과하다. 응답자 중 36.2% (475명 중 172명)가 유보적 응답인 '그럴 가능성이 조금 있다', '어느 정도 정착되면 옮겨 가겠다'를 선택한다.

표 3.2 나주 혁신도시로의 직장 이전시, 가족과의 동반 이전 여부

구분	꼭 그러겠다	아마 그러할 것이다	그럴 가능성이 조금 있다	어느 정도 정착되면 옮겨가겠다	가능성이 전혀 없다	계
응답자 수(%)	27명 (5.7%)	67명 (14.1%)	78명 (16.4%)	94명 (19.8%)	209명 (44%)	475명 (100%)

"나주 혁신도시로 직장이 옮겨갈 때, 가족이 같이 혁신도시 내부나 근처에서 거주할 생각이 있으십니까?"

집을 살 생각도 별로 없다. 표 3.3을 살펴보자. 나주의 혁신도시로 직장이 옮겨갈 때, 나주시에서 집 구매 의사가 있느냐는 질문에 473명이 응답하였다. 이 중 '가능성이 전혀 없다'는 아주 부정적인 태도가 응답자의 절반인 50.1%를 차지한다.

표 3.3	혁신도시로의 직장 이전시 나주시에서의 주택 구매 여부

구분	꼭 그러겠다	아마 그러할 것이다	그럴 가능성이 조금 있다	가능성이 전혀 없다	계
응답자 수(%)	14명 (3%)	72명 (15.2%)	150명 (31.7%)	237명 (50.1%)	473명 (100%)

"나주 혁신도시로 직장이 옮겨갈 때, 나주시에서 집을 구매하시겠습니까?"

혼자 내려와서 직장 근처에서 혼자 사는 사람이 대부분일 것이라는 전망이 가능하다. 나주로 옮겨올 때 어디서 거주할 것인지에 대한 질문에 대해서는 나주 공동혁신도시 내부가 66%를 차지한다. 물론 이 질문은 가족과 같이 거주하거나 혼자 살거나 상관없이 공통적으로 해당되는 질문이다. 표 3.4에서 나주의 혁신도시 내부가 '나주 공동혁신도시 내부'와 '나주 공동혁신도시 외부'를 합친 나주거주에 해당하는 응답은 76.7%에 달한다.

나주를 제외하고는 예상거주지로서는 광주가 거의 대부분이었다. '광주이지만 구체적으로 어디일지를 정하지 않았다'는 대답은 17.2%이다. 광주 전체에 해당하는 응답은 19.6%이다.

표 3.4	혁신도시로의 직장 이전시 예상 거주 지역

구분	나주 (혁신도시 내부)	나주 (혁신도시 외부)	광주이지만 구체적으로 어디일지를 정하지 않았다	광주 서구	광주 남구	광주 광산구
응답수	303명	49명	79명	5명	2명	4명
비율(%)	66%	10.7%	17.2%	1.1%	0.4%	0.9%

"나주 혁신도시로 직장이 옮겨갈 때, 어디에서 거주하실 생각이십니까?"

만약 집을 구매한다면 어느 지역을 선호하느냐는 질문에도 대부분의 응답이 나주 공동혁신도시 내부로 나타났다. 표 3.5에서 나주의 혁신도시 내부가 응답의

61.4%를 차지한다. '나주 혁신도시 내부'와 '나주 혁신도시 외부'를 합친 나주 전체는 72.2%에 이른다.

광주를 선택한 응답 중에서는 '구체적으로 어디일지를 정하지 않았다'는 응답이 압도적으로 높다. 광주 전체는 26.5%이다.

| 표 3.5 | 나주 또는 광주에서의 주택 구매시 선호 지역 |

구분	나주 혁신 도시 내부	나주 혁신 도시 외부	광주이지만 구체적으로 어디일지를 정하지 않았다	광주 동구	광주 서구	광주 북구	광주 남구	광주 광산구	기타	계
응답수	262명	46명	98명	1명	6명	2명	1명	5명	6명	427명
비율(%)	61.4%	10.8%	23%	0.2%	1.4%	0.5%	0.2%	1.2%	1.4%	100%

"만약 나주 또는 광주에서 집을 구매하신다면, 어느 지역의 집 구매를 가장 선호하십니까?"

새로 집을 장만하는데 재정적인 어려움은 크지 않다. 만약 가족과 같이 공동혁신도시 내부나 근처에서 거주할 경우, 현재 소유하고 계신 주택을 처분하겠느냐는 질문에 대해서는 437명이 응답한다. 이 중 377명인 86.3%는 '아니오'라고 응답하였다. 재정적 여유를 보여준다.

생각하는 평수도 작지 않다. "만약 나주지역에서 아파트를 구매한다고 가정할 경우 몇 평 정도를 생각하고 계십니까?"에 433명이 응답했다. 평균 평형은 35.27평이다.

"만약 나주지역에서 아파트를 구매한다고 가정할 경우 얼마 정도의 현금을 구매에 사용할 수 있습니까?"라는 질문에는 415명의 응답에 평균 1억 2,394만원이라는 결과가 나왔다.

집을 사지 않겠다는 것은 혁신도시의 미래에 대한 부정적 견해와 관련되어 있다. 응답자는 혁신도시의 현재와 미래에 대해 부정적인 의견을 가지고 있다.

나주 공동혁신도시 건설에 대한 의견을 묻는 질문에는 63.4%가 부정적인 의견을 밝혔다(표 3.6).

공동혁신도시 건설이 완료되고 도시제반시설이 어느 정도 갖추어질 2020년의 모습에 대해서도 부정적인 의견이 55.7%로 나타났다(표 3.7).

| 표 3.6 | 혁신도시 건설에 대한 평가 |

구분	매우 긍정적	조금 긍정적	조금 부정적	매우 부정적	계
응답자 수(%)	44명 (9.3%)	129명 (27.3%)	174명 (36.9%)	125명 (26.5%)	472명 (100%)

"현재 진행되는 나주 혁신도시 건설에 대해 어떻게 생각하십니까?"

| 표 3.7 | 혁신도시의 미래 모습에 대한 평가 |

구분	매우 긍정적	조금 긍정적	조금 부정적	매우 부정적	계
응답자 수(%)	40명 (8.5%)	169명 (35.8%)	179명 (37.9%)	84명 (17.8%)	472명 (100%)

"나주 혁신도시가 2020년에 가질 모습에 대해 어떻게 생각하십니까?"

2020년에 혁신도시가 가질 모습에 대해서도, 부정적 응답이 많다. '매우 부정적'이라는 응답이 17.8%이다. '조금 부정적'도 37.9%이다.

이 장의 맨 처음 묘사되는 나주 혁신도시 주거환경에 대한 묘사와 해당 공기업 직원이 이전하기 이전에 실시된 이 설문조사 결과는 일치한다. '혁신' '균형발전' '지역격차 해소'와 같은 표현은 '철근과 콘크리트'를 위한 미사여구에 불과하다. 한전 본사가 이전한다해도 혁신지로서 혁신도시가 되지는 않는다. 공공기관 이전 사업으로서도 실패이다.

'지역균형발전을 위한 철근/콘크리트'는 더 이상 유효하지 않다.

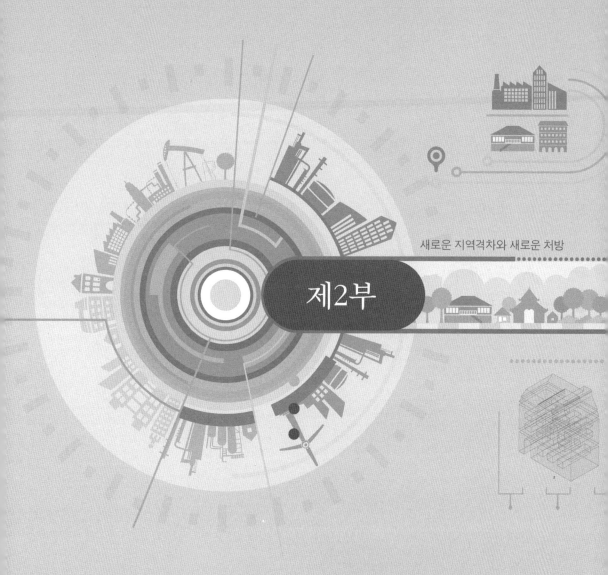

새로운 지역격차와 새로운 처방

제2부

새 개념의 필요성

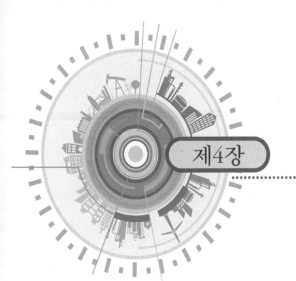

제4장 '지역발전유발 지식서비스'의 정의

'이 장에서는 '지역발전유발 지식서비스'를 새로운 개념으로서 제시한다. 이러한 개념정의를 해나가는 과정에서 저자에게 처음 떠오른 단어는 이러한 지역격차와는 별 관계없는 '이론의 빈곤'이라는 표현이다. '이론의 빈곤'이라고 흔히 번역되는 Edward Thomson의 책 제목은 The Poverty of Theory이다. 주체로서의 인간이 결여된 사회변동 이론이 가지고 있는 문제점을 지적하는 책이다.

'이론의 빈곤'을 달리 표현하면 '쓸모없는 이론'이라 할 수 있다. 저자가 번역한다면 아마 이런 식으로 하지 않을까 생각한다.

이론이 쓸모없는 것은 아니다. 이론 각각마다 나름대로의 한계가 있을 뿐이다.

이러한 한계는 실체를 가진다. 해석의 문제를 넘어선다. 그 이유는 이론이 만들어진 배경인 시간과 공간이 한정되기 때문이다.

그래서 새 개념이 필요하다. 저자가 제시하는 개념도 이런 맥락에서 만들어진다.

4.1 개념의 정의

'지역발전유발 지식서비스'의 정의는 '지역의 지속적 고부가가치 창출과 삶의 질 향상을 가능하게 하는 지식관련 고차 서비스'이다.

세 가지를 현실에서의 예로 들 수 있다:

1) 지역발전의 방향과 방법을 제시하는 두뇌기능
2) 종합병원급 의료서비스
3) 공과대학이나 이공계 연구소에 의한 연구개발

직관적으로는 '지식사회에서의 지역단위 혁신 흡수능력'이라고 정의할 수도 있다. 지역이 혁신을 창출할 뿐만 아니라 그것을 흡수하기 위한 필요한 조치를 위해 한 단계 더 나아가는 능력으로서 '흡수능력 absorptive capacities'을 Florida (2005:194)는 언급한다. 무엇이 이러한 흡수능력을 구성하는가에 대해서는, 동성연애자가 편안하게 살 수 있는 개방적 분위기를 지적한다.

'흡수능력'이라는 맥락에는 동의하지만, 저자는 다른 측면을 주목한다. 적절한 지역발전을 계획하는 능력, 지역내 의료서비스, 공과대학의 연구능력이 흡수능력을 구성한다.

첫 번째는 지역발전에 대한 지역 자체의 두뇌역량이다. 비유적으로 이야기하자면, 지역의 진로설정 및 진로개발 능력이다.

개인과 마찬가지로 지역에게도 나에게 맞는 또 현실적 가능성이 있는 길을 찾는 것이 중요하다. 지역이 어떠한 방향으로 발전하고 또 그러한 방향으로 가는 구체적 방안이 무엇인가에 대한 지식 자체가 중요하다. 이러한 지식은 경제적 부가가치 창출 뿐 아니라 지역민의 삶의 질을 높인다.

안타깝게도 지방 도시일수록 자신의 진로에 대해 무지하다. 광주광역시 구도심에 아세아문화전당을 건립한다는 중앙정부 주도 사업을 예로서 들 수 있다.

이 사업의 경우, '문화도시'의 실체가 무엇인지 명확하게 이야기하는 이를 처음부터 광주에서 찾기 힘들었다. 대부분 중앙정부 돈을 끌어오는데 의미를 두었다.

주체가 중앙정부이더라도, 사업에 대한 책임은 기본적으로 지역에 있다. 지역
공동체가 지역발전 방향에 대해 가진 생각이 부족하기 때문에, 외부에서 이런 저
런 명목으로 사업을 끌어간다.

자기 자신의 운명에 대해 손을 놓은 지자체는 광주광역시만이 아니다. 대구광
역시 역시 마찬가지이다.

이탈리아 밀라노와 같은 패션 산업도시로 만들겠다는 '밀라노 프로젝트 Milan
Project'로 대구는 한동안 난리를 쳤다. 멋진 얘기를 늘어놓고 정부지원을 받는다
고 다 좋은 것이 아니다.

밀라노 프로젝트에 대한 저자의 평가는, 다음에 나오는 신문기사와 동일하다.
지난 시간과 자원이 아까울 뿐이다(영남일보, 2014).

> 10년간 8천778억 원의 돈을 쏟아 부었음에도 밀라노프로젝트는 '낙제'
> 라는 성적표를 받았다. 대구를 둘러싼 내·외적 경제 환경 변화에 능동적으
> 로 대처하지 못했기 때문이다. 또 지자체 차원의 계획과 노력 없이 중앙정
> 부의 예산지원에만 매달린 것도 주요 실패 원인으로 꼽히고 있다. 밀라노
> 프로젝트에 매달려 지역 산업구조개편의 적기를 놓친 대구는 심각한 경제
> 난에 봉착하게 된다. 2000년 중반 무렵부터 기계·금속, 자동차부품, 전자
> 정보산업을 선두에 놓고 로봇, IT 융복합, 그린에너지 산업 등을 육성하는
> 것을 골자로 뒤늦게나마 산업구조 개편을 통한 경제회생에 나섰지만 '잃어
> 버린 10년'의 대가는 혹독했으며 아직도 진행 중이다. 본격적인 지방자치
> 가 개막한 1995년 대구시의 재정규모는 2조245억 원으로 전국 특별·광역
> 시 가운데 서울, 부산에 이어 세 번째를 기록하고 있었다. 재정자립도는
> 89.5%로 서울(97.3%), 인천(91.4%) 다음으로 높았다. 20년이 지난 2014
> 년 대구시 예산규모는 6조26억 원으로 1995년보다 200% 가까이 증가했
> 지만, 되레 재정자립도는 46.5% 정도로 절반 이하로 낮아졌다.

다시 지역발전 관련 두뇌기능이라는 주제로 돌아간다. 저자는 지역정책 전문
가에 주목한다. 이들은 Florida(2005)가 언급한 창조계급의 일원이라 볼 수 있다.
창조도시론을 주창한 Florida(2005:53)는 "유의미한 새로운 형태를 창출하는 기

능"이라는 표현으로 창조계급을 정의한다. 기존의 제조업과 서비스업과는 다른 창조적인 일을 하는 지식사회의 새로운 집단이 창의계급이다(Florida, 2005:36 – 37):

> 창조계급과 다른 계급들간의 중요한 차이는 그들이 주로 어떤 일을 하며 보수를 받는가에 있다. 노동계급과 서비스 계급의 사람들은 주로 계획에 따라 일을 실행해 돈을 번다. 한편 창조계급의 사람들은 주로 창조하는 일을 통해 돈을 벌고, 앞의 두 계급보다 훨씬 더 많은 자율성과 융통성을 지녔다.

그가 정의하는 핵심적 집단에 의사, 과학자 뿐 아니라 '종합연구소 연구원'도 들어가 있다(Florida, 2005:53 – 54):

> 창조계급의 뚜렷한 특성은 구성원들이 유의미한 새로운 형태를 창출하는 기능을 가진 일에 종사하고 있다는 점이다. 이 새로운 창조 계급의 핵심적 집단은 과학자와 엔지니어, 대학교수, 시인과 소설가, 예술가, 연예인, 연기자, 디자이너, 건축가뿐만 아니라 현대사회의 사상적 지도자, 즉 비소설 작가, 편집인, 문화계 인물, 종합연구소 연구원, 분석가 및 여타 여론 주도자 등을 포함한다. 이러한 핵심집단의 구성원들은 널리 생산되고 판매되고 이용되는 제품을 디자인하고, 많은 경우에 적용될 수 있는 이론과 전략을 도출하며, 훌륭한 곡을 작곡하는 등 쉽게 전파되고 널리 유용하게 쓰일 새로운 형태의 디자인을 창출한다. 창조계급은 이러한 핵심집단의 범위를 넘어서 하이테크 부문, 금융 서비스, 법률과 보건 관련 직업 및 비즈니스 경영과 같이 광범위한 지식 집약적인 산업에 종사하는 창조적 전문직 종사자들을 포함한다. 이 사람들은 혁신적인 해법을 찾을 때 지식의 복합체에 의존하면서 창조적인 문제 해결에 참여한다. 이러한 활동은 특별히 높은 수준의 정규교육, 즉 높은 수준의 인적 자본을 필요로 한다. 그들은 때때로 널리 유용하지만 자신들의 기본적인 일과는 상관없는 방법이나 생산물을 접하기도 한다. 그들은 전문적인 일을 하면서 문제가 생기면 필요한 해결책을 스스로 생각한다는 것이다. 이들은 주어진 상황에 대처하기 위해 표준적 접근을 독특한 방식으로 결합하거나 적용하고, 중대한 판단을

내리며, 때때로 독자적으로 새로운 아이디어와 혁신을 시도해야 한다.

물론 지역발전에 대한 두뇌기능이 특정 조직으로 제약되지는 않는다. 지역 정치인이나 공무원이 가지고 있는 업무관련 전문성이나 지역에 기반한 다양한 정책 연구모임도 의미가 있다.

두 번째 공과대학이나 이공계 연구소를 주목한다. 새로운 세대의 필수불가결한 기반시설로서의 공과대학에 대해서는 이미 충분한 경험적 입증이 완료되어 있다.

실리콘 밸리의 성공을 뒷받침한 주변 대학의 역할에 대한 다음의 분석은 이를 잘 보여준다(Castells & Hall, 2006:70−73; 김준우·안영진, 2014:46에서 인용):

> 처음에는 스텐포드와 버클리가, 나중에는 산호세 주립대학과 산타클라라 대학도 참여한 캘리포니아 만 지역대학들의 건실한 전기공학 학업과정으로 인해 고숙련 과학기술 노동력을 이용할 수 있었다. 1960년대부터는 실리콘 밸리가 전 세계적으로 인재들을 모으기 시작했지만, 초기 단계 지역 환경을 만드는 데에는 이 지역에서 졸업했고 이 지역 대학 자체의 자원 시스템에 접근할 수 있었던 훌륭한 공학자 집단이 큰 도움을 주었다. 따라서 대학은 두 가지의 역할을 수행했다. 첫째로, 대학은 새로운 원료라고 할 수 있는 과학적 기술적 지식의 원천이었다. 특히 스텐포드 대학이 그러했다. 둘째로 실리콘 밸리 환경 스스로 노동시장을 만들 능력을 갖추기 이전에는 대학이 고숙련 노동자 공급자 역할을 했다.

창의적 인재를 품을 수 있는 다양성 있는 도시 분위기를 강조하는 창조도시론에서도, 지역 경제 발전을 위한 필요조건으로서의 대학의 의미를 인정한다(Florida, 2005:194).

대학 못지않게 이공계 연구소도 중요하다. 다만 공공성이 강한 대학과는 달리, 연구소는 입지에 제한이 많다. 대기업 연구소가 점점 서울에 집중되는 것이 이를 잘 보여준다.

공공적 성격의 연구소 역시 입지 제한이 있다. 연구소의 수준이 연구원에 의해 좌우되기 때문이다. 이 책에서 이공계 연구소에 대해 많이 언급하지 않는 이유가 여기에 있다.

세 번째로 종합병원급 의료기관의 진료 수준을 들 수 있다. 먼저 이 논문에서 '종합병원급 의료서비스'란 용어는 꼭 종합병원에서 치료가 이루어져야 한다는 의미가 아니다. 전문적이고 종합적인 서비스가 중요하다는 의미이다.

비수도권과 수도권간 종합병원급 의료격차는, 수도권에 기반을 둔 소위 '빅5 (서울대병원, 서울아산병원, 세브란스병원, 삼성의료원, 서울성모병원)'의 존재로 대변된다. 흔히 지방의 돈이 흘러들어가는 것으로 이야기되기도 하지만 환자 입장에서는 생명이나 삶의 질이 걸린 문제이다.

'지역발전유발 지식서비스'라는 개념은 이렇게 현실에서 일어나는 새로운 지역격차를 잘 설명하는 도구이다.

4.2 정보자본주의와 기존 이론의 검토

이전과는 다른 자본주의 시대를 Castells은 1989년에 출간된 책 The Informational City에서 규정한다. 이전과는 달리 새로운 기술혁명에서는 원료와 산물 모두가 정보이다.

"새로운 기술혁명"과 "정보적 발전양식"이 그가 사용하는 용어들이다(Castells, 2001:29−31):

> 내가 주장하는 바와 같이, 사회적 경제적 그리고 제도적 요인들은 새로운 기술 패러다임의 행태하에서 이러한 상이한 과학적 혁신들의 동시 등장에 결정적이었다. 그러나 새로운 기술들의 특이성은 이 패러다임의 구조와 진화에 주요한 역할을 하며, 혁신 과정과 사회조직의 과정 간 접합에 그 내적논리의 물질성을 부여한다. 새로운 기술 패러다임은 두 가지 근본적 양상들에 의해 결정된다. 첫째, 새로운 핵심기술들은 정보가공에 초점을 두고 있다. 이는 부상하고 있는 기술 패러다임이 가지는 우선된 특이한 양

상이다. 분명 정보와 지식은 모든 기술혁명들에 주요한 요인이었다. 왜냐하면 기술은 궁극적으로 새로운 지식의 응용에 기초하여, 새로운 과업들을 수행하거나 또는 기존의 공정을 보다 잘 수행할 수 있는 능력이 되기 때문이다. 모든 주요 기술적 변화들은 사실 새로운 지식에 기초한다. 그러나 오늘날 기술변화의 과정을 상이하게 만드는 것은 그 원료 자체가 정보이며, 그 산물도 정보라는 점이다.

이러한 기술혁명은 "정보적 발전양식"을 가진 새로운 사회를 만들어 냈다 (Castells, 2001:29-31):

> 근본적 결과는 기술혁신의 본질적인 과정 지향에서 도출된다. 생산물과는 달리 과정들은 인간 활동의 모든 영역들에 들어오기 때문에, 혁신적 기술들에 의한 이 영역들의 전환은 어디든지 흐르는 정보의 흐름에 초점을 두고, 전체 사회조직의 물질적 기초에 수정을 유도한다. 따라서, 새로운 정보기술들은 우리가 생산하고, 소비하고, 관리하고, 생활하며, 죽게 되는 방식을 - 그 자체로서가 아니라, 분명, 인간 행태와 사회조직을 결정하는 일단의 광범위한 요인들의 강력한 매개자로서 - 전환시킨다 … 이러한 방법으로, 장인생산과 대규모공업, 대량소비와 주문된 시장, 강력한 관료주의와 혁신적 기업들 사이의 역사적 대립들은 새로운 기술적 매체들에 의해 변증법적으로 폐기되며, 이러한 폐기는 이들의 사회적 환경들과 직접적 관련성을 가지는 적응적 조직(adaptive organization)의 시대로 안내한다. 모든 과정들의 유연성을 증대시킴으로써, 새로운 정보기술들은 경제와 사회 간의 거리를 최소화하는 데 기여한다. 새로운 기술 패러다임은 그 기본 특징들의 특수한 논리와 연계된 근본적인 사회적 결과들을 가져온다. 그렇지만, 새로운 기술들은 보다 광범위한 생산과 조직의 체계에 접합되어 있으며, 이 체계의 궁극적인 근원은 사회적이지만, 이 체계의 발전에 새로운 기술들은 크게 기여한다. 우리는 경제성장과 사회변화를 추진하는 기술과 조직 과정들 사이의 이러한 복잡하고 상호작용적인 체계를 발전양식(mode of production)이라 부른다.

정보자본주의와 무관해 보이는 이론의 출현도 살펴보면 정보 자본주의 사회가 가지는 변화와 관련되어 있다.

예를 들어, 공항도시론을 인간생태학의 연장선으로 저자는 이해한다. 세계적 공항이 주목받고 있는 데에는 정보통신기술의 발달도 한 몫하고 있다.

이는 세계도시론을 생각해보면 쉽게 이해된다. 초국적 기업의 근거지로서 세계도시와 세계적 공항이 중요해지는 것이다. 초국적 기업의 운영은 발달된 정보통신 기술에 의지한다.

창의도시론과 혁신도시론은 직접적으로 정보자본주의를 다룬다. 도시쾌적성론은 이러한 정보 사회에서 여유를 찾아 갈 수 있는 집단의 형성과 관계있다. 창의도시론에 나오는 창의적 계급이다.

표 5.1은 이러한 저자의 주장과 연결해서 한 번 살펴볼 가치를 가진다. 지역경제이론의 시대적 구분이다. 앞서 언급되었듯이, 新마르크스 지역경제 지리학에 나오는 Sassen은 세계도시론을 펼친 Saskia Sassen이다. 공동소비 개념의 Castells와 과학단지론의 Castells 역시 동일 인물이다.

지역과학론에 해당하는 John Friedmann의 업적은 William Alonso와 함께 편집한 1964년의 "Regional Development and Planning"이라는 책을 기준으로 하고 있다. 그 역시 Sassen과 함께 이후 세계도시론의 초석을 쌓는다.

표 4.1 **지역경제 이론의 시대구분**

시대	주요인물	특징
생태학적 지역론 (ecological regionalism) 20세기 초반	Geddes, Howard, Mumford, MacKaye	19세기 과밀산업도시 문제에 신경씀 도시와 시골을 조화시키려 함 비교적 전체론적, 규범적, 장소위주로 접근함
지역과학론 양적분석, (regional science) 1940년대 후반부터 지금까지	Isard, Alonzo, Friedmann	지역경제발전, 사회과학적 방법론을 강조
신마르크스주의 지역경제 지리학	Harvey, Castells Massey, Sassen	지역내 권력과 사회운동을 분석

(Neo-Marxist regional economic geography)		
공공선택지역론 (public choice regionalism) 1960년대부터 지금까지 1980년대에 가장 두드러짐	Tiebout, Ostrom, Gordon, Richardson	신자유주의 경제학의 자유시장 시각에서 지역을 분석
신지역주의 (new regionalism)	Calthorpe, Rusk, Downs, Yaro, Hiss, Orfield, Katz, Pastor	경제발전 뿐 아니라 환경과 공정성에도 신경을 씀 탈근대 대도시의 구체적 문제에 초점을 맞춤 비교적 장소중심적이거나 행동중심적이고 규범적인 경우가 잦음

출처: Wheeler, 2002:269

전제로서 또 이론변화의 시대적 맥락으로서 정보자본주의론은 유용하다. 하지만 정보를 시장에서 거래되는 상품으로만 이해하고 시장 만능주의 혹은 시장 순응주의 현실 함의로 나아가는 것에 대해 저자는 우려한다.

저자의 비판을 현실적 함의와 연결시켜 보자. 같은 범주로 이해되는 이론이라도, 현실함의는 연구자에 따라 많이 다르다. 정보자본주의론은 아니지만 표 4.1의 공공선택 지역론을 보자. Tiebout와 Ostrom의 입장을 확연히 다르다. 거주할 지역이라는 공공재를 개인이 자신의 '발로서 투표한다 feet voting'는 Tiebout의 의미를 생각해보자. '실제에서 통하는 자원의 관리는 이론에서도 통한다 A resource arrangement that works in practice can work in theory'로 요약되는 Ostrom의 입장과는 현실적 시사점이 분명히 다르다.

Tiebout과 같은 맥락의 함의를 저자는 경계한다. 잘 사는 사람은 Tiebout이 언급한 대로 자신이 원하는 서비스를 적절한 가격에 제공하는 곳으로 쉽게 이사할 수 있다.

정보자본주의론도 마찬가지로 정보 접근이 어려운 사람이나 지역이 겪는 어려움을 무시하는 입장을 가질 수 있다. Castells의 한국 과학도시 인식에 대한 저자의 비판적 입장을 짤막하게 밝힌 바 있다. 이어서 다루는 과학도시론과 6장에서 더 자세히 언급하기로 한다.

정보자본주의에 대한 순응주의 역시 문제이다. *The world is flat*이라는 책 제목이 대변하는 Thomas Friedman의 현실인식은 '인도의 학생이 앞으로 세계적으로 평평한 정보자본주의에서 좋은 직장을 뺏어 갈 수 있으니 미국 아이는 오늘 당장 숙제를 해라'라는 식이다.

미국 중산층 이상의 가정에서나 먹혀들어가는 이야기이다. 공교육이 무너지는데 개별 학생이 숙제를 잘 할 것이라고 기대하는 것은 무리이다.

Tiebout의 논증이 쾌적한 미국 교외에서나 잘 맞아 들어가는 것과 마찬가지이다. 경제적으로 괴멸된 지방자치단체가 경쟁에서 자신을 단련시키고 결과를 쟁취하라는 것은 말이 되지 않는다.

현실에서 유리된 이야기이다. 바늘 끝에 몇 명의 천사가 있을 수 있는가에 대한 중세 시대의 논쟁을 연상시킨다.

시장 순응주의나 시장 만능주의도 마찬가지로 현실에서 유리되어 있다.

4.1.1 공동소비

새로운 시대에 새로운 지역격차 원인을 이 책은 찾아 나선다. 그런 면에서 Castells이 1978년에 출간된 책 *City, Class and Power*와 동일하다.

전통적 불평등 원인인 소득과 구분되는 새 시대의 새로운 격차 발생 원인으로서, Castells은 공동소비를 말한다(Castells, 1978:16,31,32; 김준우·안영진, 2013:42에서 인용):

> 소득이라는 자본주의의 전통적 불평등 원인과 공동소비는 구분된다. 주거환경, 노동환경, 건강상태, 교육 및 문화시설 등의 공동소비는 새로운 불평등 원인이다 … 공동소비 서비스를 제공하는 기준에 따라 누가 혜택을 입고 누가 혜택에서 제외되는지가 결정된다. 공동소비 자체가 일상생활에서의 억압과 차별의 원인이 되기도 한다. 도로망 확충에 이은 자동차에 대한 극단적 의존은, 자동차를 몰지 못하는 사람을 장애인으로 만들어 버린다.

공동소비가 강조되는 이유는 현실적이다. 의료서비스나 교육서비스가 현실공

간에서 가지는 중요성은 매우 크다. 지역 의료현장에서 마지막 보루인 대학병원
급 의료서비스는 삶과 죽음을 좌우한다.

교육서비스의 중요성 역시 일반인에게도 잘 인식되어 있다. 초중고 교육 뿐 아
니라 대학 교육서비스의 질은 개개인에게는 인생에서의 성취기회를 좌우한다. 삶
의 의미 자체와 연결되어 있기도 하다. 지역 입장에서도, 교육은 단순한 경쟁력
의 원천을 넘어 정체성을 구성하는 변수라 할 수 있다.

공동소비는 시장으로부터 상당히 독자적이다. 선진자본주의에서 점점 더 많은
공동소비 서비스를 국가가 떠맡게 된다.

'이중의 상대적 자율성 double relative autonomy(Castells, 1972:19)' 개념이
여기서 나온다. 첫째로, 특정기업의 하인처럼 일하는 것이 아니라 자본주의 체제
전체를 위해 국가는 일한다. 둘째로, 심지어 경제적 측면의 국가개입도 정치적
논리를 가진다.

Castells은 이러한 측면에서 노동자의 정치적 승리를 언급한다. 공동소비를 둘
러싼 투쟁에서, 기술직과 사무직으로 구성된 "새로운 뿌띠부르조아 new petti
bourgeoisie"까지 노동자는 자신의 편으로 끌어들인다.

이런 호시절의 모습을 그는 이렇게 묘사한다(Castells, 1972:171):

> 주택위기는 노동자 계급을 넘어서는 효과를 가진다. 공공교통의 위기는
> 일하러 매일 출퇴근해야 하는 누구나의 문제이다. 보육시설의 부족은 모든
> 여자에게 영향을 준다.

이 책에서 제기하는 지역발전유발 지식서비스는 특정한 분야의 공동소비이다.
하지만 일반 대중이 지역발전유발 지식서비스를 요구할 수 있는 정치적 입지
는 약하다. 상당히 전문화되어 있어서, 선거에서 표와 연결시키기가 쉽지 않다.
한마디로 대중적 폭발성이 없다. 예를 들어보자. 좋은 대학병원을 만들겠다는
것보다는 독감 무료 접종이 훨씬 더 표 받기 쉽다. 좋은 시도연구원을 만들겠다
는 것보다는 시민 주도 공동체 사업에 현금지원하는 것이 정치적으로 유리하다.
실제로 우리 주변에서 일어나는 일이다. 시민이 지원하는 사업에 돈을 주겠다는
것은 언제나 인기 만점이다. 좋은 공과대학을 만들겠다고 해도, 자녀를 그 학교

에 보낼 수 있는 지역민은 많지 않다.

지역발전유발 지식서비스를 선거를 통해 확충하기 어려운 이유는, 정보자본주의
와도 연결되어 있다. 대량생산시대는 정점을 지났다. 줄어드는 전통적 제조업 노동
자 숫자가 보여주는 만만치 않은 현실에서, 노동자의 정치적 승리는 쉽지 않다.

공공투자는 어떠한 것이든 쉽지 않아진다. 보다 전문적인 지역발전유발 지식
서비스는 더욱 그러하다.

4.1.2 과학도시론

과학도시론에서도 Manuel Castells이 중요하다. 정보자본주의와 관련되며 또
시간이 지남에 따라 달라지는 Castells의 세계관은 흥미롭다.

1972년 그가 쓴 공동소비에 대한 쓴 책은 비판적이다. 1994년에는 이전 입장
과는 상당히 다른 내용을 담은 Technopoles of the World라는 책을, Castells은
공저자 Peter Hall과 함께 내놓는다. 시간이 흐른 이후에 나온 과학도시론은, 훨
씬 시장친화적이다.

Castells과 Hall이 과학단지론에서 가장 중요시한 개념은 '혁신환경milieu of
innovation'이다. "그 지역에 입지한 생산집적지 특유의 사회조직을 기반으로 해
시너지가 일어나고, 그 시너지가 효과적으로 끝없이 혁신을 만들어 내는 곳"이
혁신환경의 정의이다(Castells & Hall, 2011:414).

효율성에 초점을 맞추는 과학도시론은, 공동소비 서비스에 그리 신경쓰지 않
는다. 1950년부터 시작된 급격한 산업화로 인해 실리콘 밸리에서는 삶의 질이
하락한다(Castells & Hall, 2011:68):

> 막대한 교통체증이 실리콘 밸리 생활방식의 중요한 부분이 되었다 … 따
> 라서 교통체증, 갈수록 높아지는 인구밀집, 화학물질 오염은 이 지역 환경
> 의 질을 상당히 악화시켰다. 실리콘 밸리 신화를 꾸며주던 대부분의 유명
> 과실들은 이미 사라져버렸다. 산호세 시의 인구당 공공공간의 면적비율은
> 뉴욕시 비율의 약 1/3 정도에 불과하다. 범죄도 미국의 모든 거대한 대도
> 시 지역과 마찬가지로 심각한 문제다.

이에 불구하고 실리콘 밸리에서의 혁신은 계속된다고, 이 책은 역설한다 (Castells & Hall, 2011:68–69):

> 그럼에도 1980년대 내내 전 세계의 유능한 공학자와 혁신기업이 계속 실리콘 밸리에 자리 잡았다 … 처음 이 지역이 기술의 중심지가 되는데 중요한 요소로 작용했던 바로 그 삶의 질이 너무나 빠르고 명백하게 악화되어 가지만, 이것이 지역경제의 활력이나 혁신역량을 방해하지는 못했다. 왜냐하면 혁신 환경은 그 자체가 목적이기 때문이다. 사람들은 삶의 질이나 자연의 아름다움 때문에 그곳에 사는 것이 아니다. 삶의 질이란 너무나 주관적인 속성이기도 하거니와, 세계의 많은 지역이 놀랄 만큼 아름답지만 기술이나 산업의 중심지로 바뀔 가능성은 거의 없다 … 실리콘 밸리가 계속적으로 전 세계의 첨단기술 연구자와 기업가에게 미치는 영향력이란 이곳이 전자산업에서 가장 발전된 지식의 저장고라는 단순하고도 근본적인 사실과 이곳의 사회적 네트워크나 전문가 조직을 통해서 정보를 가공함으로써 차세대 지식을 만들어 낼 수 있다는 능력에 기반한다.

삶의 질에 대한 무시가 놀라운 묘사이다. 비판적인 그 Castells이 맞나 싶은 지경이다.

하지만 이 자체는 현실에 대한 정확한 인식이라고 저자는 생각한다. 삶의 질로부터 실리콘 밸리가 원래 생겨난 것은 아니다.

다시 과학도시론으로 돌아가자. 저자가 언급하는 지역발전유발 지식서비스와 과학도시론이 의견을 같이 하는 부분이 있다. 특정 종류의 공동소비에 대해서는, 과학단지론도 중요시한다. 혁신역량과 직결된 공동소비는 중요하게 여긴다. 이는 바로 대학교육이다.

Castells & Hall은 1950년대 산타클라라 카운티에서의 혁신환경 유래를 세 가지로 언급하면서, 대학의 역할을 크게 보고 있다(Castells & Hall, 2011:70–73):

1) 새로운 원료인 과학적 지식과 기술정보
스텐포드 대학이 전자공학 분야의 과학적 지식과 선진기술 정보를 널리 확산시켰다. 쇼클리도 자신의 회사를 만드는 동시에 스텐포드의 교수진으로 채용되었다.

2) 모험자본
직접적으로는 벤처캐피털 투자로부터, 간접적으로는 아직 시험 중인 기기를 군수 시장이 보증해 줌으로써 위험도가 높은 자본이 조달되었다
…

3) 지역 내 고숙련된 과학기술 노동력의 활용성

과학도시론은 기본적으로 시장의 작동을 중요시한다. 6장을 시작하면서 다시 자세히 언급하겠지만, 이들이 판단하기에 한국에서 진정한 혁신도시는 서울이다.

Castells & Halls의 책은 대덕과학단지에 대해 언급하고 있다. 이들은 대전에 이전할 공과대학을 중요하게 생각한다. 하지만 우선적 의미를 부여하지는 않는다. 저자가 맥락적으로 판단할 때는 부정적이다.

'의미있는 시도이지만 서울이 모든 것을 끌어들이는 블랙홀이기 때문에 성공하기 힘들 것이다' 정도의 느낌이다. 이는 저자의 느낌을 나타낸 것이다.

Castells & Halls와 같은 입장은 기존 불평등의 강화를 전제한다. 왜 서울에 혁신이 있는지 또 그러한 혁신이 어떻게 유지되고 강화되는지, 이들은 구체적으로 설명하지 않는다.

이들은 한국 지방에서 일류 공과대학교가 가능하다고도 생각하지도 않을 것이다. 순환론적 오류를 가진 논리이다. 혁신이 혁신을 낳는다는 것은 순환론이다.

시장 역시 변화한다. 현재 서울에 시장이 있다고 해서 늘 그러라는 법은 없다. 혁신 역시 변화한다. 현재 서울의 혁신이 계속 유지되는 것은 아니다.

다시 성장동맹론으로 돌아가보자. 기반시설은 부동산 값을 좌우한다. 새로운 시대의 기반시설은 공과대학이다.

새로운 시대의 새로운 기반시설이 세워지면, 시장 자체도 변화한다. 공과대학이 작동하면 시장을 바꾼다. 이는 저자의 생각이다. 또한 실리콘 밸리의 이야기이기도 하다.

비판적 색채가 없어진 Castells은 앞서 언급한 시장 만능주의와 시장 순응주의 사이의 어떠한 공간에 자리잡고 있다.

4.1.3 인간생태학

Castells의 공동소비에 정확하게 해당하는 개념은 인간생태학에서 찾아 볼 수 없다. Hawley(1950:214)의 Human Ecology라는 책에서 공동소비에 가장 근접한 개념은 '비영리 사업체가 제공하는 서비스'이다.

인간생태학에 의하면, 이러한 비영리 업체가 제공하는 서비스는 '시장'에 의존하고 있다(Hawley, 1950:214):

> 경제적 용어로 시장이라고 불리는 것이, 기능분화의 필요조건이다 … 따라서, 결사단위(associational unit)는 이러한 조건이 충족되는 때와 장소에만 등장한다. 어떤 이유에서든, "시장"이 없어지면 결사단위도 사라진다. 현대 형태의 기업체의 경우, 이는 충분히 명백하다. 호황을 누리는 도시의 인구성장과 쇠퇴, 그리고 이에 따른 소매 및 서비스업의 등장과 퇴장이 극적인 예이다. "시장"에 의존하기는 마찬가지이다. 병원, 학교, 교회 등과 같은 비영리 업체 역시, 이윤추구는 이런 성격 단위에서 작용하지는 않지만, 수입이 비용과 같거나 크지 않으면 계속 작동할 수 없다. 즉, 최소한의 부양인구가 있어야 한다. 어린이 수가 줄면 학교는 문을 닫는다. 신자가 줄면, 교회가 폐쇄된다. 구성원들이 신뢰하지 않으면, 정부는 무너진다.

인간생태학은 이렇게 시장에 큰 의미를 둔다. 비영리 서비스를 언급할 때처럼, 인간생태학을 관통하는 주제는 인구와 분화이다. Adam Smith가 언급한, 큰 도시에서만 일자리를 찾을 수 있는 짐꾼을 생각해보면 된다(Hawley, 1950:122). 인구는 기능분화에 큰 영향을 미친다. 이 작동 기제가 시장이다.

'고차서비스 high–order service' 존재에 주목한다는 점에서, 인간생태학은 이 책의 개념과 관련이 있다. 지역발전유발 지식서비스는 고차서비스의 일종이다.

고차서비스의 존재는 인간생태학이라는 학문의 태동에서부터 큰 위치를 차지한다. 중심지이론의 원조 격인 Walter Christaller(1933)에 따르면, 규모가 큰 정착지에는 분업이 더 발달한다. 고차서비스는 이러한 분업의 정도를 나타내는 하나의 척도이다. 고차서비스일수록 더 분화됨을 의미한다. 보석상과 쇼핑센터와 같은 고차서비스는 중심지에서만 찾아볼 수 있다. 인구와 수요가 진입장벽을 만들어 이러한 고차서비스를 중심지에 입지시킨다.

Hawley(1950)는 '전문서비스 professional service'라는 개념을 제시한다. "더 분화된 기능일수록 더 중심적 위치를 차지한다(Hawley, 1950:277)"는 전문서비스는 금융으로 대변된다. 전문화된 서비스는 도심에 위치한다. 금융업 뿐 아니라 금융업을 보완하는 부문까지 이러한 전문서비스에 포함된다. 이러한 보완 업종은 법률, 공학, 회계이다(Hawley, 1950:279–280).

제공되는 서비스 종류가 중요하다고 주장한 Margot Smith(1977, 1979a, 1979b)는, 지역발전유발 지식서비스의 중요성을 직접적으로 인식한 인물이다. 캘리포니아의 중심지를 의사전공분야의 숫자를 기준으로 제시한다.

인구수와 전화수를 기준으로 한 Christaller와는 달리, Smith는 소비자 유인에는 제공되는 의료서비스 수준을 더 중요시한다. 소득, 인구수, 다른 의료서비스 제공지와의 거리가 모두 다 어느 지역에 있는 의사수와 전공과목 숫자에 영향을 미친다. 혈액학, 종양학, 병리학, 호흡기내과와 같은 전공은 서로 인접한 곳에 입지하려는 경향을 보이기도 한다.

하지만 이 책과 인간생태학의 논지는 서로 다르다. 특정한 서비스업이 지역발전을 유발한다는 이 글의 주장에 대해서 인간생태학은 동의하지 않는다.

인간생태학은 서비스업이 지역발전을 직접적으로 유발한다고 잘 생각하지 않는다.

사실 Hawley(1950)는 생산과 서비스를 구분하고, 서비스 기능을 무시한다. 그의 주장을 살펴보자. 지역 공동체에서 어떠한 기능은 본질적으로 다른 기능보다 더 영향력이 있다. 지배 혹은 통제의 정도에 따라 공동체 기능은 배열된다. 체제의 정상적 작동을 위해서는, 어떠한 특정 기능에 충분한 통치/조정을 할 권한이 집중되어야 한다(Hawley, 1950:221).

미국 지역공동체에서 가장 큰 힘을 가진 조직은 보통 생산조직이다(Hawley, 1950). 생산조직이 외부와의 관계를 매개한다(Hawley, 1950:229). 생산조직을 대변하는 대표적 조직은 상공회의소나 제조업체 협의회다.

지역에 따라 특정 생산조직이 고유의 방식으로 힘을 발휘한다. 광업 회사의 예를 들어 보자. 경찰 고용, 임금지급, 부동산 소유, 정치참여와 같은 방식으로 영향력을 발휘한다(Hawley, 1950:230).

정부의 힘은 보통 생산조직보다는 약하다. 지방정부의 힘은 부여받은 규제 권한에 기인한다. 지방정부의 힘은 제한된 범위 내에서 발휘된다. 더욱이 미국에서는 더욱 더 제한되어 있다.

지방정부가 확립되어 있기 전부터 생산조직이 지배적인 위치를 차지하고 있는 경우가 미국에서는 많다(Hawley, 1950:229). 생산조직과 지방정부는 지역공동체에서 가장 큰 힘을 가진 자리를 두고 경합할 수 있다. 하지만 미국의 경우 생산조직이 우위를 점하는 경우가 많다(Hawley, 1950:229－230).

학교와 같은 비영리 서비스는 공동체 지배구조에서 가장 밑바닥에 위치한다. 공동체 지속을 위한 자원에 대한 영향력이 가장 작기 때문이다.

일반적으로 볼 때, 이러한 비영리 서비스는 주민의 일상생활에 관한 서비스는 지배/통제되는 편에 속한다(Hawley, 1950:230). 소매 및 개인서비스 업체, 여가시설, 교회 같은 다른 일상생활서비스 역시 지배되는 쪽에 속한다(Hawley, 1950:230).

비영리 서비스(학교, 교회, 병원 등)는 다른 서비스업 활동과 마찬가지로 시장에 종속된다(Hawley, 1950:214). 여기서 종속된다는 의미는 단순하다. 비영리서비스일지라도 지출보다는 수입이 많아야 된다. 이러한 수입은 비영리기관을 지탱해줄 최소의 인구가 있어야 가능하다(Hawley, 1950:214).

세계경제에 대한 탁견을 가진 이도 마찬가지로 서비스업을 무시한다. McKenzie 이야기이다. 그의 주장을 살펴보자. 서비스 기반 공동체는 경제기반을 제대로 가지고 있지 않다. 휴양지, 행정 중심지, 교육촌, 방위 시설 입지지, 교도소 마을, 복지타운이 대표적 서비스 기반 공동체이다. 서비스를 기반으로 하는 공동체는 인간 변덕이나 법조문 변화에 취약하다(McKenzie, 1924:291).

자신의 생존을 위해 생활권을 만들어가는 개인이 인간생태학 이론의 중심에 서 있다. 이러한 개인들의 모임인 직종 군집 및 거주 집단의 입지를 선택한다. 이러한 선택이 지역발전을 결정짓는다.

저자가 볼 때 인간생태학은 큰 문제점이 있다. 개인에게 창의성을 부여하지 않는다. 개인이란 주어진 환경을 받아들이고 생존하는 아메바와 같다.

현실의 인간은 주어진 환경을 의도적으로 바꾼다. 예를 들어보자. 내연기관에 의존하는 경제 구조를 인류는 바꾸려고 한다. 이는 생각의 결과물이다. 여러 변수가 미래에 끼치는 영향을 계산한 의도적 노력의 결과이다. 공간에도 이는 마찬가지이다. 인간의 의도성이 작동한다.

새로운 시기를 만들어 나가는 이러한 창의적 의도가 가장 잘 드러나는 분야가 지역발전유발 지식서비스이다. 공과대학교, 종합병원, 그리고 지역발전 연구소이다.

4.1.4 공항도시론

공항이라는 존재가 앞으로의 세상을 이끌어 간다. 이 변화의 중심에 서 있는 도시가 공항도시이다(Kasarda & Lindsay, 2011:62).

공항도시 aerotropolis 정의는 다음과 같다:

> 공항도시는 기본적으로 공항을 중심으로 삼는 지역이다. 호텔, 사무실, 유통 및 물류 시설로 이루어진 집결지로부터 약 60마일 정도까지 뻗어나가는 지역이다 … 모든 종류의 활동들은 공항에 의해 가능해지고 또 도움을 받는다. 공급망이던 기업이 가지고 있는 관계망이던, 생명과학 제약회사 그리고 시간에 민감한 유기재료이던, 공항 그 자체가 '신경제' 기능 전반의 진짜 핵심을 이룬다. 일자리 창출, 도시경쟁력 제고, 삶의 질 향상이 이 과정에서 공항이 추구하는 목표이다(Kasarda & Lindsay, 2011:174).

비행기에 주로 의존하는 물류회사 Federal Express라는 회사가 있다. 세상을 바꾼 회사이다. 이 회사가 활용하는 공항 Memphis International Airport는

Memphis라는 도시를 바꾼다.

공항이 지역을 먹여 살리기 때문이다. 백만이 넘는 대도시권에서 가장 고용을 많이 하는 회사가 Federal Express이다. 2008년 University of Memphis 연구에 따르면, 이 공항이 지역경제 거의 절반을 책임진다. 창고, 트럭운송, 공장, 사무소 같은 업종도 공항과 직접적으로 관련되어 있다(Kasarda & Lindsay, 2011:62).

공항도시론에서 강조하는 것은 속도이다. 가장 빠른 교통수단인 제트비행기의 출도착지가 공항이다. 이 공항을 중심으로 발달하는 도시가 공항도시이다. 호텔, 사무실, 물류시설이 모인 중심지에서 최대 60마일까지 공항도시는 뻗어나간다 (Kasarda & Lindsay, 2011:174).

공항도시론은 인간생태학과 관련이 있다. 인간생태학자인 John Kasarda와 저널리스트 Greg Lindsay가 공항도시론의 주창자이다.

자연히 인간생태학적인 흥미로운 시각을 가진다. 생태학의 핵심주제인 생존, 그리고 생존이 현장에서 이루어지는 방식인 경쟁에 관심을 가진다.

하지만 이전 생태학과는 다른 해석을 내놓는다. 경쟁은 개별 단위간이 아닌 체제나 연결망끼리 이루어진다. 개별 기업이 경쟁하는 것이 아니다. 보이지 않는 공급망이 경쟁한다. 바로 이 공급망 경쟁에서 중요한 것이 속도이다(Kasarda & Lindsay, 2011:8).

고전적 인간생태학과 마찬가지로, 제조업이 서비스업 보다 중요하다고 공항도시론은 주장한다. 지역발전유발 지식서비스에 해당하는 의료에 대해서도 마찬가지이다(Kasarda & Lindsay, 2011:9):

> 의료와 소프트웨어를 국가의 근간 사업으로 생각하는 그러한 서비스경제에 대한 무수한 많은 이야기에도 불구하고, 대부분의 서비스는 상품의 결제와 관련이 있다. 또한 이러한 서비스를 행하는 사람들도 스마트폰과 컴퓨터를 필요로 한다. 이러한 스마트폰과 컴퓨터를 만들기 위해서 중국과 같은 어딘가 에서는 제조업 일자리가 만들어진다. 교육, 오락, 의료를 제외하고는 우리가 순수한 서비스 형태로 소비하는 것은 거의 없다. 의료 역시 환자에게 제공하는 상품에 대한 부분이 점점 더 많아진다. 이러한 상품 중에서 점점 더 많은 비중이, 무역과 현대 공급망으로 인해 국제적으로 조

달된다. 부품은 여러 나라에서 생산되고 또 다른 나라에서 조립된다. 급해서이건, 창고에 썩히기에는 너무 비싸서이건, 꽃이나 약과 같이 썩기 때문이건, 상품은 비행기로 운반된다. 비행기와 그 비행기들이 모이는 곳들의 연계망 그리고 사람들에 의해, 이러한 것들이 인터넷만큼이나 빠르게 처리된다. 인터넷은 상자를 옮기지 못하기 때문에, 이러한 과정이 더 중요할 수도 있다. 이렇게 인터넷에서의 실행을 현실에 옮기는 기능을 하는 것이 공항도시이다.

이러한 서비스에 대한 무시에도 불구하고, 공항도시론은 의료서비스의 중요성을 인식한다. 공항과 의료서비스를 연결시킨다.

2006년 건설된 신방콕공항(Suvarnahumi airport, 스완나품 국제공항)과 방콕 의료관광을 연결시킨다. 방콕에 입지한 일류 병원을 운영하는 체인망이 작동하는 과정을 보자. 관상동맥 우회수술의 경우, 태국 범룽랏 Bumrungrad 병원이 미국 병원보다 3만 달러 싸게 든다. 이는 태국으로 가는 항공료와 그곳에서 머무르는 비용을 감안한 차이이다.

싼 인건비가 이 체인망이 가진 경쟁력의 전부는 아니다. 왜냐하면 이러한 태국 병원에서 근무하는 의사들은 미국에서 교육받은 일류급이기 때문이다.

스텐트 stent와 같은 의학용품들의 비용이 미국의 1/10 수준인 것도 하나의 요인이다(Kasarda & Lindsay, 2011:265−276).

정보통신도 중요하다. 인터넷 병원검색과 의사와의 전자우편 상담이 중요하다. 정보통신으로 얻는 혜택이 신방콕공항이라는 물리적 이점과 합쳐져, 실제 진료가 이루어진다(Kasarda & Lindsay, 2011:265−276).

공항도시론은 미국 의료서비스의 중요성에 대해서도 잘 이해하고 있다. 역시 연결망이란 개념을 활용한다.

의사, 사무원, 보험업자 등의 연결망으로 인해 미국경제에서 중요한 일자리를 창조하는 병원 체인망(HCA, Tenet Healthcare, HealthSouth)에 대해 언급한다. 제조업 쇠락으로 어려움에 처한 도시를 지탱해온 유일한 업종이 의료와 교육이다. 대표적 예가 Cleveland이다(Kasarda & Lindsay, 2011:268). 이에 대해서는 5장에서 자세히 설명한다.

창이공항이 입지한 싱가포르에서도 의료의 산업적 의미를 확인할 수 있다. 세계도시 싱가포르는 동남아시아 거점병원을 육성한다. Raffles hospital과 NUS hospital을 그 예로 들 수 있다.

이러한 의료 기반시설과 연구대학이 합쳐져 산업적 의미를 가진다. 싱가포르국립대학과 난양공대가 대표적 공과대학이다. Sanofi-Aventis, Pfizer, GlaxoSmithKline, MSD, Lonza, Abbot, Novartis, Sanofi는 모두 세계적 제약회사이다. 이러한 거대기업의 지역연구본부가 싱가포르에 있다(Singapore Economic Development Board, 2015).

공항도시론은 여러 가지 생각할 점을 제시한다. 체제로서 의료서비스가 지역발전에 미치는 영향을 정확히 인식한다.

정확한 인식은 공급망 개념의 탁월성에 기인한다. 개별 병원과 병원이 경쟁하는 것이 아니다. 피츠버그에 자리잡은 의료 공급망과 태국에 기반을 둔 의료 공급망이 경쟁한다. 공급망간 경쟁에서 의사의 능력 외에도 중요한 것이 있다. 의료장비 제조업 가격경쟁력이나 공항의 활주로 숫자 역시 큰 역할을 한다.

체제로서의 지역발전유발 지식서비스를 저자 역시 제시한다. 지역발전관련 연구소, 종합병원, 공과대학은 제공하는 서비스 그 자체로 이해되는 것이 아니다. 이들이 서로 연결되고 상승작용을 일으키는 과정에 저자는 관심을 가진다. 일종의 연결망으로 보는 것이다.

저자와의 분명한 차이점도 있다. 공항도시론에서는 공동소비에 대한 관심은 크지 않다. 공항의 활주로, 인근 지역과의 도로망, 공항도시에서 생활할 엘리트 자녀를 위한 학교 정도이다. 생존을 판가름하는 효율성에 목매는 이론에서, 공공성에 대한 관심은 낮을 수밖에 없다. 저자는 공공성에 우선순위를 둔다.

4.1.5 도시쾌적성론

"호수, 오페라, 주스가게가 지역발전을 주도하는가? Lakes, opera, and juice bars: Do they drive development?라는 제목으로 Clark(2003)의 논문이 시작한다. '무엇이 지역발전을 일으키는가?'라는 질문에 대한 '도시쾌적성론 urban amenity theory'의 대답이다.

도시쾌적성은 공공재에서 사유재에까지 폭넓게 걸쳐 있다. Clark(2003:104)에 따르면, 박물관이나 고급음식점은 '반사유재 半私有財, semi-private goods'이다.

어디에서 살고 또 일할지를 고민하는 사람들에게는, 특색 있는 음식점이 단순한 상품으로서의 사유재가 아니다. 이러한 음식점의 존재는 사람들의 입지결정에 영향을 미친다. "지역적 맥락 local context"(Clark, 2003:104)이 되는 것이다.

도시쾌적성론이 제기하는 지역발전의 인과관계 역시 흥미롭다. 그림 4.1과 같이, 도시쾌적성은 인적자본에 긍정적 영향을 미친다.

이 부분에 대해서는 좀 더 자세한 설명이 필요하다. 샌디에이고로 서핑을 하러 옮겨 왔다가 생계문제를 해결하기 위해 채식주의 햄버거 가게를 연 Sally를 생각해보자. 미국에서 새롭게 부각되는 이주형태를 보여준다(Clark, 2003:108).

해변이라는 도시쾌적성이 인적자본을 끌어들인 것이다.

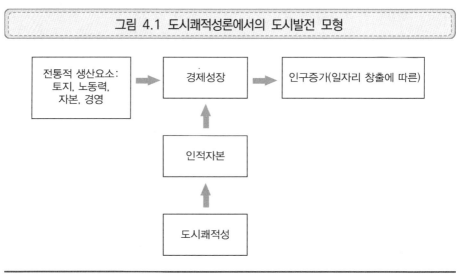

그림 4.1 도시쾌적성론에서의 도시발전 모형

출처: Clark, 2003:106

도시발전의 원인으로서 쾌적성은 다양하다. 경험적 자료를 가지고 분석된 도시쾌적성은 두 영역을 가진다. 자연적 도시쾌적성과 사회적 도시쾌적성이다. 대표적 예를 들어보자. 기후, 습도, 온도, 수자원 접근성이 자연적 도시쾌적성이다.

전문적 도서관, 박물관, 연극공연, 중고서점, 과일음료 가게, 양조 맥주점, 유기농 가게, 자전거 관련 행사, 그리고 스타벅스 커피점이 사회적 도시쾌적성이다 (Clark, 2003).

그림 4.1과 같은 모형은 지역발전유발 지식서비스 논의에도 유용하다. 도시쾌 적성 자체가 지역발전유발 지식서비스와 관련이 있기 때문이다. 실리콘 밸리의 건조하고 일조량이 많은 날씨 자체의 중요성은 이미 잘 알려진 사실이다. 폐 질 환 때문에 캘리포니아로 옮겨온 과학자 이야기는 흔히 회자되곤 한다.

국내에서도 제주도에 정보기술 기업이 입지한다. Daum의 사례가 화제가 된 다. 바다, 산, 강을 갖추고 있고 온화한 날씨를 자랑하는 부산의 가능성은 어떠한 가 하는 문제의식이 생기기도 한다.

하지만 저자는 생각을 달리한다. 날씨나 해변은 도시쾌적성론이 생각하는 만 큼의 중요성이 없다.

저자가 강조하는 것들이 훨씬 더 효과가 있다. 도시발전에 대한 고민, 믿을 수 있는 종합병원, 수재가 모이는 공과대학이다. 스타벅스가 대단하다고 하는 것은 상식에 맞지 않는다.

저자의 주장을 잘 입증해주는 예가 싱가포르이다. 적도위에 위치하여 덥고 습 한 싱가포르는 자연적 도시쾌적성은 낙제 수준이다.

사회적 쾌적성은 어떻게 구성되나 살펴볼 필요가 있다. 가로수 하나 하나를 관 리하는 치밀한 도시 관리를 예로 들 수 있다. 세계 시장에서 어떻게 자리잡을까 를 전략적으로 생각해내는 능력 역시 대단하다.

세계적 수준의 공과대학과 종합병원 역시 이러한 전략적 계획의 결과물이다. 이 셋이 어떻게 서로 상승작용을 하는지 잘 이해할 수 있을 것이다.

Manuel Castells 역시 온화한 날씨보다는 대학의 중요성을 역설한다. 인재유 치, 시설제공, 기술지원, 교육서비스 제공, 창업지원 등을 통해 스텐포드 대학이 실리콘 밸리의 성공을 가져온 과정을 잘 설명한다(Castells, 2001:360):

> 왜 남부캘리포니아인가? 물리적 조건들이 흔히 인용되었다. 즉 대규모의
> 미개발 평원 토지, 비행기 검사 및 옥외 제조 작업에 좋은 화창하고 온화
> 한 기후, 그리고 숙련노동의 대량 공급 등이 언급된다. 그렇지만 … 칼텍

(Cal Tech)과 스텐퍼드 등에서 이루어진 양질의 기술교육, 특히 항공 공학
자들을 위한 교육이라고 주장된다.

도시쾌적성론이 가지는 생각의 출발점은 다시 생각해보아야 한다. 새로운 정
치경제 구도를 가정하고 있기 때문이다.

생산보다는 소비를 중요시하는 경제구조를 지적한다. 정당이나 인종과 같은
전통적 정치에 얽매이기보다는 '개인적 소비자로서의 시민'(Clark, 2003:104)이 중
요하다.

이러한 발상을 구체적으로 보여주는 사례가 앞서 언급한 Sally이다. "일자리를
구하기 전에 살 곳을 먼저 정하는 사람들(Clark, 2003:108)"이다. 파도타기를 하기
위해 먼저 정착하고 보는 그런 도시(Clark, 2003:108)가 주목받는다. 샌디에이고가
그러한 곳이다.

여기서 저자는 의심이 든다. 도시쾌적성론이 정보자본주의론의 부수적 효과를
다룬 것이 아닌가? 정보자본주의 심장부에 있어 돈이 넘치기 때문에 삶의 질에
신경을 쓰는 도시로서의 샌디에이고? 그래서 샐리의 채식주의 샌드위치도 팔리
는 것이 아닐까?

도시쾌적성론과 '똑똑한 성장론 smart growth theory'의 유사점이 저자의 의
심을 더 부추긴다.

실제 똑똑한 성장으로 알려진 도시나 지역들은 높은 소득수준과 학력수준을
자랑한다. 미국 메릴랜드의 Bethesda의 경우, 2009년 시 통계에 의하면 평균 가
계소득이 $129,440이다. 주택가격의 중위수는 $734,614이다. 또한 78.9% 주민이
학사 학위를 가지고 있고, 48.8%의 주민이 석사 혹은 그 이상 학위를 가지고 있
다(Bethesda Urban Partnership, 2012). 매우 쾌적한 생활환경을 자랑한다.

자연적 쾌적성으로 보면 환상적 조건을 가진 필리핀에 왜 사람들은 일단 정착
하지 않을까? 과학자를 포함한 많은 이가 정착해야 하지 않을까? 저자의 의문은
이어진다. 저자는 도시쾌적성론에 동의하지 않는다.

하지만 지역발전유발 지식서비스가 가져오는 결과로서 도시쾌적성에는 의문의
여지가 없다.

도시발전에 대한 고민, 종합병원, 공과대학이 합쳐지면 소득수준이 높아진다.

자연환경도 잘 가꾸기 시작한다. 그리고 스타벅스가 들어온다.

4.1.6 지역혁신체제론

3장에서는 나주혁신도시에 대해 설명한다. 정부는 '혁신'이라는 단어의 이론적 근거로서 지역혁신체제론을 제시한다. 물론, 공기업의 나주 이전과 혁신은 별 관계가 없다.

여기에서의 지역혁신론은 Cooke(1998a, 1998b)의 논의에 한정한다. 이야기는 웨일스에서 출발한다.

철강생산을 시작한 1780년대부터, 웨일스는 영국 산업혁명의 요람이다(Cooke, 1998a:245). 하지만 제2차 세계대전이후 상황은 달라진다. 경기침체와 이에 따른 구조조정이 닥쳐온다.

이러한 웨일스에 변화의 바람이 분다. 1976년 지역발전 전략을 총괄하기 위해 Welsh Development Agency가 설립된다.

지역발전을 위한 고민이 결실을 거둔다. 1980년대에는 자동차와 전자분야에서의 국내외 기업 유치라는 전략이 맞아 들어가기 시작한다. 1983년과 1993년 사이, 영국 인구와 지역총생산의 5% 정도인 웨일스는 영국으로 유입되는 해외투자액의 15~20%를 차지한다(Cooke, 1995; Cooke, 1998a:245-6). 전자산업을 예로 들자면, 1974년 소니가 들어 온다. Hitachi, Panasonic, Aiwa, Brother, Sharpe, Orion이 뒤를 잇는다. 당시 소비자 가전의 강자들이 득실거린다.

지역혁신론은 이렇게 성공원인을 지역에서 찾는다. 이유는 무엇일까? 기업이 직면한 환경이 변한다. 기업이 대량생산체제만 일단 구축하면 성공하는 시대는 지났다. 다른 말로 하자면, 지역과 별 상관없이 성공하는 시대는 지나간 것이다. 국가가 될 만한 기업을 선택해서 챔피언으로 키워주는 정책 역시 더 이상 유효하지 않다.

모든 것이 달라졌다. 하나의 기업이 모든 과정을 다 맡을 수 없다(Cooke, 1998b:3-4). 시장도 세계화되고, 기술도 세계화된다. 제품수명주기는 단축된다. 소비자는 더 까다로워진다(Boekholt & Weele(1998:50).

바뀐 경쟁 환경에서 기업 경쟁력을 담보하는 것은 혁신이다. 혁신은 기업 혼자가 아닌 지역에서 나와야 한다.

지역 차원에서 새로운 무엇인가가 나와야 한다. 항만과 도로와 같은 기존 기반시설이 아닌 새로운 기반시설이 필요하다.

바로 지역 단위의 '사회적 기반시설 soft infrastructure'이다(Cooke, 1998b:4). 개인적 수준에서는 학습된 신뢰가, 직장에서는 협력하는 문화가, 기업차원에서는 더 많은 생산과정의 외주화가 필요하다. 호혜적이고 신뢰할 수 있는 사회망이 필요하다. 기업 요구에 민감한 지방의 정치지배구조, 원천기술이 나오고 제조공정 향상에 도움이 될 수 있는 지역대학 및 연구기관, 원만한 노사관계가 지역 차원에서 중요하다(Cooke, 1998b).

웨일스의 혁신과 관련해서 Cooke(1998a:258 – 262)는 몇 가지 원인을 제시한다. 첫 번째는 경제발전 전략의 방향을 짜는데 도움이 되는 많은 정보교류이다. 학술행사, 사업가 총회, 다른 정보교환 모임이 중요하게 작동한다.

두 번째는 연구개발 활동이다. 산업계와 관련을 가지는 기초연구나 응용연구를 지역 대학교가 맡아주어야 한다. 대학은 인력을 제공하기도 한다.

세 번째는 기술이전과 기술상업화이다. 연관 기업이나 대학으로부터의 기술전수가 되어야 한다. 기술상업화도 중요하다. Wales Development Agency와 같은 공공부문은 이러한 활동을 지원한다.

네 번째는 협력적 노사관계이다. 일본계 기업은 노조 없는 공장을 선호한다. 무파업을 조건으로 노조를 인정한다. 1980년대 중반 이후 웨일즈 노사관계는 협력적이다.

다섯 번째는 친기업적 정치문화이다. 웨일스에는 1979년 이래 정착된다. 정부는 市場이 스스로 문제를 해결할 것이라고 믿는다. 예를 들어 보자. 이 기간 동안 환경규제는 강화되지 않는다.

이제 지역발전유발 지식서비스 개념과 지역혁신론을 비교해보자. 물론 차이점만 있는 것은 아니다. 혁신지역론은 큰 시사점을 준다. 지역내의 학습체제가 강조되는 점이다.

지역발전 연구소, 공과대학, 종합병원이 학습체제로서의 지역에서 의미하는 바는 무엇인가 하는 질문을 던진다. 서로가 어떻게 연결되어 있으며, 어떤 상승작용을 일으키며, 지역에 어떠한 결과물을 낳는가 하는 문제이다.

물론 지역혁신론과는 다른 점이 많다.

첫 번째로 공공성에 대한 관심이다. 지역혁신론은 삶의 질 향상이라는 공공적 측면에 별 관심을 기울이지 않는다. 예를 들어 보자. 병원에 대해 별 언급이 없다. 저자는 정반대에 서 있다. 교육, 의료, 정책연구와 같은 공공적 영역이 지역발전을 견인한다는 것이 지역발전유발 지식서비스 개념이다.

두 번째로 '새로운 기반시설'에 대한 인식이다. 혁신지역론은 기업활동에 도움이 되는 지역내 혁신문화를 염두에 둔다.

저자는 그 자체로 중요한 '새로운 기반시설'을 강조한다. 공과대학교와 병원 그리고 지역발전관련 연구소이다. 이러한 새로운 기반시설은 대량생산이 막 시작되는 시대의 도로와 항만과 같다. 정보자본주의에서 지역격차를 해소할 수 있는 새로운 기반시설이다.

`4.1.7` 창조계급론

발상 지점이 어디인가는 담론에서 중요하다. 창조계급론도 마찬가지이다.

'창조경제'라는 표현을 Florida(2005:14)는 쓴다. "인간은 모두 창조적이라는 생각(Florida, 2005:14)"이 발상의 시작점이다. '지식 노동자' '정보사회' '하이테크'와 같은 용어를 그래서 쓰지 않는다.

이러한 발상의 차이가 새로운 형태의 노동자 제시로 이어진다. '창조계급'이다. 기존의 조직에 얽매인 노동자와는 구분된다.

'두 명의 시간여행자'가 출연한다(Florida, 2002). 1900년으로부터 1950년으로 시간 이동하는 여행자가 있다. 텔레비전이나 비행기는 엄청난 기술적 진보이다. 그는 놀란다.

1950년으로부터 2000년으로 시간을 넘어간 이는 다르다. 컴퓨터와 핸드폰과 같은 전혀 새로운 발명품이 있다. 이에도 불구하고, 기술진보는 그의 기대에 못 미친다. 텔레비전은 채널이 더 늘어난 정도다.

하지만 사회적 변화는 놀랍다. 1900년도와 1950년도의 직장은 사회적으로는 거의 유사하다. 공장에서는 예전과 비슷한 노동분업과 위계질서가 있다. 회사에서도 마찬가지이다.

하지만 2000년도의 직장은 다르다. 직장회의 분위기는 주말 야외 나들이 같다. 상사는 청바지를 입고 다닌다. 출퇴근 시간개념 없이, 직원은 왔다 갔다 한다. 그야말로 충격적인 변화이다(Florida, 2002:2－3).

이 이야기는 창조성에 대한 것이다. 자신의 일에서 창조성을 활용하는 이는 20세기 시작 무렵 미국노동력의 10% 미만이다. 21세기 초반에는 약 30%로 늘었다(Florida, 2005:54).

이렇게 창조계급을 강조하는 이론이 창의도시론이다. 저자의 주장과는 공통점을 가진다. 도로, 항만, 공단 조성으로 한 지역을 성장시키는 예전 방식은 이젠 쉽지 않다는 인식이다.

창조계급론 역시 시설투자 중심의 기존 지역개발 방식에 대해서 비판적이다. 쇼핑몰 건립이나 도심경기장 건설에 대해 부정적이다.

이러한 노력이 창조계급 유치에 도움이 되지 못한다고 생각한다(Florida, 2011: 469):

> 그러나 대개 그들은 창조 계급에 매력적인 환경이나 주거지를 창조하는데 필요한 것들을 할 수 없거나 하지 않으려 든다. 그들은 인재들을 유치할 필요가 있다고 입으로만 떠든다. 그러나 그들은 … 도심쇼핑몰에 보조금을 지급하고, 고객 상담센터를 유치하고, 엄청난 자금이 드는 경기장 단지에 귀중한 납세자들의 달러를 허비하는데 계속 자원을 쏟아 붓는다.

지역발전유발 지식서비스와 창조계급론 모두 이렇게 지식경제를 중요시한다. Peter Drucker의 경제자원으로서의 지식을 강조한 지식경제론을, 창의계급론에서는 받아들인다(Florida, 2011:95). 이러한 지식경제에 대한 이해는, "원료 자체가 정보이며 그 산물도 정보"라고 이야기하는 Manuel Castells(2001,31)의 정보주의적 생산양식과 동일하다.

창조계급론과 마찬가지로, 저자 역시 지식경제라는 현실인식에서 시작한다. '공사판으로 만들어지는 기반시설'이 아닌 '지식으로 만들어지는 기반시설이자 서비스'가 가지는 지역격차 발생효과에 주목한다.

지식경제에서 지역발전유발 지식서비스가 수행하는 역할은, 사실 창조계급론이 잘 설명해주고 있다.

저자의 개념보다는 더 넓은 분야를 포괄해서 설명해주고 있다. 지식발전유발 지식서비스가 이야기하고 있는 의료와 교육 분야 역시 포함한다.

지역발전관련 연구원, 종합병원 의사, 공과대학 교수와 같은 지역발전유발 지식서비스 제공자는 창조계급으로 간주된다.

창조계급에 대해 살펴보자. 창조계급은 '순수창조의 핵'과 '창조적 전문가'로 구성된다(Florida, 2011:137－138):

> 이 새로운 계급의 '순수 창조의 핵 super-creative core'에는 과학자와 엔지니어, 대학교수, 시인, 소설가, 예술가, 연예인, 배우, 디자이너, 건축가가 해당된다. 그리고 물론 현대 사회의 사상적 선구자라 할 수 있는 작가(논픽션), 편집자, 문화계 종사자, 두뇌집단인 연구원들, 분석가, 기타 논평가도 포함된다. 그들이 소프트웨어 프로그래머이건, 엔지니어이건 건축가건 영화제작자이건 완전히 창조적인 과정에 종사한다 … 다음으로 창조계급에는 이 핵심집단 외에 '창조적 전문가들 creative professionals'이 포함된다. 이들은 광범위한 지식집약형 산업, 가령 하이테크 업종, 금융서비스, 법률과 보건의료, 경영분야에 종사한다. 이 사람들은 특정한 문제를 해결하기 위해 복잡한 지식체계에 의존해 창의적으로 문제를 풀어간다. 그렇게 하려면 전형적으로 고학력의 정규교육과 수준 높은 인적자본을 필요로 한다.

창조계급론에서 '순수창조의 핵'은 '창조적 전문가들' 보다 상위를 차지한다. 또한 '창조적 전문가들'은 순수 창작의 영역으로 올라갈 수도 있다:

> 이러한 종류의 일을 하는 사람들은 〈창조적 전문가들은〉 때때로 매우 유용한 방법론이나 제품을 고안해 내기도 하지만, 그것이 그들 업무의 핵심은 아니다. 스스로 생각하는 것이 바로 그들의 업무다. 그들은 일반적인 접근법들을 그 상황에 맞는 독특한 방법으로 적용하거나 결합하고, 많은

생각 끝에 판단을 내고, 아마 때때로 파격적인 뭔가를 시도할 것이다. 내과 의사, 변호사, 경영자 같은 창조적 전문가들은 그들이 맞닥뜨리는 다양한 상황을 처리할 때 그런 방식으로 일을 한다. 그들은 또한 일을 하는 과정 에서 새로운 기술, 새로운 처리절차, 새로운 경영방법을 시험하고 개선하는 일에 동참하고, 심지어 그런 것들을 직접 개발한다. 새로운 개발을 계속해 나가면 이직이나 승진을 통해 순수 창조의 핵 중 핵심으로 상승한다.

창조계급이 몰려 있고 혁신과 첨단기술 산업발전 형태를 한 창조경제 성과가 집중된 곳이 '창조적 중심지(Florida, 2011:352)'이다.

자원이나 교통 기반시설이 창조적 중심지를 만들지는 않는다. 인간생태학에서 중심지가 생겨나는 원리와는 다르다.

창조적인 사람이 살기 원하는 지역이 창조적 중심지가 된다:

> 창조적 중심지는 자연자원이나 운송로에 대한 근접성 같은 이유 때문에 발전하지는 않는다. 또한 창조적 중심지는 그 지역의 정부가 사업을 유치 하기 위해 세금 우대 조치와 다른 인센티브를 통해 지원책을 제공한다는 이유로 번성하지 않고 있다. 창조적 중심지는 대개 창조적인 사람들이 그 곳에서 살기를 원하기 때문에 성공하고 있다. 그러면 회사들이 사람들을 따라가거나, 대개의 경우 그 사람들이 직접 회사를 설립한다. 창조적 중심 지는 모든 형태의 창조성 -예술적 문화창조성, 기술적 경제 창조성- 이 뿌 리를 내리고 꽃 피울 수 있는 종합적인 생태환경이나 주거지를 제공한다.

창조계급론은 대학과 병원의 중요성을 인식한다. 지식경제라는 맥락에서이다. 피츠버그 공과대학의 예를 든다(Florida, 2005:348,349):

> 내가 선택한 고향은 엄청난 자산을 가지고 있었다. 카네기 멜론은 세계 유수의 정보기술 연구중심지다. 그 아래에 위치한 피츠버그 대학에는 세계 적 수준의 의학센터가 있다. 피츠버그는 1년에 수억 달러의 대학 연구자금 을 조달한다. 그리고 피츠버그는 일인당 대학생 수를 기준으로 할 때 미국

에서 여섯 번째로 가장 큰 대학생들의 중심지이다 … 카네기 멜론의 연구원들은 상업인터넷의 가장 초창기에 라이코스 목록 탐색 기술을 개발했다. 그런 다음 그 기술은 보스턴에 근거지를 둔 벤처캐피털 회사 CMGI의 특허를 받았다. CMGI는 그 기술을 중심으로 회사를 세웠다. 처음에 라이코스 본사는 보스턴에 있었으나 공학사무실과 기술경영부, 그리고 상당한 사업이 피츠버그에 계속 머물러 있었다.

저자와 창조계급론자간의 차이점도 물론 있다. 창조적 계급의 지역선택에 영향을 미치는 개방성을, 창조계급론은 강조한다. '게이 gay'에 대해 관대한 지역분위기가 이런 맥락에서 중요하다.

창조계급론에서 지역발전을 이끌어가는 것은 창조적 사람이다. 대학은 그러한 사람이 모이는 곳이다(Florida, 2005:363):

> 본질적으로 내 이론은 지역의 경제성장이 창조적 사람들 -창조자본의 보유자들- 의 지역선택에 의해 촉진된다는 것이다. 이들은 다양하고, 관대하고, 새로운 사상에 개방적인 지역을 선호한다. 대학은 또한 창조계급의 일원을 유치하고 그들을 확보하는데 기여하는 진보적이고 개방적이며, 관대한 인간적 풍토를 창조하는 것을 돕는다. 텍사스 주 오스틴에서 아이오와 주 아이오와에 이르는 많은 대학도시들은 항상 그 지역의 게이와 다른 '아웃사이더'들이 안식처를 찾을 수 있는 곳이다.

앞서 시간여행자 이야기에서처럼, 창조계급론은 조직을 우선시하지 않는다. 원칙적으로 말하자면, 지역의 어떠한 조직도 중요하지 않다.

여기서 저자와의 차이가 시작된다. 창조계급론은 대학이나 병원 역시 이러한 조직으로 본다. 20세기 초반부터 시작해서 1990년에는 이미 저물어버린 대량생산 '조직시대'의 산물이다. MIT와 캘리포니아공대와 같은 기술 교육기관은 그런 옛날 조직일 뿐이다(Florida, 2011:125).

창조계급론은 조직의 한계를 지적한다. 당연히 병원과 대학도 마찬가지이다. 물론 창조계급론에서 '창조중심지로서 대학'(Florida, 2011:450)을 언급한다. 하지만 또 한편으로는 좋은 대학과 병원을 가진 피츠버그의 한계를 반복적으로 언급한다.

피츠버그는 한계를 가진다. 살기 좋은 자연 및 문화환경을 가지고 있고, 정보기술 연구로 잘 알려진 카네기 멜론 대학과 세계적 수준의 의학센터가 위치한 피츠버그 대학이 있다. 하지만, 피츠버그에서 시작한 Lycos는 보스턴으로 옮겨 갔다. 인재를 더 쉽게 유치할 수 있기 때문이다(Florida, 2011:10 – 11,348 – 350).

반면에 지역발전유발 지식서비스는 조직을 강조한다. 공과대학, 종합병원, 지역발전관련 연구소는 현재에도 지역의 존재감 있는 조직이다.

본질적 차이는 인과관계이다. 저자에게는 이러한 조직이 먼저이다. 그 결과로 창조적 인재가 모여들고 개방적 분위기가 조성된다. 창조계급론은 그 반대로 원인과 결과를 본다.

정반대의 인과관계이다. 하지만, 변수의 상관관계에 대해서는 당연히 생각이 같다. 현상에 대한 기술은 동일하다. 게이들 사이에서 인기 있고 또 특허권이 많은 지역이 연구중심대학이 입지한 곳이라고, 서사도 인식한다.

창조계급론은 여러 지표를 내세운다. 학사나 그 이상의 학위를 받은 인구의 비율을 나타내는 인재 지수가 대표적이다. 몇몇 유명한 기술중심지와 더불어 더 작은 대학도시들이 높은 순위를 차지한다(Florida, 2011:387). 뉴멕시코 Santa Fe, 위스콘신 Madison, 일리노이 Urbana Champaign, 펜실베이니아 State College, 인디애나 Bloomington, 미시간 Ann Arbor, 덴버 Boulder 같은 곳이다.

창조성을 자극하고 첨단기술 성장을 생성하는 데 중요한 게이 지수(게이들의 밀집정도) 역시 마찬가지이다. 상위 20 순위에 든다는 도시(Florida, 2011:393)도 대학촌인 경우가 많다.

저자의 입장과 같이 대학이라는 조직이 이러한 사람을 유인한다고 생각해도, 현상에 대한 묘사는 동일할 수밖에 없다. 연구대학이 입지한 학사촌은 인재를 불러들인다. 이러한 인재는 다양한 성향을 가진다.

4.1.8 생산자서비스

‘생산자서비스 producer services’ 개념에 대한 논의는 직접적 연관성을 가진다. 지역발전유발 지식서비스를 특정 형태의 생산자서비스로 볼 수도 있기 때문이다.

생산자서비스를 간단히 설명하자면, 생산자를 위한 서비스이다. 가장 대표적인 생산자는 기업이다. 특정업무 수행에 너무 높은 비용이 소요되거나 자체 역량으로 감당하기 어려울 경우, 기업은 외부 서비스를 이용한다(Sassen, 1991).

지역 연구자의 생산자서비스 중요성 인식은, 미국 경제 변화와 관련이 있다. 1920년대부터 1960년대까지의 미국경제는 대량생산과 대량소비 시기이다(Noyelle, 1986).

1970년대와 1980년대 초는 미국사회 대변혁기이다. 기술적이며 경제적이고 또한 사회적인 변화이다. "경제과정에서의 전략적 투입물이 석유, 전기, 철, 화학물질과 같은 상품으로부터 지식에 기반을 두거나 기술에 기반을 둔 서비스로 대체되어가는(Noyelle, 1986:10)" 변화이다.

새로운 차원의 컴퓨터 기술은 제조업과 서비스업의 노동분업에 영향을 미친다. 직급에 따라 나뉘는 업무가 이제는 다시 재정립된다. 중간관리자의 역할이 줄어든다. 업무와 책임이 조직의 하층부로 밀려 내려간다(Noyelle, 1986:11).

컴퓨터와 통신기술의 발달은 상품설계와 저장을 용이하게 한다. 이는 생산활동을 분산시키기도 하고 집중시키기도 한다. 소비자의 기호를 반영하는 맞춤 생산은 경제활동의 분산을 유도한다. 기술발달에 따른 직장 업무능력 요구수준 상승은 교육시설이 우수한 대도시나 대도시 인근 교외로의 집중현상을 가져온다(Noyelle, 1986:12).

'신경제 new economy'에서의 세계화 역시 이전의 방식과 다르다(Noyelle, 1986:13):

> 캘리포니아나 뉴욕에 자리잡은 반도체나 의류 공장이 임금이 싼 미숙련 노동자를 찾아 태국이나 홍콩으로 옮기는 속칭 '세계적 조립라인 global assembly line'이라는 모델은 더 이상 이제부터 벌어지는 세계적 경쟁을 이해하는데 적합하지 않다. 연구개발 실험실이 이스라엘로 이전하거나 소프트웨어 회사가 업무의 일부를 인도 회사에 맡기는 모델이 이제는 적합하다. 왜냐하면 고학력 고숙련 노동력을 찾아나서는 과정이기 때문이다.

이러한 신경제와 연결되는 것이 서비스업의 대두이다. 서비스업 비중 증대는 제조 생산품의 상대적 가격 하락에 기인한다. 교육, 공공, 의료 서비스와 같은 최종형태의 서비스에 대한 요구가 늘어난다(Noyelle, 1986:10).

'어떻게' 생산하는가는 여기서 더 중요하다. 기업이 생산과정에 필요한 중간재적 서비스를 훨씬 더 많이 구매한다. 교통, 통신, 도매, 금융, 전문서비스(법률자문, 경영자문, 광고)가 이러한 서비스이다(Noyelle, 1986:11).

신경제의 기술적 변화와 이러한 중간재적 서비스 수요 증가는 연결되어 있다. 예를 들어, 자동차 생산 공정에서의 새 기술도입은 이러한 중간재적 서비스가 왜 늘어나는지를 보여준다(Noyelle, 1986:11):

> 조립라인에 많은 수의 노동자를 투입하는 대신에 로봇이 생산을 대신하는 것을 볼 수 있다. 이러한 로봇의 설계와 개발, 컴퓨터로 이루어지는 제품설계와 컴퓨터 기반 생산 소프트웨어를 개발하는 프로그래머와 시스템 분석가, 로봇을 실제로 운영할 고급 기술자와 숙련노동자가 필요해지는 것이다.

Noyelle은 생산자서비스 분류(Noyelle & Stanback, 1984)를 제시한다. 교역재와 서비스를 만들어내는 분야는 세 개로 나뉜다(Noyelle & Stanback, 1984; Drennan, 1996:76에서 인용):

> 교역 상품과 서비스를 생산하는 분야는 세 가지이다. 첫 번째는 상품생산과 유통이다. 광업, 제조업, 도매업, 물류업이 이에 해당한다 … 두 번째는 생산자서비스이다. 고차 기업서비스, 서비스산업, 정보집약적 산업을 의미하며, 최종재가 아닌 중간재로서의 서비스이다. 세 번째는 소비서비스인데, 개인의료나 개인교육과 같은 고차서비스를 포함한다.

생산자서비스에 해당하는 표준산업분류코드(SIC code)는 금융, 보험, 부동산, 항공교통, 교통서비스, 통신, 기업서비스, 영화, 법률서비스, 협회, 전문서비스이다(Noyelle & Stanback, 1984; Drennan, 1996:76에서 인용).

이러한 생산자서비스 측정에 기반을 두어, Mattew Drennan(1996)은 미국 경제에서 제조업과 생산자서비스의 결합 방식을 다음과 같이 설명한다. 제조업 생산활동은 쇠퇴하는 산업(자동차, 철강, 섬유, 의류)이 입지한 지역으로부터 신흥 산업(반도체, 항공, 컴퓨터, 통신장비)이나 군수산업이 위치한 곳으로 이전해간다.

생산자서비스는 뉴욕 도시권역의 원동력이다. 생산자서비스의 1/3은 제조업체에 의해 직접 구매된다. 따라서 뉴욕지역은 제조업 기반을 많이 잃기도 했지만, 뉴욕 도시권 경제는 미국 전역 제조업과 연결되어 있다.

세계도시론 역시 생산자서비스 논의와 연결되어 있다. 다국적 기업의 입지에 관심을 갖기 때문에, 뉴욕과 런던과 같은 세계도시에서 다국적 기업에게 제공되는 생산자서비스에 대해 관심을 보인다.

세계도시 생산자서비스는 영문 'FIRE: Finance, Insurance, Real Estate'로 약칭된다. 금융, 보험, 부동산 분야이다. 연구개발, 생산기술, 공학 및 건축 서비스, 정보통신기술, 경영자문, 디자인, 홍보, 법률자문과 같은 분야 역시 세계도시에 자리잡은 다국적 기업에게는 필수적이다(Sassen, 1991:51).

지식을 강조한다는 점에서, 지역발전유발 지식서비스와 생산자서비스라는 두 개념은 맥락을 같이 한다. 생산자서비스에는 연구개발이나 정보통신이 포함된다.

지역발전유발 지식서비스가 주목하는 연구중심 공과대학을 생각해보자. 다양한 분야의 원천기술 제공자 혹은 첨단기술 인력 제공자이다. 연구개발, 생산기술, 공학 및 건축서비스, 정보통신기술과 같은 생산자서비스 영역과 겹친다. 종합병원 역시 연구개발과 직결되어 있다. 제약회사의 임상 실험은 종합병원을 거치지 않고는 이루어질 수 없다.

하지만 강조점에서 차이가 있다. 생산자서비스 개념은 경제적 효율성 문제로 귀결된다. 다국적 기업의 전 세계적 생산 활동 통제에 관한 것이기 때문이다.

도시의 정책역량, 의료서비스, 공과대학이 가지는 공적 조직으로서의 존재감에 지역발전유발 지식서비스는 주목한다. 대학이나 병원과 같은 공공적 조직 자체가 중요하다.

4.1.9 지식집약 사업서비스

지식이 독자적으로 경제발전을 이끌어갈 수 있을까? '지식집약 사업서비스 KIBS Knowledge Intensive Business Services'라는 개념을 살펴보자.

'서비스의 산업화'는 지식집약 사업서비스가 부각되는 맥락이다. 생산과정의 극적인 변화는 지식집약 사업서비스 업체로부터의 새로운 기술과 전문지식을 요구한다.

지식집약 사업서비스는 연구개발이라는 과학에 기반을 둔 사업일 수 있다. 고객의 요구를 만족시켜주는 개별 사업 형태를 띨 수도 있다. 시장조사가 대표적이다(Miles, 1995:executive summary page 4).

EU에 제출된 한 보고서(Miles, 1995:28)는 지식집약 사업서비스 개념을 제시한다. 지식을 집약적으로 활용하는 생산자서비스이다:

> 과학자, 공학자, 각종 전문가가 이 분야의 주된 종사자가 된다 … 측정, 보고, 훈련, 자문과 같이 정보의 원천이 되고 사용자에게 지식이 되는 산출물을 제공하거나 혹은 통신이나 컴퓨터 서비스와 같이 고객의 지식생성이나 정보처리를 위한 중간재로 활용되는 서비스를 제공하기 위해 지식을 사용한다. 공공서비스나 자영업을 포함한 다른 사업체가 고객이다. 지식집약서비스는 주로 사업 활동과 관련되어 있다. 노동집약성 때문에 비싼 가격으로 제공된다.

기존과는 다른 분류가 나온다. 증권과 주식시장 관련 서비스가 지식집약 사업서비스에 해당한다. 하지만 단순 소매금융은 지식집약 사업서비스가 아니다. 기업을 위한 기술교육을 제외한 대부분의 교육서비스 역시 지식집약 사업서비스가 아니다. 첨단의학의 경우 논쟁의 여지가 있다. 하지만 의료서비스는 기본적으로 제외된다(Miles, 1995:29 – 31).

2005년에 발간된 한 보고서(EMCC, 2005:2)는 지식집약 사업서비스를 구체화한다.

컴퓨터 관련, 연구 및 실험개발, 여타 사업서비스라는 세 영역으로 나뉜다. 법률서비스, 회계, 시장조사 및 여론조사, 사업 및 경영 자문, 지주회사 경영, 건축 및 공학, 기술적 시험 및 분석, 광고, 구인, 영상관련 활동 등이 '여타 사업서비스'에 해당된다.

지역발전유발 지식서비스와는 물론 다르다. 지식집약 사업서비스는 기본적으로 '기업서비스'이다. 기업과 직접적으로 연계되어 있지 않은 교육활동은 지식집약사업서비스에서 제외된다는 것이 이를 잘 보여준다.

지식집약 사업서비스와 지역발전유발 지식서비스의 가장 큰 공통점은 전문지식에 대한 강조이다. 지식집약사업서비스는 다른 개념들보다 전문지식에 대한 기준을 더 엄격하게 적용한다. 예를 들어 창조계급에서는 의료계 종사자 전체를 포함시킨다. 지식집약 사업서비스는 연구 활동이 이루어지는 극히 일부의 일류병원 종사자만 포함시킨다.

지식집약 사업서비스는 전문지식의 중요성을 강조한다는 점에서 시사점이 있다. 지역발전유발 지식서비스 역시 전문성을 강조한다.

다음 장에서는 왜 고도의 전문성이 필요한지 자세히 설명한다.

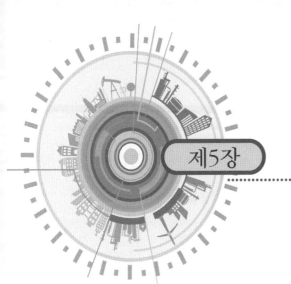

제5장 '지역발전유발 지식서비스'의 특성

여기서는 '지역발전유발 지식서비스'의 특성을 살펴본다. 특성 제시를 통해, 개념이 더 분명해진다.

먼저 '지역발전유발 지식서비스'의 정의를 다시 살펴보자. '지역의 지속적 고부가가치 창출과 삶의 질 향상을 가능하게 하는 지식관련 고차 서비스'이다.

세 가지를 현실에서의 예로 들 수 있다:

1) 지역발전의 방향과 방법을 제시하는 두뇌기능
2) 종합병원급 의료서비스
3) 공과대학이나 이공계 연구소에 의한 연구개발

이러한 정의를 구체화하는, 지역발전유발 지식서비스 개념의 특성은 여섯 가지이다:

1. 지역에 비교적 지속적으로 존재한다.
2. 상당한 공적(公的) 요소를 가지고 있다.

3. 열린 문화와 협력적 지배구조를 필요로 한다.

4. 고부가가치 생성과 직간접적으로 연결되어 있다.

5. 높은 수준의 서비스 제공이 중요하다.

6. 기존의 물리적 지역 기반시설과 긍정적 상승작용을 일으킨다.

 지속성

지역에 지속적으로 존재한다. 특정 공간과 밀착되어 있다. 한번 생겨나면 쉽게 없어지지 않고, 그 활동이 특정 공간에 지속적인 영향을 행사한다. 공과대학, 대형병원, 지역발전관련 연구소는 한번 자리를 잡으면 지역에 지속적으로 있는 경향을 보인다.

그림 5.1 미국의 산업쇠퇴지대

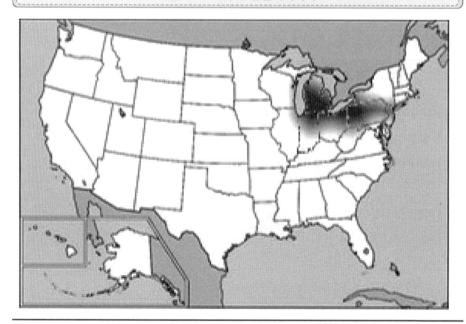

출처: http://simple.wikipedia.org/wiki/Rust_Belt 2015년 1월 8일 접근

미국 북동부와 중서부에 걸친 산업쇠퇴지대에서의 예를 들어보자. 산업쇠퇴지대는 그림 5.1을 참조하면 된다.

이 지대에서 드물게 살아난 도시가 있다. 첨단산업으로의 전환을, 피츠버그는 이룬다. 이를 가능하게 한 주역은 카네기멜론대학교 Carnegie Mellon University 이다.

이 대학은 세워진지 오래되었다. 철강왕 Andrew Carnegie가 1900년도에 세운 2-3년짜리 기술훈련기관 Carnegie Institute of Technology에서 시작한다 (Wikipedia, 2015).

병원은 더 오래된 경우가 많다. 유럽에서의 현대적 병원은 18세기 계몽시대로부터 시작한다.

지역발전관련 연구소도 어느 정도의 지속성을 가지고 있다. 브라질 꾸리찌바 정책적 혁신의 원조로 불리는 자이메 레느네르 시장은 1965년 도시계획연구소 IPPUC를 설립한다.

Markusen(1996)의 '끈적한 장소'라는 개념은 흥미롭다. 지속성이 강조되는 맥락을 잘 표현한다. "미끄러운 공간에서 끈적한 장소 sticky places in a slippery space"라는 논문 제목은 주제를 잘 요약한다.

통신발달과 기업이동성 증가로 한 지역이 자본과 인력을 계속 가지고 있기 힘들다는 '미끄러움'을, Markusen(1996:293)은 전제한다. 이러한 미끄러움은 특히나 선진경제에서 훨씬 더 심각하다. 미끄러움의 현실적 함의는 지역이 기업을 유치하거나 유지하려면 임금 및 복지수준을 낮추어야 한다는 것이다(Markusen, 1996: 293-294).

이러한 미끄러운 세상에서도 끈적함을 지닌 예외적 지역 유형 몇 가지가 있다. 이 중 하나가 '국가중심지구 state-anchored district'이다. 군사기지, 방위산업체, 국방연구시설, 무기실험장, 대학, 교도소, 관공소와 같은 국가시설이나 비영리시설이 중심을 이루는 유형이 국가중심지구이다(Markusen, 1996:306).

대학을 특히 주목해야 한다. Madison, Ann Arbor, Sacramento, Austin, Boulder와 같이 주정부 지원을 받는 대학이 있는 곳은 미국에서 빠른 성장세를 나타낸다(Markusen, 1996:306).

시설에 따라 끈적임의 정도가 달라진다. 대학촌이나 '주도 州都 state capital'는 상당히 안정적이다. 하지만 어떤 국가시설은 기능중복이나 재정악화가 있을 때 기능이 축소되거나 정지되기도 한다(Markusen, 1996:306).

지역발전유발 지식서비스는 국가중심지구와 관련이 있다. 공과대학, 병원, 지역발전관련 연구소는 직간접적으로 국가조직과 연결된다. 이는 한국 뿐 아니라 다른 나라도 마찬가지이다.

5.1.1 지속성: 자동차 공장과 아웃렛

국가중심지구와 마찬가지로, 지역발전유발 지식서비스 역시 끈끈하게 지역과 밀착되어 있다. 직관적 이해를 돕기 위해, 다른 업종과 비교해 보자.

공장과 소매업은 이러한 면에서 좋은 대조 대상이다. 자동차 공장과 대규모 할인매장인 소위 '아웃렛 outlet'을 비교 대상으로 삼을 수 있다.

공과대학교, 종합병원, 지역발전관련 연구소는 이와 비교해보면 지역에 훨씬 더 끈끈하게 매여 있다.

공장과 소매업 두 업종 모두 상당한 매출을 기록할 수 있다. 울산으로 대표되는 공장도시의 경제적 효과는 일반인도 쉽게 이해하고 있다. 신세계미래정책연구소가 내놓은 '2014년 유통업전망'에 따르면, 2013년 백화점 매출은 29조 9000억 원인 반면 2007년 시작되어 2014년 기준 16개의 영업점이 있는 아웃렛 매출은 두 자리 수 매출을 거듭해 9조 9000억 원이다(머니투데이, 2014년 12월 8일).

하지만 공장이나 아웃렛은 쉽게 망하거나 옮겨갈 수 있다. 21세기 조선과 삼호조선이 2013년 파산하면서 지역경제에 타격을 입은 통영(아주경제, 2015년 2월 11일)은 이를 잘 보여주는 하나의 사례이다.

자동차 도시도 망할 수 있다. Model-T를 생산하면서 1930년대부터 본격적으로 대량생산의 시대를 연 디트로이트의 몰락을 살펴볼 필요가 있다. 공장폐쇄의 직접적 결과이다.

디트로이트와 동일한 미시간 주에 있는 GM 자동차 도시 '플린트 Flint'는 미국의 대표적 자동차 생산지이다. 지금은 '실업도시 失業都市 unemployment capital of America(Logan & Molotch, 2007)'이다.

먼 미국을 볼 필요도 없다. 일본 자동차 업체의 쇠퇴와 자동차 도시 쇠락은 가까운 곳의 예이다.

자동차 도시 쇠락은 국내에서도 반복될 수 있다. 호황도시 울산이 계속되란 법은 없다. 군산은 벌써 한국GM이 자동차공장을 철수할 것이라는 우려를 하고 있다. GM이 2013년 12월 말 유럽에서 쉐보레 브랜드를 철수하면서, 군산공장은 가동률이 60%까지 떨어졌다. 2015년에는 한국GM 노사가 군산공장을 2교대에서 단일근무시간 체제로 전환하는데 합의한다(동아일보, 2015년 2월 12일).

아웃렛은 자동차 공장보다 더 위태하다. 경쟁 유통점과 경쟁할 뿐 아니라 전자상거래와도 싸워야 한다.

지방에 입지한 아웃렛은 향후 고전을 면치 못할 것이라고 저자는 전망한다. 부산권 정도가 지방에서는 명맥을 유지할 것이다. 어쨌든 어떤 의미에서든, 부산은 세계도시이다. 부산권이라는 배후지와 동북아시아에서의 부산 입지에 힘입어, 김해와 기장에 있는 아웃렛은 버티어 갈 것이다.

전자상거래와 서울 인근 입지가 힘을 합쳐서 지방 아웃렛을 고사시키는 사례를 살펴보자. 파주나 여주에서 이루어지는 아웃렛 구매대행 서비스이다. 컴퓨터와 스마트폰을 통해, 지방 고객의 구매/배송을 대행한다(뉴스포털1, 2014년 12월 30일).

종합병원, 지역발전관련 연구소, 공과대학교는 특별한 의미를 가진다. 오랜 시간 지역에서 버티는 끈끈함을 가진다.

미끈한 세상에서 끈끈함은 생명줄과 같다.

5.2 공공성

'公的'인 특성을 가진다. 병원, 공과대학, 지역발전관련 연구소가 지역에 끈끈하게 있는 것도, 이러한 두 번째 특성 때문이다.

시장에서 제공된다 하더라도, 지역발전유발 지식서비스는 공공적 성격을 가진다.

예를 들어 종합병원은 어디에서나 시장에서 경쟁한다. 하지만 어디서나 정부의 직간접적 지원에 의존하고 또 이와 관련된 규제에 매여 있다.

공과대학 역시 마찬가지이다. 시장 기제가 강한 대표적 나라인 미국에서도 이는 마찬가지이다. 기업가가 대학을 창립했다하더라도, 운영은 주정부 보조에 크게 의존한다. 주립대학과 사립대학 여부는 이러한 보조금 지급에서 전혀 감안되지 않는다. 저리 학자금 대출도 중앙정부의 복지부문 예산으로 집행된다.

여기서 참고할만한 기존 개념은 "공동소비 collective consumption"이다. Manuel Castells(1978)의 저서 'City, Class, and Power'에서의 내용이다. 김준우·안영진(2013:41)이 정리한 내용에 따르면, 공동소비에 학교와 병원이 포함된다:

> 공동소비의 특성은 다음과 같이 정리될 수 있다. 1) 주민의 일상생활과 밀접하게 연관되어 있다; 2) 생산, 관리, 교환과 구분되는 소비영역을 지칭한다; 3) 개인소비와 구분되는 소비영역을 지칭한다; 4) 공공주택의 제공, 지하철이나 고속도로와 같은 교통기반 시설 건설 및 운영, 학교나 공연장 같은 문화시설의 운영, 병원이나 탁아소 같은 복지시설의 운영, 공터와 공원과 같은 여가공간의 제공, 각종 보조금이나 직접적 재정지원을 공동소비의 구체적 예로 들 수 있다.

공동소비 논의는 자본주의에서의 착취적 이윤축적이라는 마르크스주의적 관심에서 시작된다. 지역발전유발 지식서비스는 정보자본주의가 공간에 드리우는 격차라는 그림자에 관심을 가진다.

이러한 차이점에도 불구하고, 두 개념간에는 공통점이 더 크다. 관심을 가지는 개념에 대한 인식이 먼저 비슷하다. 두 개념 모두 경제를 돌아가게 하고 사회통합을 이룬다.

Castells은 국가의 공동소비 제공을 비판적으로 본다. 자본가 필요에 부응한다. 하지만 공동소비의 순기능은 인정한다(김준우·안영진, 2013:42).

공동소비는 '신자본주의경제 neo-capitalist economy'라는 맥락에서 중요해진다. Castells(1978:16 - 18,22,40,42,170)이 지적하는 신자본주의 경제에서 소비를 변화시키는 장기적 구조적 경향은 다음과 같다: 1) 이윤율을 유지하려는 자본 - 대중소비라는 새로운 시장의 필요성; 2) 계급투쟁으로 인한 노동자 및 대중운동의 협상력 증대 - 지배계급이 생산이나 정치권력보다는 소비라는 분야에서 대중적 요구에 더 쉽게 양보함; 3) 기술진보 - 소비의 양적 증대를 가능하게 함, 소비와 노동력 재생산이 겹치게 됨(수백만의 노동자를 동시에 운송해서 직장에 정시에 도착할 수 있도록 교통 기반 시설을 갖추는 것이 중요해짐); 4) 공동체 생산과 관리에 대한 국가의 개입 - 수익률이 떨어지지만, 경제가 돌아가거나 사회갈등을 줄이기 위해 필요한 서비스(공공주택, 스포츠시설, 문화시설 등)를 국가가 제공.

개인의 일상생활에 대한 국가의 개입을 두 개념은 공유한다. 공동소비 역시 국가가 개인 삶에 영향을 미치는 과정에 대한 것이다(김준우·안영진, 2013:42):

국가의 공동소비 서비스 제공은 노동력 재생산 비용을 최소화하여 임금지급 비용을 줄여주기 때문에 자본의 이익에 부합한다. 예를 들어 공공주택 제공은 월급인상 요인을 줄여준다. 국가의 공동소비 서비스 제공이 소비증진에 필수적이기도 하다. 예를 들어 주택소유를 촉진하는 주택담보장기대출과 같은 주택정책과 도심고속도로망의 확충이라는 두 가지 공동소비 서비스 제공에 대해 생각해보자. 주택정책은 교외 단독주택에 사는 주민들을 창출함으로써 각가지 개인 상품소비를 가능하게 한다. 또한 도로망의 확충은 자동차 산업발전과 교외 쇼핑센터 건립을 가능하게 한다. 1872년에서 1971년 사이 프랑스의 경우 군사나 정치와 같은 전통적 부문이 GNP에서 차지하는 비중은 5퍼센트에서 9.9퍼센트로 증가한 반면, '공동소비수단'에 해당하는 부문(교육, 문화, 복지, 교통, 주택 및 도시운영)은 1퍼센트에서 14.1퍼센트로 늘어났다. 국가의 개입은 언제나 사적자본과 연결되는 것이다.

사실 새로운 시대의 '새로운 공동소비론'을 저자는 제시한다. 노동자의 목소리가 높아지는 대량생산의 전성기로서 1970년대를 '신자본주의'로 Castells는 규정한다.

저자는 보통 사람들이 새롭게 소외되는 '정보자본주의' 시대를 다룬다. 구석진 곳에 필요한 공동소비를 이야기한다.

5.3 개방성 요구

개방성을 필요로 한다. 도시규모가 꼭 '지역발전유발 지식서비스' 정도를 결정하지는 않는다. 지역의 분위기와 정치행태는 중요하다.

개방성과 지역에 입지한 시설은 서로 관련되어 있다. 끈적한 곳으로서 국가중심지구를 언급한 Markusen(1996:307)을 다시 인용해보자. 국가시설의 종류에 따라 지역의 정치적 분위기가 달라진다. 교도소나 군사기지가 있는 지역은 전반적으로 보수적이다. 대학촌이나 주도(州都)는 같은 洲의 비슷한 도시보다도 더 진보적이다.

저자의 개방성은 꼭 진보나 보수 여부에 대한 것은 아니다. 다양한 태도나 의견을 용납하고 서로 의견을 나누어가면서 일을 해나가는 능력이 중요하다.

지방의 부실한 '지역발전유발 지식서비스'는 자체의 폐쇄성에도 기인한다. 저자의 이러한 언급은 '희생자 나무라기 blaming the victim'로 간주될 수도 있다.

하지만 이러한 문제는 보통 시민들의 관점에서 생각해볼 필요가 있다. 당연히 지방이라고 완벽할 수는 없다.

이를 뒷받침하는 정황은 찾기 쉽다. 지방의 폐쇄적 의료문화를 들 수 있다. 지방 거점도시에서 최종적 의료서비스를 제공하는 국립대 병원을 보자. 국립대학병원의 자기 학교 출신 채용은 지방이 더 심각하다.

촌으로 갈수록 문제가 있다. 제일 실력있는 사람이 아닌 제일 잘 아는 사람을 뽑는다. 현실에서의 비극이 가지는 복잡성이다.

지방이 더 폐쇄적이다. 2010년 기준으로, 전남대학교병원은 의사 349명 중 모교출신이 328명(94%)이다. 경북대(87.9%), 전북대(82.6%), 충남대(80.6%), 부산대(78.9%)와 같은 거점도시의 병원들 역시 마찬가지의 폐쇄성을 보인다. 가장 큰 도시 서울에 자리잡은 서울대(77.5%)의 수치를 웃돌고 있다(헬스코리아뉴스, 2010).

지방일수록 정치가 더 극단적으로 갈등적이다. 소모적 지방정치가 지역발전유발 지식서비스에 직접적인 타격을 입히는 사례도 나타난다. 2014년 홍준표 경남지사는 경상남도 출연 연구기관인 경남발전원에 대한 구조조정을 실행한다. 전체 직원 122명 가운데 52.5%인 64명을 감축했다. 박사급 연구직의 경우 23명 가운데 12명을 줄였다(연합뉴스, 2014년 12월 30일).

지방일수록 정치인의 언어도 더 거칠어지는 것 같다. 중앙일보(2014년 11월 3일)와의 면담에서 홍지사는 다음과 같이 자신의 업적을 강조한다: "경남발전연구원은 논문 표절을 조사했다. 상당수가 엉터리였다. 그 결과를 보여주니 아무 소리 못하고 보따리 싸더라. 다른 데도 감사 결과를 바탕으로 조례를 개정해 자리를 없애는 식으로 구조조정했다. '(문 닫은) 진주의료원 봤나. 대들면 그냥 안 둔다'고 하니까 아무 말 안 한다. 문 닫는 걸 통해 '공공기관도 사라질 수 있다'는 걸 보여주니 따라오는 것 아니겠나."

기관장이 바뀌면서 인력 절반이 쫓겨나가는 상황은 좋을 게 없다. 대학교, 국책연구원, 수도권 소재 시도연구소에 좋은 인력을 뺏기고 있는 지방 시도연구원에게, 이러한 극단적 고용 불안정성은 치명적이다.

이는 지역 자체의 문제이다. 협력적 정치는 지역사회 공감대를 형성해나가는 과정에 대한 것이다. 이러한 사람 자르기는 잔혹한 현실 정치 그 자체이다.

지역의 뜻을 모아간 결과로 볼 수 없다. 갈등적 지역 정치 분위기 그 자체의 산물이다.

다른 이론도 지역의 분위기와 지배구조를 중요시하는 것은 마찬가지이다. Cooke(1998:250)은 기업, 관공서, 학교간의 그리 위계적이지 않은 형태의 협력과 학습을 지역혁신의 원천으로 본다:

> WDA(Wales Development Agency)를 중심으로 한 여러 기관을 매개로 하여, 웨일스에 성공적으로 들어온 자본과 웨일스 지역 납품 회사간의 위계적 관계에서, 상대적으로 비위계적인 연계망이 나타나기 시작한다. 초기

에는 일상적 주제(ISO9000이나 "Fit for Europe")의 세미나로 나타났다. 나중에는 전자자료교환(Electronic Data Interchange)이나 서류없는 상거래를 원하는 기업들간의 모임이 생겨나고, 적시생산체제(Just-in-time production system)나 통계적 공정관리(Statistical process control)를 도입할 수 있는 우선납품업자 지위를 얻기도 한다. 기업들은 점점 친밀해지고 자기들만의 품질모임을 만들어갔다. 대학연구자들도 이렇게 새롭게 만들어지는 "외부 통치 heterarchic" 관계에 이끌려 들어갔다. 처음에는 학문적 전문지식이 공유되고 회사 관리자와의 토론을 통해 세련되어지는 하루짜리 강연이나 세미나가 이루어졌다. 나중에는 세계적으로 새로운 모범사례(lean production, business process re-engineering 등)에 대한 지식을 자동차나 전자업종에 있는 외국계 대기업과 지역의 자생적 중소기업에 이식해주는 소규모 연구과제를 학교에 맡기기도 했다.

Florida의 창조계급론은 개방적 문화와 창조산업을 직접적으로 연결시킨다. 그가 서문에서도 언급하면서 중요시한 점은, 게이공동체에 대한 개방성이다(Florida, 2005:393):

　　게이공동체에 대한 개방은 창조성을 자극하고 하이테크 성장을 생성하는데 매우 중요한, 인간자본의 낮은 진입장벽을 나타내는 훌륭한 지수다. 아이오와 주 아이오와시티, 위스콘신주 메디슨, 오리건 주 유진, 미시간 주 이스트랜싱, 인디애나 주 블루밍턴 같은 더 작은 지역은 게이 지수에서 모든 지역가운데 상위 20순위에 든다. 우리가 분석한 결과는 바로 창조자본론과 일치한다. 게이 지수는 한 지역의 하이테크 산업밀집도를 나타내는 아주 강력한 예측자료다.

기존 기반시설에 대한 투자가 아니라 이러한 개방성에 집중하는 것이, 지역의 살아나갈 방도이다(Florida, 2005:353):

　　대부분의 도시들이 건축 - 스포츠 경기장, 고속도로, 도시쇼핑몰, 테마파크와 유사한 관광여행 및 오락지구 - 에 주력한다는 물리적인 매력은 많은 창조계급의 사람들에게 무의미하거나 만족스럽지 못하고, 사실상 매력이 없다. 그들이 공동체에서 찾는 것은 풍부한 질적 여가시설과 경험, 모든 종류의 다양성에 대한 수용, 그리고 무엇보다도 창조적인 사람으로서 자신들의 정체성을 확인할 수 있는 기회이다. 본질적으로 내 이론은 지역의 경제성장이 창조적 사람들 – 창조자본의 보유자들 – 의 지역선택에 의해 촉진된다는 것이다. 그들은 다양하고, 관대하고, 새로운 사상에 개방적인 지역을 선호한다.

저자도 개방성이 가지는 중요성을 인정한다. "실질적인 핵심은 대학을 둘러싸고 있는 지역사회가 대학이 창출하는 과학, 혁신 그리고 기술을 흡수하고 활용할 수 있는 능력을 가져야만 한다(Florida, 2005:194)"는 주장에 전적으로 동의한다. '지역발전유발 지식서비스'가 활발한 곳이 개방적이며 대학, 연구소, 병원이 창조계급을 만들어내는 중심지가 된다는 것이, 저자의 생각이다. 앞서 인용된 Florida가 내세우는 게이 지수에서 상위를 차지하는 소규모 도시는 대부분 대학촌이기도 하다.

앞서 지문에서 Florida가 언급한 이러한 소규모 대학촌 도시와 학교를 한번 연결해보자. 살기 좋고 자유로운 공기가 있는, 그야말로 이상적 도시이다. 사회적 약자인 한국인이 미국에서 살기에 안전하고 편하며 어울리기 좋은 곳이기도 하다.

이 책의 내용이 정책화되어 지방에 새로운 도시를 만든다면 그대로 만들고 싶은 곳이다.

Iowa city, Iowa (The University of Iowa)
Eugene, Oregon (University of Oregon)
Madison, Wisconsin (University of Wisconsin)
East Lansing, Michigan (Michigan State University)
Bloomington, Indiana (Indiana University)

실제로 Florida는 이런 점을 언급한다. '관용'이 포함된 3T라는 개념을 가지고 설명한다(Florida, 2005:363):

대학은 단지 회사를 차릴 수 있는 연구 프로젝트를 마련하기 위해 존재하는 것이 아니다. 지역발전에 효과적으로 기여하기 위해서 대학은 창조적 지역의 3T - 기술(Technology), 인재(Talent), 관용(Tolerance) - 를 반영하는 상호 연관된 이 세 가지 역할을 해야 한다.

기술 - 대학은 소프트웨어에서 생물공학에 이르는 분야의 첨단연구중심이다. 또한 새로운 기술과 자회사주 배분회사의 중요한 원천이다.
인재 - 대학들은 놀랄 만큼 효과적으로 인재를 불러들이며, 그 효과는 실로 자성을 띤다. 유명한 연구원과 과학자를 유치함으로써 대학은 대학원생을 끌어들이고, 자회사주 배분회사를 설립하며, 다른 회사들이 자기 강화 발전주기에 근접하도록 부추긴다.
관용 - 대학은 또한 창조계급의 일원을 유치하고 그들을 확보하는데 기여하는 진보적이고 개방적이며, 관대한 인간적 풍토를 창조하는 것을 돕는다.

다음 절에서는 이러한 개방적 대학이 언급될 고부가가치 생성 과정과 어떻게 연결되는지를 알아보자.

 ## 5.4 고부가가치 생성

고부가가치 생성과 직간접적으로 연결되어 있다. 고임금 일자리의 창출과 경제활동의 고도화가 이루어진다.

앞서 언급한 자동차공장과 아웃렛을 다시 생각해보자. 지역 부가가치 생성이 얼마나 중요한지 알 수 있다. 단순한 부의 규모 문제가 아니다. 지역민이 얼마나 사람다운 삶을 유지할 수 있느냐의 문제이다.

자동차 공장의 경우 지역 고임금 일자리 창출의 상징이다. 하지만 아웃렛의 경우는 다르다. 저임금직의 양산과 지역 유통업체에 대한 피해에 대한 사회적 우려

가 팽배하다(뉴스타파, 2014년 11월 7일):

> 수도권 동북의 가장 큰 상권으로 손꼽히는 경기도 의정부시 중앙로데오 거리 상권. 이 지역에서 패션의류대리점들을 운영하는 중소상인들이 그야말로 '멘붕' 상태에 빠졌다 … 의정부시와 이웃 양주시가 신세계 프리미엄 아웃렛(의정부 산곡동)과 롯데 복합쇼핑몰(양주시 양주역세권 개발)을 서로 유치하겠다며 투자협약서를 체결했기 때문이다. 상인들은 3년 전 이곳에 신세계 백화점이 입점을 했는데, 주변 5킬로미터밖에 안 떨어진 곳에 다시 두 개의 초대형 아웃렛이 들어올 경우 이 지역 상권이 초토화 될 것이라고 말한다. 이들은 지자체와 중앙정부 등에 3천명이 서명을 한 탄원서를 제출하고 본격적인 투쟁에 나설 채비를 하고 있다. 이 곳에서 10년 넘게 의류 매장을 운영하고 있는 문병헌 씨는 "10년 전 서울 미아삼거리에서 옷 가게를 운영하다가 신세계와 현대, 롯데백화점이 잇따라 개장을 하면서 폐점을 하고 의정부에 들어왔고 어렵사리 단골손님을 확보했는데 또다시 대형 프리미엄 아웃렛이 2곳이나 인근에 들어서면 문을 닫아야 할 판이라며 이제 더 이상 갈 곳도 없다"며 한탄했다 …
>
> 지난 경기도 국정감사에서 이미경 의원(새정치민주연합)은 여주 신세계사이먼과 이천 롯데 프리미엄 아웃렛이 고용한 직접 일자리 창출은 각각 857명과 1400명인 것으로 조사됐다고 밝혔다. 하지만 이 가운데 본사 정규직은 신세계사이먼이 10명, 롯데가 34명에 불과한 것으로 파악됐다. 나머지는 임대 매장에서 채용한 판매사원과 주말 임시 직원들로 저임금에 노출된 근로자들이 대부분인 것으로 알려져 있다.

앞서 언급하였듯이 지역발전유발 지식서비스는 지속적 성격을 가지고 있다. 뿐만 아니라, 자동차 공장 못지않은 부가가치 창출 가능성도 가지고 있다.

피츠버그의 교육과 의료 분야는 지역경제에 기여해왔다. 주변의 다른 침체하고 있는 곳들과 비교했을 때, 이 두 도시가 가지고 있는 차이는 의료와 교육이다(Florida, 2005:348,349).

자세한 사항은 이미 4장에서는 다루었다. Lycos가 시작한 곳으로서 피츠버그를 설명했다. 수준급 병원에서 구현되는 피츠버그의 의료서비스 공급망도 마찬가지이다.

공항도시론 역시 두 도시를 언급한다. Pittsburgh와 Cleveland에 각각 위치한 병원과 대학의 목록을 저자가 정리해본다.

> University of Pittsburgh
> Carnegie Mellon University
> University of Pittsburgh Medical Center
>
> Case Western Reserve University
> Cleveland State University
> Cleveland Clinic
> University Hospitals of Cleveland
> MetroHealth

공항도시는 왜 이러한 학교와 병원이 두 도시를 떠받치고 있는 기둥인지 설명한다(Kasarda & Linsay, 2011:268,187):

> 일부 경제학자는 미국의 극단적으로 높은 의료지출을 서비스에 기반한 세계화 이후 미국 경제의 중심축이라고 추켜올린다. 의사, 관리자, 보험업자로 구성된 병원 지원 체제와 병원은 이들 경제학자에 따르면 21세기에도 계속 가장 큰 고용창출을 일으킬 것이다. 21세기 들어 거의 200만개의 일자리를 만들어온 이 분야는 앞으로도 특히 산업시설이 쇠퇴하면서 일자리가 없어지는 지역에서 계속 일자리를 만들어 낼 것이다. 수십 년으로 느껴지는 불황을 거치면서도 클리블랜드와 같은 도시를 버티게 하는 것은 의료와 교육뿐이다 … 1970년대에 미국은 다른 어느 나라보다 많은 철강을 용광로에 붓고 있었다. Bethlehem Steel Company, Republic Steel, US Steel과 같은 회사들이 이러한 철강미국의 선두주자였다. 하지만 이들 기업들은 다른 회사들에 합쳐지거나 사라졌다. 설비근대화 실패, 일본 수입철강의 범람, 높아지는 임금이 그 원인이었다. 1974년 2005년 사이에 미국 철강노동자 중 93%가 없어졌다. 노동자 숫자는 50만 이상에서 3만7

천명으로 줄어들었다. 하지만 이렇게 바닥을 친 것은 피츠버그에게는 잘
된 일이었다. 도시의 원로들은 피츠버그에 있는 대학을 첨단산업 육성을
위해 활용하기로 결정했다. 피츠버그는 교육과 의료를 기반으로 도시를 다
시 만들기로 했다. 철강업 납품업체는 이제 유리 제조, 원자력, 로봇, 생명
공학과 같은 업종으로 바꾸었다. 피츠버그는 이제 앤드류 카네기 시절보다
일자리가 더 많다.

그냥 기본이 중요한 것이다. 그림 5.1에서의 산업쇠퇴지대에 속한 대도시이면
서도, 디트로이트와 피츠버그의 변화상은 상이하다.

사실 이러한 차이는 말이 아니라 실제로 그 지역을 가보아야 아는 것이기도
하다. 디트로이트를 한번 가보아야 그 비참함을 실감할 수 있다. 미국 '그랜드 캐
년 Grand Ganyon'의 장엄함은 직접 가보아야 안다는 것과 마찬가지이다.

연방준비은행의 경제연구원인 Hartley(2013)은 이러한 점을 지적하고 있다. 그
는 1970년도부터 2006년간 기간 동안 두 도시 변화상을 추적한다.

디트로이트와 피츠버그의 인구감소는 비슷하다. 1,511,336명에서 834,116명으
로 45%의 감소를 디트로이트는 기록한다. 피츠버그 인구수 역시 43%(520,167명
에서 297,061명) 줄어든다.

하지만 소득은 다르다. 피츠버그는 10% 감소($37,477 → $33,818)한다. 디트로
이트는 35%($46,438 → $30,184)나 줄어든다. 이는 2009년 달러 기준 '중위수
median' 수치이다.

교육수준 차이와 고등교육 기관의 입지 여부에서 차이가 난다. 25세 이상 성
인 중 대학학위 이상의 교육수준을 가진 주민을 기준으로 한다. 디트로이트의 경
우 1970년도에도 6.2%로 낮다. 2006년에도 11.3%에 머문다. 피츠버그의 경우,
높은 상승세를 보인다. 수치가 각각 9%와 31.3%이다.

피츠버그는 대학교육기관과 인접한 구역의 소득이 올라간다. 앞서 언급한 두
기간 동안 50%나 올랐다. 대학으로부터 고소득을 올릴 수 있는 기술을 배운 사
람들이 들어온 것이다.

한국의 산업현장에서도 과학적 지식은 이전보다 더 중요해진다. 산업 첩보 수
집, 역설계 reverse engineering, 기술이전과 같은 선진국 추격형 경제활동의 중

요성은 많이 줄어든다.

한국기업도 시장 선도적 제품 출시가 중요해진다. 이를 위해서는 원천기술의 근원이 되는 과학적 지식이 더욱 중요해진다. 2010년 삼성이 선정한 '5대 신수종 사업(태양전지, 자동차용 전지, LED, 바이오제약, 의료기기)' (조선일보, 2014) 역시 앞으로의 시장선도적 제품1)이 얼마나 과학과 직결되어 있는지를 보여준다.

이러한 과학적 지식 생산이 중심적 위치를 차지하는 부가가치 생산구조에서 공과대학이나 종합병원의 중요성은 쉽게 이해할 수 있다.

5.5 높은 질적 수준 요구

높은 수준의 서비스이어야 하다. 피츠버그가 특별한 것도 일류 서비스를 제공하기 때문이다. 디트로이트 역시 대학과 병원을 가지고 있다. 일류가 아니어서 눈에 띄지 않는 것이다.

만일 디트로이트가 피츠버그와 같은 수준의 지역발전유발 지식서비스를 가지고 있었다면 어떨까? 친환경 자동차의 연구중심지나 지역의료거점으로서 재도약할 수 있었을 것이다.

디트로이트에 입지한 Wayne State University는 일류라고 보기 어렵다. 미시간 앤아버 Ann Arbor에 입지한 University of Michigan이 낫다.

DMC Harper University Hospital, Henry Ford Hospital, DMC Sinai Grace Hospital과 같은 디트로이트 병원 역시 일류가 아니다.

미시간 주의 대표적 병원 역시 앤아버에 입지한다. University of Michigan Hospitals and Health Centers이다. Cleveland Clinic이나 UMPC－University of Pittsburg Medical Center에도 디트로이트 병원은 뒤쳐진다(WXYZ, 2013).

지식자본사회에서 낮은 수준의 서비스는 버티기 어렵다. 입지한 지역에서도 마찬가지이다.

---

1) 2013년부터 크라이슬러, BMW 등 외국 대형 기업들이 삼성 전지를 탑재한 자동차를 내놓기 시작했다(조선일보, 2014).

이는 지식사회가 가지고 있는 불안정성 자체에 기인한다. 지식사회에서 지식은 빨리 변한다. 이러한 변화에서 앞서 나가지 못하는 조직은 지역민으로부터 외면 받는다. 공적인 성격을 가지고 있더라도 이는 마찬가지이다.

전문화된 일류급 의료서비스의 중요성은 경영학자이자 미래학자인 Drucker도 언급한다. 그의 미래사회상은 사실 현재의 모습이다.

조직사회로서의 지식사회는 더 빠른 변화를 요구한다(Drucker, 2000:189):

> 조직은 끊임없는 변화를 전제로 만들어지지 않으면 안 된다. 조직의 기능은 지식을 작업도구에, 제품에, 그리고 제조공정에 적용하는 것이며, 작업 디자인에 활용하는 것이며, 지식 그 자체에 응용하는 것이다. 지식은 빨리 변하며, 오늘 확실했던 것이 내일은 언제나 어리석은 것이 된다는 것이 지식의 본질이다.

보존기관으로서의 가족이나 공동체에게, 이 변화는 파괴적이다. 지식사회의 안정성 파괴 특성은, 지식사회에서 낮은 수준에 머물러 있는 지역의 서비스 제공기관이 여태까지 가져온 안정성을 무너뜨린다. 병원도 마찬가지이다(Drucker, 2000: 193 – 194):

> 「자본주의 이후 사회」의 모든 조직들은 끊임없이 지역사회를 뒤집고, 해체하고, 그리고 불안정하게 만든다는 것을 의미한다. 조직은 기술과 지식에 대한 요구를 바꾸어야만 한다. 모든 공과대학이 물리학을 가르치기 시작할 바로 그 시점에, 조직은 유전공학자를 필요로 한다. 은행이 대출분야에서 가장 큰 이익을 올릴 바로 그 때, 투자전문 종업원이 가장 중요한 상담요원이 되고 있다. 또한 기업은 지역사회의 많은 사람들이 일하고 있는 공장을 자유스럽게 폐쇄할 수 있어야 한다. 그리고 장인기술을 배우기 위해 몇 년간 애를 먹은, 나이가 지긋한 모형기술자를 컴퓨터 시뮬레이션을 할 줄 아는 25세 젊은 재주꾼으로 갈아치워야 한다.
>
> 이와 마찬가지로 산과에 대한 지식과 기술이 변하게 되면, 병원들은 신생아 출산업무를 독자적인 출산센터에 맡길 수 있어야 한다. 그리고 의학

지식의 변화, 기술의 변화, 그리고 관습의 변화 때문에 200병상 이하의 병원이 비경제적일뿐더러 1급의 치료서비스를 제공하지 못하게 될 경우에는 우리는 그 병원을 폐쇄할 수 있어야만 한다. 어떤 병원 – 또는 학교나 어떤 지역사회의 기관 – 이 사회적으로 제 기능을 못하게 되면, 우리는 그 병원을 폐쇄해야 한다. 만약 인구구조의 변화, 기술의 변화, 또는 성과향상을 위해 필요한 지식이 달라지면, 그 병원이 아무리 지역사회에 깊이 뿌리박고 있고 사랑을 받아도 마찬가지이다.

일반 시민 역시 이러한 안정성 파괴의 양상을 인식하고 있다. 수도권 지역의 몇몇 병원에 전국 각지로부터 환자들이 쇄도하는 현실은 이를 그대로 보여준다. 말 그대로 "1급 치료서비스"를 제공하지 못하는 지방의 종합병원들은 지역민으로부터 점점 외면 받고 있다. 지방 사람은 지방 최고의 종합병원이 서울에 비해 10년 뒤쳐졌다는 말을 하고 다닌다.

공과대학이나 지역발전관련 연구기능 역시 마찬가지이다. 지식 자체가 빠르게 변화하고 있는 지식사회의 속성이 마찬가지로 적용된다. 일류가 아니면 외면받고 또 도태된다.

5.6 기존 기반시설과 상호작용

철근/콘크리트로 대변되는 기존 기반시설에 대한 맹목적 집착을 저자는 비판한다.

하지만 새로운 기반시설로서 '지역발전유발 지식서비스'가 기존 기반시설과 상승작용을 일으킨다는 것은 현실이다.

지식경제와 물리적 접근성을 연결시킨 Convents et al(2014:1–2)의 '지식중심지 knowledge hub' 개념은 이를 잘 보여준다. 항구와 공항과 같은 물리적 접근이 지식경제 시대에도 지식중심지 형성에 중요하게 작동한다.

한국에서도 기존 기반시설의 이점과 지역발전유발 지식서비스이라는 새로운 자원은 결합하는 경향을 보인다. 김준우·안영진(2013)의 공과대학 평가에서는 전북대학교는 최근 비약적 성장세를 보인다. 새만금으로 대표되는 지역의 공단 활성화가 전북대학교 공과대학의 성장을 가져왔다.

지역발전유발 지식서비스 자체가 기존 기반시설의 유물인 경우도 많다. 현재의 피츠버그 첨단산업을 주도하는 카네기멜론대학은 철강시대의 유물이다. 포항공과대학 역시 포항에 자리잡은 공장의 산물이라 할 수 있다.

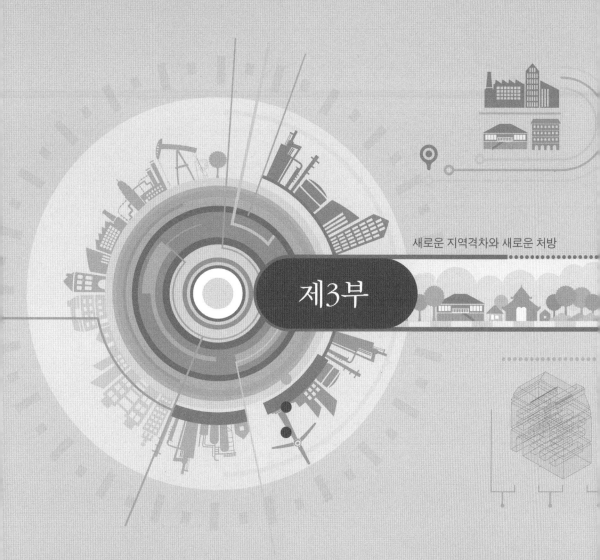

새로운 지역격차와 새로운 처방

제3부

새로운 격차

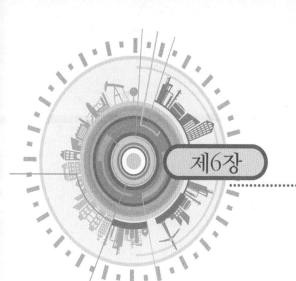

제6장

실망과 희망의 공존
: 공과대학교

대학을 지역 경쟁력 원천으로 보는 시각이 커지고 있다. 이러한 대학에 대한 시각변화는, 원료와 결과물로서의 정보기술로 규정지어 질 수 있는 '새로운 생산 양식(Castells, 2001:29‒31)'과도 관련이 있다.

이러한 시각 중 하나가 창조경제론이다. 먼저 창조성 정의를 살펴보자(Florida, 2011:95‒96):

> 지식으로 유용한 형태를 새롭게 창조하는 것을 창조성으로 보며, 창조성이 핵심동력이라고 생각한다. 경제에 관한 내 공식에서 '지식'과 '정보'는 창조성의 도구이자 재료이다. '혁신'은 새로운 기술적 인공물의 형태이든, 새로운 사업모델이든 방법이든 창조성의 산물이다. 지난 세기, 특히 1950년 이후에 미국 전역에서 창조성이 폭발하는 현상이 일어났다. 우리는 연구와 개발에 어마어마한 자금을 투자했고, 그 결과 점점 더 많은 특허를 따냈으며, 점점 더 많은 사람들이 창조적인 직업에서 일하는 것을 목격했다 … 호킨스는 15개의 '창조산업' 분야를 망라해 창조경제를 규정했다. 가령 소프트웨어, 연구개발, 디자인, 그리고 영화와 음악 같은 창조적 콘텐츠 산업 등이 그것이다.

예문에서 언급되는 호킨스와 달리, 사실 그는 사람에 관심을 가지고 창조경제를 정의한다.

'창조계급 creative class'이 만들어가는 경제가 창조경제이다. 창조계급은 다른 계급과의 관계를 통해 설명된다(Florida, 2011:95-96):

> 창조계급의 독특한 특징은 그 구성원들이 '의미있는 새로운 양식'을 창조하는 일에 종사하고 있다는 것이다 … 이 새로운 계급의 '순수 창조의 핵(super-creative core)'에는 과학자와 엔지니어, 대학교수, 시인, 소설가, 예술가, 연예인, 배우, 디자이너, 건축가가 해당한다. 그리고 물론 현대사회의 사상적 선구자라 할 수 있는 작가(논픽션), 편집자, 문화계 종사자, 두뇌집단인 연구원들, 분석가, 기타 논평자도 포함된다 … 다음으로 창조계급에는 이 핵심집단 외에 '창조적 전문가들(creative professionals)'이 포함된다. 그들은 광범위한 지식집약형 산업, 가령 하이테크 업종, 금융서비스, 법률과 보건의료, 경영 분야에 종사한다 … 창조계급과 더불어 또 다른 사회집단이 함께 성장하고 있다. 나는 그 집단을 '서비스 계급'이라고 부른다. 소위 경제의 서비스 분야에서 계급이 낮고, 전형적으로 급료가 적고, 자율성이 적은 직업이 이 계급에 해당된다. 음식점 서비스직 종사자, 경비, 공원 관리인, 간병인, 비서, 사무원, 경비원 등의 서비스 직업이 그것이다 … 이 서비스 계급의 성장은 대부분 창조경제의 요구에 부응한 것이다. 창조계급의 구성원들은 높은 보수를 받지만 예측할 수 없는 일정에 따라 오랜 시간 일하는 경우가 많기 때문에, 저임금 서비스 근로자들에게 그들이 필요로 하는 여러 허드렛일을 맡기는 것을 선택한다.

이러한 창조경제에서 "연구대학"의 존재는 매우 큰 비중을 가진다. 대학은 "과거의 운하, 철로, 고속도로보다 더 중요하다(Florida, 2011:451)."

대학의 역할은 직선적이거나 기계적이 아니다. 복합적이고 다면적이다. 공과대학을 단순한 돈의 문제로 보는 것이 일반화되어 있는 한국에서 이 문제에 대해서는 잘 생각해볼 필요가 있다.

후속 저서에서 그는 산학협력을 그만두어야 한다고 역설한다. 대신 대학 본연의 역할을 강조한다(Florida, 2008:186):

> 대학은 상업적 혁신으로 손쉽게 변형시킬 수 있는 새로운 아이디어를 창출하는 혁신의 엔진으로 단순하게 인식되어 왔다. 이러한 사고는 **대학에서 양산된 아이디어를 상업화하고, 이를 민간 기업에 이전한다는 대단히 기계론적인 국가 및 지역 정책**을 야기하였다. 물론 산학 협동 연구를 장려하는 이러한 정책은 전혀 잘못된 것이 없다. 하지만 이러한 시각은 더 큰 경제적 정세를 놓치는 우를 범하였다. 즉, 대학들이 지식 창출과 인재의 요람으로서 국가적으로 매우 중요한 존재임에도 불구하고 상업적 관점에서만 대학을 이해하고 있는 것이다. 똑똑한 인재는 어느 경제에서나 가장 중요한 자원인데, 특히 미국의 미래가 달려있는 창조 경제 부문에서도 더욱 그러하다. 지식을 창출하고 인재를 유치 양성하는 기능을 위축시키는 그릇된 정책들은 국가경제를 크게 위협한다. 1980년에 연방정부의 연구 기금으로 창출된 지적 재산권의 소유권을 대학이 가질 수 있도록 한 베이-돌 법(Bayh-Dole Act)이 제정되었다. 그러나 이 법은 대학에서 창출된 혁신의 상업화에는 기여했으나, 그 과정에서 대학 본연의 역할이 왜곡되었다 … 대학과 산업간의 연계를 맺어주는 것을 중단하고, 대학들이 창조 경제의 진정한 원천인 전 세계의 우수한 학생들을 유치할 수 있는 능력을 강화하는데 초점을 두어야 한다. 이러한 인재들을 유치하고, 그들이 창출한 지식을 신속하게 널리 확산시킴으로써 대학은 국가 경제 뿐만 아니라 지역 성장에 보다 큰 기여를 할 수 있을 것이다.

대학은 '인재의 흡인체'로서 작동해야 한다(Florida, 2008:194):

> 마이클 포가티(Michael Fogarty)와 아미트 신하(Amit Sinha)는 대학이 보유한 특허의 이출 경로를 고찰한 결과, 단순 명료한 패턴이 나타남을 확인하였다. 즉, 디트로이트나 클리블랜드와 같은 구 산업 지역에 있는 대학들이 보유한 지적 재산권의 상당량이 보스턴, 샌프란시스코, 뉴욕과 같은 하이테크 지역으로 이출되었다. 이러한 연구결과는 비록 새로운 지식은 어느

곳에서나 창출될 수 있지만 그것을 흡수하고 적용할 수 있는 지역만이 경제성장을 달성할 수 있다는 점을 시사하는 것이다. 대학은 혁신의 창출과 상업적 기술의 이전 이외에도, 하이테크 기업에서 일하거나 그러한 기업을 만들 인재의 유치와 배출이라는 보다 근본적인 역할을 한다. 창조적 노동자의 노동시장은 일반적인 노동시장과는 다르다. 고도로 숙련된 노동자들은 유동성이 매우 높다. 이들은 금전적 요소에만 유인되지 않는다. 그들은 다른 창조적 인재들 주변에 머물기를 원한다. 대학은 인재의 유치에 있어 자석의 역할을 한다. 마치 수확체증의 법칙과도 같이, 훌륭한 인재가 또 다른 훌륭한 인재를 유인하고, 훌륭한 인재가 많이 모인 지역에 이들을 유치하기 위한 기업들이 모여드는, 이른바 자기강화적 성장 사이클을 창출하는 것이다.

좋은 연구자와 학생들을 유치하는 것이 대학의 역할이다(Florida, 2008:194-195):

> 대학은 인재의 수집자이다. 즉, 대학은 훌륭한 과학자와 엔지니어를 유치하고, 이들은 열정이 넘치는 학부생 및 대학원생들을 유인하며, 이들이 장차 스핀오프 기업을 설립하고 운영하게 될 것이고, 이로 인해 여타 기업들의 유치를 견인하게 되는 이른바 성장극(growth pole)이다. 그럼에도, 대학은 단지 지역에 인재를 유치하고 유지하는 시스템의 한 부분일 뿐이다. 장기적으로 지역에 인재를 유인하기 위해서는 인재들이 일할 수 있는 일자리와 그들이 향유하길 원하는 어메니티가 존재해야 한다. 이러한 요소들이 결핍되면, 인재들은 그곳에 머물지 않을 것이다.

Castells과 Hall은 '혁신환경 milieu of innovation'을 언급한다. 캘리포니아 만 인근 대학의 혁신환경이 실리콘 밸리를 가능하게 했다. 과학적 지식과 선진기술 정보를 스텐포드 대학이 지역에 퍼트린다. 스텐포드 대학을 포함한 대학이 고숙련 노동자를 공급한다(Castells & Hall, 2011:70-73).
한국 과학단지에 대해서, 이들은 나름대로 분석을 내놓는다. 대덕연구단지에 대해 "과학대학과 공과대학의 지원을 받는 순수 과학도시(Castells & Hall, 1994:61)"
로 표현한다. 정부의 강압적 정치적 결정으로 만들어졌고, 따라서 혁신환경이 형
성되지 않았다.

한국과학기술원(KAIST)의 전망에 대해서도 마찬가지로 부정적이다. 서울이야
말로 한국 테크노폴리스의 현재이자 미래이다(Castells & Hall, 2011:130-131):

> 한국이 과학기술 분야에서 보인 진전은 정부의 지원을 받은 한국 재벌
> 들의 많은 노력들이 결합된 데다, 전통적으로 수도권 지역에 입지한 공공
> 및 민간 대학과 연구소들의 설립 프로그램 덕분이었다. 674개의 기업 연
> 구소 가운데 464개 정도가 수도권 지역에 있고, 24개 정부기관 가운데
> 13개, 40개 연구 협회 가운데 39개, 한국의 104개 종합대학 및 전문대학
> 가운데 47개가 수도권에 있다. 이곳에 이렇게 집중되어 있는 주된 이유는
> 서울 지역에서 고급 공학자와 과학자를 구하기가 쉽기 때문이다. 특히 과
> 학자들 중에서도 가장 우수한 사람의 경우 더욱 그러한데, 이들 가운데 많
> 은 수가 미국과 유럽에서 공부하고 돌아온 사람들이다. 서울은 분명 과학
> 자들이 좀 더 넓은 과학기술의 세계에 접촉하고 있다고 느낄 수 있는, 한
> 국에서 유일한 장소다. 따라서 혼잡한 한국 수도의 열악한 삶의 질에도 불
> 구하고, 한국의 진정한 테크노폴리스는 서울이다. 특히 서울을 둘러싼 위
> 성도시 지역이 그렇다.

저자는 이러한 진단에 대해 비판적이다. 피상적 접근법이다. 물론 서울이 가지
고 있는 흡입력은 현실이다.

하지만 그렇다고 해서 지방 공과대학이 무의미하지는 않다. 4장에서도 저자가
지적하듯, 시장 중심 순환론적 오류이다.

이런 의미에서 지방 공과대학의 실증적 검증은 의미있다. 한국과학기술원도
실제로 대전 이전 이후 어떻게 되었는지 볼 필요가 있다.

서울을 진정한 테크노폴리스로 보는 Castells은, 서울에서 대덕으로 옮겨 자리
잡게 된 한국과학기술원에 대해 암묵적이지만 암울하게 예측한다. 여기서 '암묵
적'이라는 표현을 쓰는 것은 Castells & Hall이 여기에 대해 명시적으로 밝히지는

않았기 때문이다.

'진정한 테크노폴리스'가 아닌 지역에서 '진정한 공과대학'이 나올 수 있는지는 흥미진진한 주제이다.

여기서는 이러한 기술과 대학에 대한 논의를 지역격차 차원에서 살펴본다. 국내외적으로 지역격차 차원에서 이러한 담론을 펼치는 경우는 별로 없다.

따라서 이 장의 첫 번째 목적은 현실의 파악이다. 각 지역별 공과대학 수준의 격차를 살펴본다.

두 번째로 혁신중심지와 공과대학 입지 연관성 확인이다. 다시 언급하지만, 혁신환경을 강조하는 Castells은 혁신중심지가 아닌 곳에 대해 부정적이다. 암묵적으로 한국과학기술원 이전에 대해서도 부정적이다. 한국의 테크노폴리스로 서울을 지목한 것도 이러한 맥락이다.

이러한 주장을 논리적으로 확장해보면, 1989년 대전으로 옮겨간 한국과학기술원이 한국에서 일류 대학으로 남아있을 수 없다. 혁신중심지인 서울에서 비혁신중심지인 대전으로 옮겼기 때문이다. 사실 지방에서의 일류 공과대학 운영 자체를 부정적으로 보는 시각이다.

이러한 부정적인 입지론을 확인해주는 사례도 있다. 1980년 구미에 설립된 국립금오공과대학이다. 구미공단과 연계해 큰 기대를 가졌지만, 아직 기대만큼 성장하지 못했다.

모든 것이 서울 중심인 한국에서 과연 지방 일류공과대학이 가능한지 확인해보자.

6.1 공과대학의 비교

실제로 평가의 주체인 대학과 학과에 대한 정보는 이 글에서 밝히지 않는다. A광역지자체의 대표적 대학인 B대학의 공과대학 전임교원들에게, 자신의 전문분야에 대한 평가를 하게 한다.

먼저 해당 분야 최고 수준 학과가 어느 대학인지 밝히게 한다. 그리고 이 최고 학과와 특정한 지역의 최고 수준 학과를 비교 평가하게 하였다. 전라북도, 충청북도, 강원도가 비교대상 지역이다.

2012년 3월 28일부터 8월 15일까지 두 차례의 설문조사가 이루어 졌다. 첫 번째 설문조사는 전자 우편 조사이며, 두 번째 조사는 교수 연구실로의 방문조사이다. 설문대상자 173명 중 응답률은 27%이며, 응답된 설문지 수는 48부이다.

설문내용은 기존 확립된 내용을 그대로 가져온다. 미국 공학교육인증원(ABET, Accreditation Board for Engineering and Technology)과 한국의 한국공학교육인증원 자료를 많이 인용한다. 미국 영향력 있는 언론매체인 US News and World Report의 공학대학 순위평가 목록도 참고한다.

ABET는 학부과정에 대해 8개의 기준을 제시한다(http://www.abet.org/ 2012년 2월 14일 접근). 2011년과 2012년에 대해 실제 적용된 기준이다.

1. 학사과정의 적절한 운영
2. 교육목표 확립
3. 학습성취도
4. 교육과정의 지속적 발전
5. 충실한 교육과정 확립
6. 양과 질적으로 충실한 교수진
7. 우수한 교육환경조성
8. 제도적 지원

한국공학교육인증원의 기준 역시 8개이며, ABET과 세부적인 면까지 거의 유사하다.

US News and World Report의 평가기준은 대학원 중심이다. 2010에서 2011년에 박사학위과정을 가지고 있는 198개 대학을 대상으로 이루어졌으며, 이중 194개 대학이 조사에 참여한다.

질적 평가, 학생수준, 교육환경, 연구활동이 평가기준이다. 공대 학장들이 다른 공과대학에 대해 점수를 부여하는 동료평가와 기업의 인사담당자가 평가하는 기업평가로 질적 평가는 이루어진다. GRE 점수와 석박사 과정의 입학 경쟁률이 학생수준을 좌우한다. 학생 교수 비율, 미국 공학 한림원 소속 교수 비율, 그리고 박사학위 수여 숫자가 교육환경 기준이다. 연구활동은 전체 연구비 지출과 교수 일인당 연구비 지출로 평가한다.

저자의 설문지와 이러한 기존 설문지와의 차이를 살펴보자. 여기서의 설문지는 기본적으로 동료 평가 방식에 의해 실행된다. 따라서 이러한 동료평가에 적절한 항목은 최대한 설문에 넣으려고 노력한다.

저자의 설문지에서 제외된 항목을 구체적으로 따지자면 양적인 평가와 관련된 부분이다. 공대 교수인 응답자 자신의 전공과 관련해서 질문을 던지기 때문에, 교수진의 수와 같은 부분 역시 당연히 제외된다. 어떤 전공은 교수진이 전반적으로 많고, 또 어떤 전공은 그렇지 않기 때문이다.

이 장에서 쓰이는 설문지 주제는 여섯 가지이다. 구체적 내용은 부록을 참조하면 된다.

(1) 장비 및 시설
(2) 행정적 재정적 지원
(3) 전공교육
(4) 취업교육
(5) 실력있는 교수진
(6) 전공자들 사이의 평판

저자가 사용하는 설문의 강점은 사실 세세한 부분에 있다. "대기업 연구직 취업"이라는 표현을 넣은 것이 그 예이다.

조사결과를 먼저 알아보자. 한국 공과대학은 2강(強) 1중(中) 1약(弱)체제이다.

한국과학기술원과 서울대학교가 우열을 가리기 어려운 선두집단을 이루면서 2강을 구성한다. 설문이 다루는 여섯 개의 분야에서 한국과학기술원을 지목한 빈도수는 97이다. 서울대학교의 경우는 99개를 기록한다.

두 대학에는 뒤지지만 뚜렷한 강세를 보이는 포항공과대학이 1중을 만든다. 포항공과대학의 빈도수는 28이다.

1약은 빈도 15의 광주과학기술원이다.

한국과학기술원과 포항공과대학교를 제외한 비수도권의 성적은 낙제점이다. 소위 지역거점 대학이라고 불리는 대학의 성적표는 초라하다. 그중 가장 좋은 평가를 받는 부산대학교의 빈도는 7에 불과하다. 군산지역 산업단지의 활성화로 공과대학이 약진한다는 주관식 응답을 많이 받은 전북대학교 역시 7개 응답에 머무른다. 경북대학교의 빈도는 5이다.

여기서 하나 주의할 점이 있다. 평가를 하고 있는 응답자가 속한 대학은 최고대학 선정에서 사실상 배제되기 때문이다. 평가를 하는 교수가 속한 대학 역시 지방이다. 최고 대학 빈도는 조심스럽게 해석되어야 한다. 자신이 속한 지방대의 학과를 최고대학으로 응답할 수는 있지만, 한국 정서상 이는 사실 힘들 것이라 판단된다. 부산대학을 지목한 응답이 많다고 해서, "부산대학이 지방에서는 최고다"라고 평가할 수는 없다.

서울 소재 대학교의 영향력은 상당하다. 대기업 취업, 교수진, 평판도에서 전체의 절반 정도의 높은 응답 숫자 비율을 기록하고 있다. 서울대학교의 각 분야 유효빈도 퍼센트는 흥미로운 사실을 보여준다. 평판도(45.5%), 교수진(34.8%), 전공교육(32.7%), 취업교육(30%), 학교지원(28.1%), 시설(25.8%)의 순으로 이어지는 비율은 여러 가지 해석 가능성을 제공한다.

서울대학교를 제외하고는, 여섯 개 항목 전체에서 12개 응답을 보인 성균관대가 서울 소재 대학 중에서 가장 좋은 평가를 받는다. 5개의 응답을 보인 한양대학교를 훨씬 앞선다.

| 표 6.1 | 응답자 전공분야 있는 학교 중에서, 실험 실습 설계를 위한 장비나 시설이 가장 잘 갖추어진 대학 |

	응답자 전공분야 있는 학교 중에서, 실험 실습 설계를 위한 장비나 시설이 가장 잘 갖추어진 대학
서울대학교	16 <25.8>
한국과학기술원(KAIST)	16 <25.8>
포항공과대학교(POSTECH)	9 <14.5>
광주과학기술원(GIST)	5 <8.1>
부산대학교	3 <4.8>
한양대학교	3 <4.8>
경북대학교	2 <3.2>
서울과학기술대학교 (SEOULTECH)	1 <1.6>
전북대학교	1 <1.6>
충북대학교	1 <1.6>
울산과학기술원(UNIST)	1 <1.6>
전남대학교	1 <1.6>
중앙대학교	1 <1.6>
충남대학교	1 <1.6>
영남대학교	1 <1.6>
합계	62 <100>

참고: 굵고 큰 글씨는 서울 소재 학교를 뜻하며, < > 안의 숫자는 유효퍼센트를 의미

　　실험 실습 설계를 위한 장비나 시설이 가장 잘 갖추어진 대학이란 큰 의미를 가진다. 이는 현재 학교의 위상을 그대로 보여주는 것이다.

　　의외의 결과가 나온다. 서울대학교가 2위이다. 장비나 시설이 나름대로의 운영 경험을 요한다는 것을 감안하면 예상을 뒤엎는 결과이다.

　　역사가 짧은 지방대학이 예상외로 장비/시설 면에서 우수한 평가를 받는다. 한국과학기술원이 16개 응답으로 가장 높은 빈도를 가진다. 포항공과대학교와 광주과학기술원이 각각 3위와 4위를 차지한다. 울산과학기술원도 11위에 이름을

올린다.

여기서 지방 공과대학 역사가 실제로 얼마나 짧은지 알아보자.

한국과학기술원 KAIST

1971년 한국과학원 KAIS 설립 (서울 홍릉 캠퍼스)

1980년 한국과학기술원 KAIST 설립

1989년 한국과학기술대학과 통합 (대덕 캠퍼스 이전)

포항공과대학교 POSTECH

1986년 포항공과대학 개교

1987년 제 1회 입학식

광주과학기술원 GIST

1993년 법인설립등기

1995년 개원식 및 제 1회 석사과정 입학식

울산과학기술원 UNIST

2007년 총장임명, 법인설립등기

2009년 개교

표 6.2 응답자 전공분야 있는 학교 중에서, 연구나 교육을 위한 행정적 재정적 지원이 가장 훌륭한 대학

	응답자 전공분야 있는 학교 중에서, 연구나 교육을 위한 행정적 재정적 지원이 가장 훌륭한 대학
한국과학기술원(KAIST)	17 <29.8>
서울대학교	16 <28.1>
포항공과대학교(POSTECH)	8 <14.0>
광주과학기술원(GIST)	3 <5.3>
부산대학교	2 <3.5>
연세대학교	2 <3.5>

전북대학교	2 <3.5>
경북대학교	2 <3.5>
영남대학교	1 <1.8>
성균관대학교	1 <1.8>
울산대학교	1 <1.8>
충북대학교	1 <1.8>
한국전통문화대학교	1 <1.8>
합계	57 <100>

참고: 굵고 큰 글씨는 서울 소재 학교를 뜻하며, < > 안의 숫자는 유효퍼센트를 의미

연구나 교육을 위한 행정적 재정적 지원이라는 항목은 학교가 실제로 어떻게 돌아가느냐를 알아보는 질문이다. 돈이 많고 적음에 대한 질문이 아니다. 얼마만큼 공을 들여서 학교가 체계적으로 돌아가도록 하느냐에 대한 물음이다. 의지에 대한 것이다.

역시 의외의 결과가 나온다. 서울대학교(16)가 2위이다. 역사와 위상을 감안하면 실망스러운 결과이다.

신흥 지방강자가 다시 강세를 보인다. 1위로는 한국과학기술원(16개 응답)이 꼽혔다. 3위는 포항공과대학교이다. 4위는 역사가 정말 짧은 광주과학기술원(3)이다.

지방국립대도 비교적 선전한다. 쭉 나열해본다. 부산대학교(2), 전북대학교(2), 경북대학교(2), 영남대학교(1), 울산대학교(1), 충북대학교(1), 한국전통문화대학교(1) 순이다.

서울대학교를 제외한 서울 소재 대학은 둘 뿐이다. 연세대학교(2)와 성균관대학교(1)이다.

표 6.3	응답자 전공분야 있는 학교 중에서, 학생들에게 가장 훌륭한 전공교육을 시키는 대학

	응답자 전공분야 있는 학교 중에서, 학생들에게 가장 훌륭한 전공교육을 시키는 대학
한국과학기술원(KAIST)	16 <32.7>

서울대학교	16 <32.7>
포항공과대학교(POSTECH)	4 <8.2>
성균관대학교	4 <8.2>
광주과학기술원(GIST)	2 <4.1>
전북대학교	1 <2.0>
경북대학교	1 <2.0>
영남대학교	1 <2.0>
한국기술교육대학교	1 <2.0>
전남대학교	1 <2.0>
충남대학교	1 <2.0>
한국전통문화대학교	1 <2.0>
합계	49 <100>

참고: 굵고 큰 글씨는 서울 소재 학교를 뜻하며, < > 안의 숫자는 유효퍼센트를 의미

한국과학기술원과 서울대학교가 응답빈도 16개로 가장 훌륭한 전공교육을 실시하고 있다<표 6.3>. 공동 1위이다.

포항공과대학교와 성균관대학교가 빈도 4이며, 광주과학기술원이 빈도 2이다.

전북대학교, 경북대학교, 영남대학교, 한국기술교육대학교, 전남대학교, 충남대학교, 한국전통문화대학교가 각각 1개의 응답을 기록한다.

표 6.4 응답자 전공분야 있는 학교 중에서, 대기업 연구직에 취업할 수 있도록 가장 학생들을 잘 가르치는 대학

	응답자 전공분야 있는 학교 중에서, 대기업 연구직에 취업할 수 있도록 가장 학생들을 잘 가르치는 대학
한국과학기술원(KAIST)	18 <36>
서울대학교	15 <30>
성균관대학교	3 <6>
서울시립대학교	2 <4>
광주과학기술원(GIST)	2 <4>
부산대학교	2 <4>

포항공과대학교(POSTECH)	1 <2>
한양대학교	1 <2>
전북대학교	1 <2>
중앙대학교	1 <2>
충남대학교	1 <2>
한국기술교육대학교	1 <2>
한국전통문화대학교	1 <2>
서울과학기술대학교 (SEOULTECH)	1 <2>
합계	50 <100>

참고: 굵고 큰 글씨는 서울 소재 학교를 뜻하며, < > 안의 숫자는 유효퍼센트를 의미

취업과 관련해서는 서울 소재 대학이 강세를 보인다. 성균관대학교가 3위이며 서울시립대학교가 4위이다. 한양대학교와 중앙대학교도 이름을 올린다.

18개 응답으로 1위는 한국과학기술원이다. 2위는 서울대학교이다. 한국과학기술원의 18개보다 3개 모자라는 15개이다.

표 6.5 응답자 전공분야 있는 학교 중에서, 전공분야의 가장 실력있는 교수진을 갖춘 대학

	응답자 전공분야 있는 학교 중에서, 전공분야의 가장 실력있는 교수진을 갖춘 대학
한국과학기술원(KAIST)	16 <34.8>
서울대학교	16 <34.8>
포항공과대학교(POSTECH)	4 <8.7>
성균관대학교	2 <4.3>
광주과학기술원(GIST)	2 <4.3>
전북대학교	1 <2.2>
서울시립대학교	1 <2.2>
연세대학교	1 <2.2>
홍익대학교	1 <2.2>

고려대학교	1 ＜2.2＞
한국전통문화대학교	1 ＜2.2＞
합계	46 ＜100＞

참고: 굵고 큰 글씨는 서울 소재 학교를 뜻하며, ＜ ＞ 안의 숫자는 유효퍼센트를 의미

표 6.5에서 가장 실력있는 교수진을 갖춘 대학으로는 한국과학기술원과 서울대학교가 똑같이 16개의 응답으로 선두에 있다. 공동 1위이다.

포항공과대학교(4), 성균관대학교(2), 광주과학기술원(2), 전북대학교(1), 서울시립대학교(1), 연세대학교(1), 홍익대학교(1), 고려대학교(1), 한국전통문화대학교(1) 순으로 응답은 이어진다.

전반적으로 서울이 강세를 보인다. 서울대학교, 성균관대학교, 서울시립대학교, 연세대학교, 홍익대학교, 고려대학교가 서울에 소재해 있다. 이들 대학 응답의 합은 22개로 전체 46개의 47.8%이다. 역시 절반에 가까운 숫자이다.

표 6.6	응답자 전공분야 있는 학교 중에서, 전공분야 전공자들 사이에서 가장 인정받는 대학

	응답자 전공분야 있는 학교 중에서, 전공분야 전공자들 사이에서 가장 인정받는 대학
서울대학교	20 ＜45.5＞
한국과학기술원(KAIST)	14 ＜31.8＞
포항공과대학교(POSTECH)	2 ＜4.5＞
성균관대학교	2 ＜4.5＞
광주과학기술원(GIST)	1 ＜2.3＞
전북대학교	1 ＜2.3＞
서울시립대학교	1 ＜2.3＞
한양대학교	1 ＜2.3＞
충남대학교	1 ＜2.3＞
한국전통문화대학교	1 ＜2.3＞
합계	44 ＜100＞

참고: 굵고 큰 글씨는 서울 소재 학교를 뜻하며, ＜ ＞ 안의 숫자는 유효퍼센트를 의미

  구체성을 위해서 전북, 충북, 강원이라는 세 지역에 대한 질문들을 던져보았다. 세 광역지자체에서 가장 우수한 공과대학은 소위 지역 연구거점 국립대학이다. 앞서 여섯 항목에 대한 조사를 한다.

  전북, 충북, 강원에서 가장 우수한 공과대학은 압도적으로 각각 전북대학교, 충북대학교, 강원대학교로 나타났다.

  각 분야에서 전라북도에서 최고 대학으로 전북대학교를 지적하지 않는 경우는 203개 중 하나도 없다. 유효응답 분포는 다음과 같다. 시설(37), 학교지원(34), 전공교육(33), 취업교육(32), 교수진(33), 평판도(34)이다.

  강원도의 경우도 유사하다. 139개 응답 중 강원대학교가 아닌 경우는 학교지원 분야에서 1개(연세대학교 원주분교)가 나왔을 뿐이다. 유효응답은 시설(24), 학교지원(22), 전공교육(24), 취업교육(22), 교수진(23), 평판도(24)이다.

  충청북도의 경우 전라북도나 강원도보다는 다른 학교를 지목하는 횟수가 미미하나마 많다. 유효응답은 시설(24), 학교지원(22), 전공교육(22), 취업교육(21), 교수진(23), 평판도(24)로 총 136개이다. 시설에서 충주대학교(현 한국교통대학교)라는 응답이 1개이다. 전공교육, 교수진, 평판도에서 각각 청주대학교라는 응답이 1개씩이다.

  이 세 대학과 전국 최고 대학을 비교했을 때의 결과를 비유적으로 이야기하면 다음과 같다.

  지역거점 국립대학교는 자신의 안마당에서는 큰소리를 치지만 전국적
  무대에서는 목소리를 죽인다.

  전북대학교, 충북대학교, 강원대학교 각각의 대학이 지역에서 가지는 위상은 크다. 이와 대조적으로, 여섯 개의 분야에서 전국 최고 대학과 비교했을 때의 성적표는 초라하다.

  표 6.7이 이를 보여준다. 전국 최고 대학과의 여섯 분야 비교한 점수평균의 평균을 보면, 전북 최고 대학은 73.21%, 충북 최고는 66.81%, 강원도 최고는 65.21%이다.

  전국 최고와 근접한 점수를 기록한 대학은 하나도 없다.

| 표 6.7 | 전라북도, 충청북도, 강원도에서 최고 대학과 전국 최고 대학과의 비교 |

	전라북도 평균	충청북도 평균	강원도 평균
실험 실습 설계를 위한 장비나 시설이 가장 잘 갖추어진 대학	69.73	64.79	59.79
연구나 교육을 위한 행정적 재정적 지원이 가장 훌륭한 대학	70.74	61.59	59.55
학생들에게 가장 훌륭한 전공교육을 시키는 대학	76.06	70.00	70.63
대기업 연구직에 취업할 수 있도록 가장 학생들을 잘 가르치는 대학	71.09	64.76	62.73
전공분야의 가장 실력있는 교수진을 갖춘 대학	78.85	73.91	73.78
전공분야 전공자들 사이에서 가장 인정받는 대학	72.79	65.83	64.79
평균들의 평균	73.21	66.81	65.21

전북, 충북, 강원에 대한 평가가 표 6.8에서 표 6.25까지이다. 구체적인 내용을 표로 제시하고, 여기서는 간단하게 요약만 한다.

전북대학에 대한 평가에 대한 빈도표에서 최빈수를 살펴보면 흥미로운 사실을 발견할 수 있다. 각 영역에서의 최빈치는 70부근을 머무른다. 시설(70), 학교지원(70), 전공교육(80), 취업교육(70), 교수진(70), 평판도(60)가 여섯 분야에서의 최빈치 점수이다.

최소값과 최대값은 대체적으로 30~40에서 100이다. 시설(30~100), 학교지원(30~100), 전공교육(40~100), 취업교육(30~100), 교수진(40~100), 평판도(40~100)가 값의 분포이다.

충청북도에서의 최고 대학교에 대한 최빈수와 최소값/최대값은 전북대학보다 조금 낮은 수준이다. 각 영역에서의 최빈치는 60 부근을 머무른다. 시설(60), 학교지원(60), 전공교육(80), 취업교육(60), 교수진(70), 평판도(60)를 나타낸다. 최소값과 최대값은 역시 전북대보다 조금 낮은 대체적으로 10~30에서 90~100이다. 시설(25~100), 학교지원(10~100), 전공교육(10~90), 취업교육(25~90), 교수진(30~97), 평판도(30~95)가 값의 분포이다.

강원도 최고 대학에 대한 평가는 충청북도에 비해 떨어지는 측면을 보인다. 평균값에서 근소한 차이를 보이는 충청북도와 강원도 최고 공과대학은, 최대값에서 큰 차이를 보인다.

각 영역 최대치에서 강원도 최고 대학은 100점을 기록하는 경우가 한 번도 없다. 최소값과 최대값 분포는 다음과 같다: 시설(25~90), 학교지원(10~95), 전공교육(10~90), 취업교육(20~90), 교수진(30~97), 평판도(25~95). 이는 평균값이 잡아내지 못하는 의미있는 차이이다.

강원도 최고 대학의 각 분야 최빈치는 충북 최고 대학 수준과 비슷하다. 시설(60), 학교지원(60), 전공교육(80), 취업교육(80), 교수진(80), 평판도(50)를 나타낸다.

표 6.8 전국에서 실험 실습 설계를 위한 장비나 시설이 가장 잘 갖추어진 대학을 100점으로 둔다면, 전라북도에서 가장 실험 실습 설계를 위한 장비나 시설을 잘 갖춘 대학은 몇 점을 줄 수 있습니까?

	빈도	유효퍼센트
30	1	2.1
40	2	4.2
50	5	10.4
60	6	12.5
70	7	14.6
75	1	2.1
80	5	10.4
85	3	6.3
90	6	12.5
100	1	2.1
합계	37	100

표 6.9	전국에서 연구나 교육을 위한 행정적 재정적 지원이 훌륭한 대학을 100점으로 둔다면, 전라북도에서 연구나 교육을 위한 행정적 재정적 지원이 훌륭한 대학은 몇 점을 줄 수 있습니까?

	빈도	유효퍼센트
30	3	8.8
50	4	11.8
60	4	11.8
70	7	20.6
75	1	2.9
80	6	17.6
85	2	5.9
90	3	8.8
95	2	5.9
100	2	5.9
합계	34	100

표 6.10	전국에서 학생들에게 가장 훌륭한 전공교육을 시키는 대학을 100점으로 둔다면, 전라북도에서 가장 전공교육을 잘 시키는 대학은 몇 점을 줄 수 있습니까?

	빈도	유효퍼센트
40	1	3.0
60	5	15.2
70	7	21.2
75	1	3.0
80	10	30.3
85	3	9.1
90	5	15.2
100	1	3.0
합계	33	100

| 표 6.11 | 전국에서 대기업 연구직에 취업할 수 있도록 가장 학생들을 잘 가르치는 대학을 100점으로 둔다면, 전라북도에서 가장 대기업 연구직에 취업할 수 있도록 학생들을 잘 가르치는 대학은 몇 점을 줄 수 있습니까? |

	빈도	유효퍼센트
30	1	3.1
40	1	3.1
50	2	6.3
60	6	18.8
65	1	3.1
70	8	25.0
75	1	3.1
80	3	9.4
85	3	9.4
90	5	15.6
100	1	3.1
합계	32	100

| 표 6.12 | 전국에서 선생님 전공분야의 가장 실력있는 교수진을 갖춘 대학을 100점으로 둔다면, 전라북도에서 선생님 전공분야의 가장 실력있는 교수진을 갖춘 대학은 몇 점을 줄 수 있습니까? |

	빈도	유효퍼센트
40	1	3.0
60	1	3.0
70	11	33.3
80	7	21.2
85	4	12.1
90	6	18.2
95	1	3.0
97	1	3.0
100	1	3.0
합계	33	100

표 6.13	전국에서 선생님 전공분야 전공자들 사이에서 가장 인정받는 대학을 100점으로 둔다면, 전라북도에서 선생님 전공분야 전공자들 사이에서 가장 인정받는 대학은 몇 점을 줄 수 있습니까?

	빈도	유효퍼센트
40	1	2.9
50	2	5.9
60	8	23.5
65	1	2.9
70	6	17.6
75	1	2.9
80	5	14.7
85	4	11.8
90	4	11.8
95	1	2.9
100	1	2.9
합계	34	100

표 6.14	전국에서 실험 실습 설계를 위한 장비나 시설이 가장 잘 갖추어진 대학을 100점으로 둔다면, 충청북도에서 가장 실험 실습 설계를 위한 장비나 시설을 잘 갖춘 대학은 몇 점을 줄 수 있습니까?

	빈도	유효퍼센트
25	1	4.2
40	3	12.5
50	3	12.5
60	5	20.8
65	1	4.2
70	3	12.5
80	3	12.5
85	3	12.5
90	1	4.2
100	1	4.2
합계	48	100

표 6.15	전국에서 연구나 교육을 위한 행정적 재정적 지원이 훌륭한 대학을 100점으로 둔다면, 충청북도에서 연구나 교육을 위한 행정적 재정적 지원이 훌륭한 대학은 몇 점을 줄 수 있습니까?

	빈도	유효퍼센트
10	1	4.5
20	1	4.5
30	1	4.5
40	1	4.5
50	3	13.6
60	5	22.7
70	4	18.2
80	2	9.1
85	1	4.5
90	1	4.5
95	2	9.1
합계	22	100

표 6.16	전국에서 학생들에게 가장 훌륭한 전공교육을 시키는 대학을 100점으로 둔다면, 충청북도에서 가장 전공교육을 잘 시키는 대학은 몇 점을 줄 수 있습니까?

	빈도	유효퍼센트
10	1	4.3
50	3	13.0
60	3	13.0
70	5	21.7
80	6	26.1
85	2	8.7
90	3	13.0
합계	23	100

| 표 6.17 | 전국에서 대기업 연구직에 취업할 수 있도록 가장 학생들을 잘 가르치는 대학을 100점으로 둔다면, 충청북도에서 가장 대기업 연구직에 취업할 수 있도록 학생들을 잘 가르치는 대학은 몇 점을 줄 수 있습니까? |

	빈도	유효퍼센트
25	1	4.8
40	2	9.5
50	3	14.3
60	5	23.8
70	3	14.3
80	3	14.3
85	1	4.8
90	3	14.3
합계	21	100

| 표 6.18 | 전국에서 선생님 전공분야의 가장 실력있는 교수진을 갖춘 대학을 100점으로 둔다면, 충청북도에서 선생님 전공분야의 가장 실력있는 교수진을 갖춘 대학은 몇 점을 줄 수 있습니까? |

	빈도	유효퍼센트
30	1	4.3
50	1	4.3
60	2	8.7
68	1	4.3
70	8	34.8
80	3	13.0
85	1	4.3
90	5	21.7
97	1	4.3
합계	23	100

| 표 6.19 | 전국에서 선생님 전공분야 전공자들 사이에서 가장 인정받는 대학을 100점으로 둔다면, 충청북도에서 선생님 전공분야 전공자들 사이에서 가장 인정받는 대학은 몇 점을 줄 수 있습니까? |

	빈도	유효퍼센트
30	2	8.3
50	4	16.7
60	6	25.0
70	4	16.7
75	1	4.2
80	3	12.5
90	3	12.5
95	1	4.2
합계	24	100

| 표 6.20 | 전국에서 실험 실습 설계를 위한 장비나 시설이 가장 잘 갖추어진 대학을 100점으로 둔다면, 강원도에서 가장 실험 실습 설계를 위한 장비나 시설을 잘 갖춘 대학은 몇 점을 줄 수 있습니까? |

	빈도	유효퍼센트
25	1	4.2
30	1	4.2
40	4	16.7
50	3	12.5
60	5	20.8
70	4	16.7
80	5	20.8
90	1	4.2
합계	24	100

| 표 6.21 | 전국에서 연구나 교육을 위한 행정적 재정적 지원이 훌륭한 대학을 100점으로 둔다면, 강원도에서 연구나 교육을 위한 행정적 재정적 지원이 훌륭한 대학은 몇 점을 줄 수 있습니까? |

	빈도	유효퍼센트
10	1	4.5
30	3	13.6
40	1	4.5
50	4	18.2
60	5	22.7
70	1	4.5
80	4	18.2
90	1	4.5
95	2	9.1
합계	22	100

| 표 6.22 | 전국에서 학생들에게 가장 훌륭한 전공교육을 시키는 대학을 100점으로 둔다면, 강원도에서 가장 전공교육을 잘 시키는 대학은 몇 점을 줄 수 있습니까? |

	빈도	유효퍼센트
10	1	4.2
40	1	4.2
50	2	8.3
60	4	16.7
70	1	4.2
75	1	4.2
80	9	37.5
85	2	8.3
90	3	12.5
합계	24	100

| 표 6.23 | 전국에서 대기업 연구직에 취업할 수 있도록 가장 학생들을 잘 가르치는 대학을 100점으로 둔다면, 강원도에서 가장 대기업 연구직에 취업할 수 있도록 학생들을 잘 가르치는 대학은 몇 점을 줄 수 있습니까? |

	빈도	유효퍼센트
20	1	4.5
30	1	4.5
40	2	9.1
50	5	22.7
60	3	13.6
70	1	4.5
80	6	27.3
90	3	13.6
합계	22	100

| 표 6.24 | 전국에서 선생님 전공분야의 가장 실력있는 교수진을 갖춘 대학을 100점으로 둔다면, 강원도에서 선생님 전공분야의 가장 실력있는 교수진을 갖춘 대학은 몇 점을 줄 수 있습니까? |

	빈도	유효퍼센트
30	1	4.3
50	3	13.0
60	2	8.7
70	3	13.0
75	1	4.3
80	6	26.1
85	1	4.3
90	5	21.7
97	1	4.3
합계	23	100

표 6.25	전국에서 선생님 전공분야 전공자들 사이에서 가장 인정받는 대학을 100점으로 둔다면, 강원도에서 선생님 전공분야 전공자들 사이에서 가장 인정받는 대학은 몇 점을 줄 수 있습니까?

	빈도	유효퍼센트
25	1	4.2
40	1	4.2
50	6	25.0
60	4	16.7
70	3	12.5
75	2	8.3
80	4	16.7
85	1	4.2
90	1	4.2
95	1	4.2
합계	24	100

6.2 공과대학 지역격차의 원인

어떻게 보면, 세상일은 악순환 아니면 선순환이다. 공과대학 지역격차는 악순환이다.

다음의 한 설문지 응답은 이를 잘 보여준다. 지방은 악순환에 빠지기 쉽다:

1) 서울 집중화 현상 때문에 우수한 학생들은 수도권으로 몰리고
2) 지방대학은 그 지역에 취직할 수 있는 관련 기업체가 부족해 학생 취업이 어렵고
3) 취업이 어려우니까 학생들이 오지 않아 수준이 낮아지고

4) 수준이 낮아지니까 학생들의 취업이 안 되고 ..."

전라북도, 충청북도, 강원도에서의 최고 대학 수준이 전국 최고 대학보다 낮은
원인을 설문에서는 물어본다.

"전라북도 충청북도 강원도 공과대학이 타 지역 공과대학보다 떨어지는 면이
있다면, 그 원인은 구체적으로 무엇이라고 생각하십니까?"라는 질문에 대한 응
답을 다음과 같이 분류한다.

우수학생 역외 유출 및 이에 따른 학생 수준 저하 (22개)
산업체 부족과 이로 인한 낮은 취업률 (18개)
연구여건 열악 (9개)
수도권 집중 현상으로 인한 지리적 불리 (8개)
우수 교수진 확보에의 어려움 (7개)
대학 및 지역의 자체 문제점 (6개)

서울집중 현상이 공과대학 수준이라는 측면에서도 큰 힘으로 작동하고 있다.
우수학생 역외 유출 및 이에 따른 학생 수준 저하를 지적하는 응답은 이를 잘 보
여준다.

서울 집중화 현상 때문에 우수한 학생들은 수도권으로 몰리고
학생의 질적 양적 수준
학생의 수월성
우수 인력의 역외 유출
학생들의 수준
우수학생 유출
우수한 인재가 모두 서울로 가버립니다
학생의 질적 수준

학생들의 수준이 수도권에 비해 떨어지고
우수학생의 부족
우수신입생 역외 유출
대학원생 부족
학생의 수준
학생수준
대학선택에 몇 개의 명문대학으로 몰리는 영향
학생들의 서울 진출
학생수준
학생수준
입학생들의 수준
입학생들의 수준
우수학생들이 진학하지 않는 점
대학원생 수급

수도권 집중현상으로 인한 지리적 불리를 응답에 명시하기도 한다.

서울 집중화 현상
지역적인 조건과 국가정책 때문임
지방대학이라는 인식
서울로부터의 거리
지역적으로는 서울로 몰리는 현상 때문임
수도권 집중 현상에 따른 지방대학교의 현실적 어려움
지리적 위치
수도권으로부터의 원격지로서의 애로사항

우수 교수진 확보에의 어려움은 어떤 면에서 우수학생의 유출과 맥을 같이 한다. 우수 교원이 역외로 유출될 수 있기 때문이다.

하지만, 어떤 면에서는 대학이나 지역의 역량과 관련 있을 수 있다. 교수 충원 자체도 투자 여력이 있어야 한다. 전북대학교의 경우는 이를 잘 보여준다. 지역 에서 새로 산업시설이 생기면서, 교수충원과 특성화가 이루어진 사례이다. 교수 진에 대한 응답이다.

- 전북대학교의 경우 공격적인 교수충원으로 우리 학교보다 공대의 교수 인원이 많음
- 교수진의 노령화 및 신임교수 충원 부족
- 교수진이 충분히 구축되지 못하기 때문
- 제 연구분야는 LED를 비롯한 광소자 분야로서 전북대의 경우 LED 반도체 관련하여 특화된 사업단을 가질 정도로 전국적 경쟁력에서 뒤지지 않는 것 같습니다. 강원도와 충청북도의 경우에는 관련분야 에 대한 연구 및 교육이 상대적으로 상당히 부족한 것으로 판단됩 니다. 관련 산업이 없고, 그러다보니 대학에서도 관련분야의 교수를 충원하지 않는 이유가 있다고 생각됩니다.
- 우수교수의 수도권 유출
- 교수진의 규모와 연구능력
- 교수수준

산업기반과 대학은 서로 강한 고리로 묶여 있다. 산업체 부족과 이에 따른 낮 은 취업률을 지적하는 목소리가 높다.

전북대학교 공과대학이 약진하고 있다는 구체적 지적은 이러한 분석에 무게를 실어 준다. 인근에 위치한 군산 산업단지의 성장에 학교도 크고 있다. 지역 산업 기반에 대한 응답은 다음과 같다.

- 그 지역에 취직할 수 있는 관련 기업체가 부족
- 관련 기업의 인프라 부족하여 일자리 부족

- 지역산업체가 없어 취업률이 떨어짐
- 지역내 부족한 산업 인프라(대기업 등등)
- 배후산업
- 산업체 열악
- 주변 기업환경 부재
- 대기업체 공장이 없다. 그러나 최근 군산에 많은 공장이 건설되어 전북대가 약진하고 있는 추세이다.
- 주변에 기업체 부족
- 지역내 산학협력을 할 수 있는 업체의 부족
- 관련 산업시설 부족
- 주변 산업단지 부족(충북대는 산업단지는 다소 많아지고 있으나 수도권 대학과 겹치는 약점)
- 지역 내 공업, 특히 화학공업의 발달 정도
- 지역 산업기반
- 지역 내 혹은 근처 산업적 기반 및 주요 기업 부족
- 지역 산업체 부족
- 인근 지역의 공업단지 부재
- 지역 산업체가 많지 않다는 점

연구여건이 열악하다는 응답도 많다. 시설과 돈의 문제가 주를 이룬다.

장비 네트워크 등 연구 인프라
부족한 재정지원, 연구비 수급 불균형
연구 및 교육 여건
연구비 수주, 재정적 지원
기타시설도 충분히 구축되지 못하기 때문
연구지원의 부족
재정지원 등

재정의 열악함
연구비 부족

대학 및 지역 자체의 문제점도 일부 응답에서 드러났다.

학내시스템
지역적 폐쇄성
특성화 분야를 선정하고 집중투자를 해야 하는데 실패, 분야선정은
잘 하지만, 투자를 시작하면 공산주의가 되어 기존 사람들의 나누어
먹기
특성화 부족
인기위주의 학과 개명

6.3 공과대학 격차가 부여하는 의미

설문조사에 대한 분명한 경험적 분석과는 달리, 자료의 의미부여는 단순하지
않다. 몇 가지 서로 연결된 해석을 여기서 제시한다.

첫째, 기존 지역격차의 힘은 공과대학 수준에서도 강하게 작용한다. 서울 소재
공과대학의 수준은 상당하다. 서울대학교가 대표적이다.

격차 원인에 대한 주관식 응답에서 드러나듯, 수도권 집중 현상은 하나의 독립
적인 힘이다. 지방 공과대학에 부정적으로 작용한다.

둘째, 지역 제조업은 그 지역 공과대학 수준과 밀접히 연결된다. 군산지역 제
조업 기반 형성에 따른 전북대학교의 약진은, 이를 웅변적으로 보여준다. 제조업
기반이 약한 지역은 악순환 고리를 끊기 어렵다.

셋째, 지방 공과대학 수준을 서울 수준으로 높이는 시도가 가능하다. 한국과학기술원의 수준은 서울대와 동일하다. 작은 학교 규모를 감안하면, 포항공과대학에 대한 평가도 나쁘지 않다. 신생 대학으로서 광주과학기술원이나 울산과학기술원도 선전하고 있다.

이는 큰 현실적 시사점을 가진다. 지방 공과대학도 일류 수준이 될 수 있다. 서울 집중은 극복할 수 있는 문제이다.

각 광역지자체마다 이러한 공과대학이 하나씩 제대로 설립되고 운영되어야 서울 집중이라는 문제가 큰 사회적 비용 없이 완화될 수 있다.

Castells의 논리가 시장중심적 순환론이란 저자의 비판이 증명된다. 한국 유일의 테크노폴리스는 서울이 아니다. 2강(强) 1중(中) 1약(弱) 체제에 유일하게 남아있는 서울 소재 학교는 서울대학교 뿐이다. 서울대학교 역시 예전만 못하다. 대도시의 혁신적 분위기를 활용할 수 있는 서울의 다른 대학교들의 공대도 두각을 드러내지 못한다.

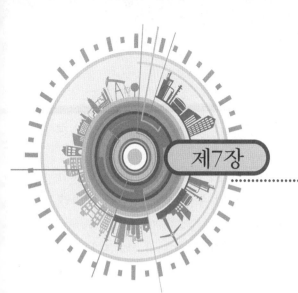

제7장

실망
그리고 또 실망
: 종합병원

지역격차 이야기는 새로워져야 한다. 기존 논의는 경제주의적 관점에서 진행되어 왔다. 주로 돈 문제로 인식된다.

일인당 지역생산량이 가장 흔하게 언급된다. 기업체의 수, 지자체의 재정규모, 지자체의 재정자립도, 대기업 본사의 유치도 마찬가지로 돈 문제이다. 당연히 정책도 경기활성화나 고용창출과 관련 있어 보이는 지역개발사업에 치중한다. 도로건설이 대표적인 예이다.

이 장은 경제에 대한 것은 아니다. 의료 격차를 다룬다. 구체적으로는 지역 의료 최종보루인 거점 종합병원에 관심을 가진다. 큰 병이나 응급상황에서 지역에서 마지막으로 기댈 수 있는 곳이다.

돈에 대한 것이 아니지만, 그래도 의료는 중요한 지역격차 원인이다. 사회통합위원회는 2011년 지역격차에 대한 전국적 설문조사를 실시한다. 지역할당 표본추출 방식으로 1,560명을 대상으로 한다. 지역격차에 대한 상대적 박탈감은 일자리, 교육, 의료서비스에서 가장 크게 나타난다.

주관은 객관적 격차를 반영한다. "이들 분야에서 실제로 지역격차가 가장 큰지, 아니면 생활에 가장 중요한 영역이기 때문에 지역격차의 객관적 수준과는 무관하게 반응하는 것인지 추가적인 연구가 필요하다(박준식·김영범, 2012:286)"는 문제제기에 대한 저자의 답이다.

실제 현실에서 심각한 의료격차가 있기 때문에, 지방에 사는 사람들이 그러한 의료격차를 느낀다. 저자는 핵심을 다룬다. '실제 암 투병 경험자 및 그 주변인'에 의해 체감되는 병원별 암 치료 능력을 알아본다.

조사결과의 분석에 앞서, 의료서비스 격차가 왜 중요한지 먼저 살펴본다. 한국 의료서비스의 구조적 특성도 먼저 공부할 필요가 있다.

7.1 의료격차 조사 방법론

의료격차에 대한 대부분의 연구에서는, 공간이라는 주제가 차지하는 비중이 그리 크지 않다. 생물학적 측면의 강조가 공간을 홀대하게 만든다고, 저자는 생각한다.

이 분야 연구의 기초를 이루는 것이 그림 7.1에서 볼 수 있는 'Whitehead/ Dahlgren 모형'이다.

의료격차에 대한 수많은 연구들은 이 모형에 기초한다. 개인의 의학적 혹은 주관적 건강상태에 대한 정보를 통계학적으로 분석한다. 개인의 나이, 성별, 가족력, 식습관, 운동량, 사회생활, 주거환경, 근로환경, 소득수준, 교육수준, 종교적 신념이 분석 대상이다.

모형에서의 중심 원은 그 중요성을 시각적으로 제시한다. 가장 중요한 요소로 작용한다고 판별되는 부분은 나이, 성별 그리고 유전적 요인이다. 이러한 부분은 개인이 통제할 수 없다. 이러한 부분은 그 개인 뿐 아니라 그 개인의 부모나 또한 그 부모의 부모가 어머니의 배에 있을 때의 환경까지도 포함하는 것이다 (Popay et al, 1998:61).

이러한 분석에서 공간은 중요한 변수가 되기 어렵다. 통계분석에서 유의성이 있다는 변수는 나이나 성별이기가 쉽다. 여러 변수를 같이 처리하는 통계적 분석

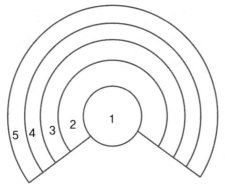

그림 7.1 Whitehead/Dahlgren 모형

1 = 나이, 성별 그리고 유전적 요인들
2 = 개인 생활방식 요인들
3 = 사회적 그리고 공동체적 영향
4 = 생활 그리고 근로 조건들
5 = 일반적 사회경제적, 문화적 그리고 환경적 조건들

출처: Dahlgren and Whitehead, 1991; Popay et al, 1998:61에서 재인용

의 특성 때문이다.

다른 변수의 영향을 제외하고도 종속변수에 영향을 미칠 수 있는 독립변수는 많지 않다. 예를 들어, 환자의 거주지라는 변수는 이러한 분석에서 두드러지기 어렵다.

공간 변수가 그 자체로 영향력 있는 변수로 판정되더라도, 개인적 변수로 치환되기 십상이다. 다른 변수와 독립적으로 공간이 종속변수에 영향을 미쳤느냐를 살펴보기 쉽기 때문이다.

예를 들어, 공간은 소득으로 치환되기 쉽다. 분석대상인 독립변수 목록에서 소득과 지역이라는 두 변수가 서로 상호 연관되어 있기 때문이다.

설령 다른 변수들로부터 공간 변수가 독립적인 유의성을 가지더라도 또 다른 어려움이 있다. 소득과 같은 개인의 사회적 위치와 독립적으로 지역의 중요성이 나타나더라도 이에 대한 설득력 있는 해석을 내리기 어렵다.

공간의 중요성을 통계적으로 내세우더라도 인과관계를 주장하기는 쉽지 않다.

Doran et al(2004)에서와 같이 영국의료의 남북격차(north-south divide)를 다루는 논문에서는, 계층과 독립적으로 작동하는 지역의 중요성을 지적한다. 하지만 이러한 지역의 중요성은 통계적 상관관계만을 이야기해줄 뿐 실제 원인과 결과가 작동하는 원리에 대한 설득력 있는 해석을 제시해주는 경우는 드물다.

차라리 이야기를 하는 편이 나을 수도 있다. Bourdieu의 이론적 틀을 활용하여 영국 북쪽 노동자 계급의 '파이와 감자튀김(pie and chips) 문화' 이야기를 적용하자는 Curtis & Jones(1998:106)의 주장은 이런 맥락에서 흥미롭다. 사실 이야기는 현실을 반영한다는 면에서 의미있다.

따라서 저자가 의료불평등을 접근하는 시각은, 생물학적 요인을 강조하는 이러한 주류 연구와 다르다. '사회역학 social epidemiology'의 시각과 많은 공통점을 가진다.

사회역학을 Krieger(2001)는 다음과 같은 세 가지 유형으로 나눈다:

1) 심리사회적 psychosocial
2) 정치경제 및 사회적 구성 political economy/social production of disease
3) 생태사회적 ecosocial

이 중에서 정치경제 및 사회적 구성 이론틀이 여기에서의 접근법과 가장 근접해 있다.

Frederick Engels가 이러한 접근법의 현대적 원조라고 볼 수도 있다. 그의 저서(The Conditions of Working Class in England in 1844)는, 당시 노동자 계급의 열악한 보건 상황을 사회구조적 요인과 연결시킨다.

험악한 도시의 뒷골목 모습은 누군가의 잘못이다. 뉴욕시 Bronx는 Roderick Wallace가 연구할 당시 험악한 모습을 보인다. 높은 사망률, 높은 자살률, 마약중독, 저체중아 출산, 에이즈로 인한 사망이 대표적이다.

하지만 동네 잘못이 아니다. 높은 사망률의 진짜 원인은 도시 서비스의 축소이다. 소방 서비스가 대표적이다. 이러한 공공 서비스 축소는 뉴욕시 엘리트에 의해 고의적으로 계획된 것이다(Wallace, 1990; Almgren, 2007:265에서 인용).

커져가는 중국의 의료격차도 사회 정의 문제로 볼 수 있다. Cook & Dummer (2007)는 중국에서의 의료불평등 심화를 시장경제와 연결시킨다. 1980년대 초반부터 의료체제가 망가지게 된 맥락적 요인은 중국경제의 세계화이다.

중국 공공 의료 지출 비중이 줄어든다. 환자가 돈을 낼 의지와 능력이 중요해진다. 적절한 정부 통제나 계획이 없이 이루어진 시장화는 의료서비스의 분절화와 질 하락으로 이어진다. 지리적 사회적 취약계층이 가장 큰 피해를 본다.

이제 한국 의료의 맥락을 살펴보자. 이 연구는 한국 의료격차에 대한 기존의 정치경제학적 분석에 기반한다. 구체적으로는 수도권에 초대형 병원들이 출현하는 맥락을 다루는 연구들이다.

조병희(2009:769)는 한국 의료체계 성격을 역사적으로 다룬다. 1990년대 수도권 초대형 병원 등장을 이렇게 묘사한다:

> 우리나라의 의료시장은 1970년대까지는 개인 개업한 의사가 관리하는 의원급 의료기관이 의료공급을 주도하였다. 1980년대에는 중소규모 종합병원들이 성장하기 시작하였다. 이중 많은 경우는 개인의원으로 출발하여 점차 규모가 커진 병원들이었다. 그런데 1990년대 들어와 '아산중앙병원'과 '삼성의료원'으로 대표되는 초대형 병원들이 등장하였고 이후 서울대학병원과 연세대학병원들이 규모를 크게 확대하였으며 시술수준 또한 선진국 병원에 버금갈 정도로 높아지면서 이들이 의료시장을 지배하게 되었다.

초대형 병원의 지배적 위치확립을 지식과 자본의 결합에서 찾을 수 있다(조병희, 2009:772-773):

> 아산중앙병원과 삼성의료원은 재벌기업의 사회적 기여를 위한 목적으로 설립되었지만 이 병원들은 곧바로 의료시장의 최정상을 차지하게 되었다. 그것은 막대한 자본의 투입으로 최신의 시설과 우수한 의료인력과 경영노하우를 갖추기만 하면 의료시장의 지배자가 될 수 있는 한국의료시장의 독특한 구조 덕분이었다. 병원이 성장하면서 의과대학을 설립하고 이를 곧바로 의료생산체제와 일체화시키는 것도 한국의 독특한 현상이라고 할 수 있

다 ··· 우리나라의 경우는 임상중심으로 먼저 발전하였고 후에 의학연구와
교육기능이 부가되는 형태로 발전하였기 때문에 대학병원들조차 대규모의
병상을 유지하며 임상진료에 치중하고 있고 의대교수들 또한 일반 임상의
사들과 이해관계가 본질적으로 큰 차이가 없게 된다. 결국 의학지식이 의
료자본과 결합하면서 지식생산은 물론 의사양성, 의료서비스 생산, 의료의
품질관리 등 의료체계의 재구성을 주도해 나가고 의료시장의 정상부를 차
지하였고 여타의 지역 의료기관들은 동원할 수 있는 자본의 크기에 따라
의료시장에서의 서열이 정해지는 식으로 계층화되는 현상이 나타났다. 예
를 들어 서울에 위치한 초대형 병원들의 병상규모가 계속 확대되면서 지방
대도시에 위치한 중대형 병원들의 환자가 서울로 이동하였고, 이들 병원은
다시 소도시와 농촌에 위치한 작은 병원의 환자를 끌어 모으는 식으로 연
쇄적인 환자이동이 발생하고 있다.

김명희 등(2010:43 – 44)은 격차의 진화를 잘 설명한다:

　이렇게 경쟁이 본격화된 데에는 서비스 차별화 전략을 앞세운 서울 아
산 병원과 삼성 서울 병원, 즉 재벌 병원의 시장 진입도 상당한 영향을 미
쳤다. 재벌 병원이 등장하기 전까지는 우수한 의사 인력을 안정적으로 확
보할 수 있었던 대학병원이 중증 환자에 대한 높은 시장점유율을 기반으로
시장지배력을 확보하고 있었다. 하지만 막강한 자금력을 바탕으로 단기간
에 **우수한 의료진과 세계적 수준의 시설과 장비를 갖춘** 재벌 병원이 등장
한 이후 상황이 바뀌게 된 것이다. 기존 대학 병원의 환자들이 재벌 병원
으로 이동하고, 몇 개 병원에 환자가 집중되는 현상이 나타나게 되었다.
이렇게 재벌 병원에 환자를 빼앗긴 기존의 대학병원 역시 의료기관의 대형
화 고급화 정책을 강화하게 되었고, 결과적으로 중소병원의 환자가 대학병
원 등 대형병원으로 이동하는 상황이 발생하고 있다.

저자는 이러한 의료격차가 나게 되는 구체적 과정에 대해 알아보려고 한다. 인
용문에서 굵은 글자로 표현한 '우수한 의료진과 세계적 수준의 시설'이라는 현실
이 어떻게 지방 환자에게 인식되는지 살펴본다.

조사결과를 다루기 전, 먼저 소비경관 논의를 둘러본다.

7.2 의료에 있어서 소비경관

'의료의 소비경관 landscape of consumption'이라는 표현을 써서 Curtis(2004)는 의료격차의 다양한 측면을 분류한다. 의료의 소비경관은 다양한 측면으로 구성된다. 개개인의 환자와 각각의 의료진이 있으며, 의료행위를 재정적으로 지탱하는 정치적/행정적/전문적 구조가 있고, 또 의료행위를 실제로 하는 물리적 시설이 있다(Curtis, 2004:114).

시설과 관련해서는 중심지 이론과 연결된 거리감쇠효과(distance decay effect)에 대한 기존 논의가 있다(Curtis, 2004:123). 병원이용과 병원까지의 거리에 대해서, 저자 역시 관심을 가지고 있다.

충청남도에서 3,947명을 대상으로 한 김병양(2000)의 조사에 따르면, 연령이 높을수록 의료시설에의 공간적 접근성에 민감해진다. 진료 과별로는 내과보다 소아과 및 산부인과의 환자가 거리에 비탄력적인 이용행태를 보인다. 또한 환자들이 대학병원을 선호하는 경향을 반영하여 대학병원은 지역으로부터 60km까지의 영향력을 보인다.

이희연(2004)은 공공성이 높다고 평가되는 응급의료 서비스의 공간적 분포 특성을 살펴본다. 전국적 차원에서 볼 때, 이러한 서비스는 대도시에 밀집되어 있고 농어촌은 적절한 서비스를 공급받지 못하고 있다. 불균등한 응급의료 기관의 분포는 서울시 내에서도 뚜렷하게 나타난다. 강서구, 관악구, 마포구에는 응급의료센터가 한 곳도 지정되어 있지 않다.

소비공간 논의에 있어, 개개인의 소비성향과 그 지역의 사회적 분위기 역시 중요하다. 구매력, 이동가능성, 태도 등이 개인성향에 속한다(Curtis, 2004:123). 성향은 개인적 수준이 아니라 집단이나 지역 수준에서도 형성된다는 것이 사회적 분위기 논의의 출발점이다. 사람 사이의 믿음, 사람간 관계, 집단화된 태도 등이 사회적 분위기이다.

이러한 사회적 분위기가 의료소비에서도 지역 특유의 색깔을 띠게 한다(Curtis, 2004:116). 저자의 설문지에서도 개방형 질문 등을 통해 이러한 점에 대해 살펴본다. 1차 치료와 2차 치료가 어디서 일어났고 또 왜 그렇게 되었는지에 대해서도 질문문항이 있다.

병원이나 의사의 명성을 중요시한다는 기존 연구결과가 많다. 권진(1995)은 대학병원 수준의 의료기관 선택요인에서 신뢰성과 사회적 명성의 중요성을 지적한다.

포항과 경주 지역에 소재한 종합병원 내원환자 170명을 대상으로 한 조사에 기반해서, 이창은(2005)은 내원환자들의 진료만족도를 기존 대도시 대상 조사결과와 비교해 보았다. 전반적으로 볼 때, 대도시 병원의 내원환자들은 포항/경주 지역 내원환자보다 높은 만족도를 보인다. '유명한 의료진 유무'와 '좋은 의료장비'에서도 대도시 병원은 크게 앞선다.

대전 시민 389명의 설문응답을 통해, 신종연 등(2000)은 특정 의료기관을 이용하는 이유로서 '병원의 명성'이 가장 중요하다는 것을 밝힌다. '친지의 추천' '타병원의 의뢰' '담당의사의 명성' '거리가 가까워서' '응급이송'이 이어지는 순서이다.

병원이라는 시설과 의료진이 저자가 가장 집중하는 대목이다. 연구의 직접적 주제는 기존 연구에서 의료진 수준에 해당한다.

의료서비스 질에 대한 기존 연구는 너무 광범위하다. Reienbach et al(1990)은 의료서비스 질을 7개 차원(환자의 믿음, 병원의 신뢰도, 치료의 질, 부대시설 및 서비스, 물리적 시설, 대기시간, 환자에 대한 심적 배려)로 분류하였다(박재산, 2005:49). Parasuraman et al은 고객이 인지하는 서비스 질을 10가지 구성차원(유형성, 신뢰성, 반응성, 기술/능력, 공손, 의사소통, 신용도, 안전성, 접근성, 고객에 대한 이해)로 구분한다(박재산, 2005:48).

저자는 '의료 행위 자체의 질적인 측면'에 집중한다. 얼마나 훌륭한 의사가 좋은 장비를 가지고 체계적인 치료를 하는가이다.

여기서 좋은 기존 연구 사례가 있다. OECD의 보건의료 질 지표(HCQI:Health

Care Quality Indicators)는 말 그대로 의료의 질에 대해서 집중적으로 살펴본다 (OECD, 2010). 환자에 낸 돈 값 만큼의 상태 회복을 환자가 경험할 수 있는지를, 의사나 병원단위로 측정하는 것이다. 2003년부터 일부 OECD 회원국들이 비교 가능한 보건의료 질 지표를 만들어 나가려 하면서 이 사업은 시작한다.

저자가 다루는 암 치료 영역 역시 HCQI 조사 대상 영역 중 하나이다.

7.3 의료격차 조사의 설계

앞서 언급하였듯이, 의료서비스의 질 중에서도 체감되는 치료의 질에 중점을 두고 연구를 수행한다. 실제로 환자의 질병이 치료되는가에 집중하는 것이다.

환자와의 의사소통, 친절한 응대, 병원 건물, 진료환경 쾌적성과 같은 서비스업으로서의 일반적 특성은 이 연구에서 다루지 않는다.

치료의 질 만이 다루어진다. 이러한 치료의 과정 및 경험 그리고 평가가 심층적으로 이루어진다.

응답 대상자는 암 치료를 받은 본인이나 그 가까운 주변인이다. 조사 기간은 2013년 10월부터 2014년 5월까지이다. 조사는 전남대학교 사회과학대학에서 수업 받는 학생 450이다. 응답률은 14%이다. 유효 응답 설문지는 63매이다. 대상 학생은 가까운 지인 중에서 이러한 조사대상을 찾는다. 설문지 질문은 직접 대면 혹은 전화로 응답받는다.

체감 치료 경험을 병원별로 비교하여 서술하게 한다. 먼저 경험한 암 치료에 있어 가장 치료를 잘 한다고 생각되는 병원을 적시하게 한다. 실제로 치료를 받은 병원이 이 병원에 비해 어느 정도의 치료 능력을 가지고 있는지도 기술하게 한다. 치료과정에 대한 이해를 돕기 위해, 최초 수술 이후 병원을 옮길 생각을 고려해 본적이 있는지 혹은 실제로 병원을 옮겼는지 역시 확인해 본다. 자세한 내용은 부록을 참고하면 된다.

여기서부터 응답자는 실제로 암 치료를 받았던 사람을 의미한다. 응답자가 암 진단을 받은 연도는 1990년에서 2013년이다. 2010년에 암 진단을 받은 응답자가 8명으로 가장 많고, 2012년이 6명으로 그 뒤를 잇는다.

암 진단을 받았을 때 거주한 곳은 광주(25명), 전라남도(19명), 서울(8명) 순서이며, 기타 지역이 11명이다. 환자의 성별에 대한 응답은 남자(26명)와 여자(25명) 비율이 거의 같다. 대학교육(전문대학 포함)을 받은 응답자는 17명으로서, 받지 못했다는 응답자 24명보다 조금 적다.

환자 연령대 분포는 50대가 압도적으로 많다(표 7.1). 암 진단을 받은 연도는 2012년인 경우가 6명으로 가장 많다. 가장 많이 발병한 암은 위암(9명)과 폐암(9명)이다(표 7.2).

주요 질병 치료에 있어 그 지역에 위치한 거점 병원의 중요성을, 조사결과는 보여준다. 처음 암 수술 혹은 치료를 받은 병원에 대한 전체 57명의 응답자 중에서, 광주나 전라남도에 위치한 다른 병원에서 첫 시술을 받은 응답자는 32명이다. 암 진단을 받았을 때 광주와 전라남도에 거주한 응답자 44명의 73%에 해당한다.

광주전남권에서 첫 진료를 받은 병원 이름을 밝힌 30명 중에서는 전남대학교병원이 가장 많은 23명이다. 광주기독병원이 4명으로서 그 다음이다.

이름난 수도권 소재 병원의 강세 현상이 나타난다. 첫 시술을 수도권 병원에서 받은 이는 22명이다. 이 중 병원 이름을 밝힌 이는 19명이다. 서울대병원(6명), 삼성의료원(3명), 서울아산병원(2명), 세브란스병원(2명)이라는 네 병원이 이 중 2/3 이상을 차지한다.

표 7.1 환자 연령대 분포

	응답 수	퍼센트(%)
50대	19	37.3
70대	9	17.6
40대	8	15.7
60대	7	13.7
20대	5	9.8

10대	2	3.9
80대	1	2.0
합계	51	100.0

표 7.2	발병된 암의 종류

	응답 수	퍼센트(%)
폐암	9	14.8
위암	9	14.8
갑상선암	7	11.5
유방암	7	11.5
간암	6	9.8
대장암	5	8.2
후두암	3	4.9
혈액암	3	4.9
췌장암	2	3.3
자궁암	2	3.3
직장암	2	3.3
림프종암	1	1.6
방광암	1	1.6
두경부암	1	1.6
안암	1	1.6
뇌종양	1	1.6
피부암	1	1.6
합계	61	100.0

수도권 병원 강세는 질적인 면에서 나타난다. "최초 수술 혹은 치료 이후 다른 병원에 가서 추가적인 수술 혹은 치료를 받을 생각을, 환자가 한 적이 있나요?"라는 질문에 병원 이름을 구체적으로 밝히고 대답한 8명 중에서 6명은, 서울 지역 유명 병원을 지목한다(표 7.3).

표 7.3	추가적 수술 혹은 치료를 받을 곳으로 고려한 병원

	응답 수	퍼센트(%)
세브란스병원	2	25.0
서울지역 유명한 병원	2	25.0
서울아산병원	1	12.5
삼성의료원	1	12.5
전남대병원 화순	1	12.5
전주병원	1	12.5
합계	8	100.0

지방 거점 병원에서 수도권 이름난 병원으로 환자가 옮겨 치료받는 현상이 나타난다. 첫 번째 치료와 두 번째 치료가 다른 네 명의 응답자가 보여준 병원이동 4건 중 2건은 이에 해당한다. 두 응답의 이동경로는 "광주 보훈병원 → 세브란스병원" "전남대병원 → 삼성의료원"이다.

진료의 질에 대한 응답자들의 체감 평가는 수도권 병원이 훨씬 높게 나타난다. "처음 병원의 수술 혹은 치료에 대해 어떻게 생각하셨습니까?"라는 질문에 대한 응답 결과는 흥미롭다.

수도권 병원에 대해서는 81%(21명 중 17명)가 긍정적 응답을 한다. "매우 훌륭하다"가 10명이며, "훌륭하다"가 7명이다. "매우 훌륭하다"의 비율은 47.6%이다. "그저 그렇다"와 "부족하다"는 각각 2명이다.

비수도권 병원에 대해서는 55.9%(34명 중 19명)만이 긍정적 응답을 한다. "매우 훌륭하다"가 3명이며, "훌륭하다"가 16명이다. "매우 훌륭하다"의 비율은 8.8%이다. "그저 그렇다"는 응답이 10명이다. "부족하다"는 4명, "매우 부족하다"는 1명이다.

두 번째 시술을 한 병원에 대한 평가도 마찬가지의 결과를 보인다. 비수도권 병원에 대한 5개의 응답 중 긍정적 응답은 1개("훌륭하다") 뿐이다. "그저 그렇다"라는 응답은 1개이며, "부족하다"는 응답은 3개이다. 수도권 병원에 대한 응답 중 절반은 긍정적이다("매우 훌륭하다" 2개, "훌륭하다" 3개). "그저 그렇다"라는 응답은 4개이며, "부족하다"는 응답은 1개이다.

지방 의료 수준은 전국 최고와는 거리가 있다. "치료를 받으신 암 치료에 있어서, 전국에서 가장 치료를 잘하는 병원은 어느 곳이라고 생각하십니까?"라는 질문에 대한 응답이 이를 보여준다.

전국 최고는 서울 혹은 서울 인근에 있다. 서울대병원, 서울아산병원, 세브란스병원, 삼성의료원, 강남성모병원이 전체 응답 28개 중 93%를 차지한다.

표 7.4가 이를 보여준다.

| **표 7.4** | 투병한 암을 가장 잘 치료할 것 같은 병원 |

	응답 수	퍼센트(%)
서울대병원	8	29
서울아산병원	7	25
세브란스병원	5	18
삼성의료원	5	18
전남대병원	2	7
강남성모병원	1	3
합계	28	100

지역 최고 병원과 전국 최고 병원을 비교하라는 질문에서도 이러한 격차는 나타난다. 암 진단 당시 거주지를 기준으로 비수도권에 살았던 응답자에게 이 설문은 지역 최고 병원이 어디인지 질문한다. "치료를 받으신 암 치료에 있어서, 지역(예를 들어 광주, 전남, 전북)에서 가장 치료 잘하는 병원은 어느 곳이라고 생각하십니까?"라는 질문을 던진다.

광주전남 지역의 최고 병원은 전남대학교이다. 24개 응답 중 16개는 전남대학교병원이다. 계명대병원, 부산백병원, 전북대병원이 각각 1개씩이다. 전남대병원을 포함한 지역 최고 병원의 상대적 평가는 높지 않다. "전국 최고 병원의 치료가 100점이면, 지역 최고 병원의 치료는 몇 점입니까?"라는 질문에 대해 준 점수는 10점에서 70점 사이이다(표 7.5). 수도권의 최고 병원 능력의 절반이라는 응답이 가장 많다.

사실 낙제수준이다. 평균점은 47.8에 불과하다.

| 표 7.5 | 지역 최고 병원의 전국 최고 병원 대비 해당 암 치료 능력 점수 |

	응답 수	퍼센트(%)
10점	2	5.0
20점	5	12.5
40점	8	20.0
50점	11	27.5
60점	6	15.0
70점	8	20.0
합계	40	100.0

"만약 지역 최고 병원이 전국 최고 병원보다 암 치료 능력이 떨어진다고 생각하신다면, 그 이유는 무엇이라고 생각하십니까?"라는 응답에는 주로 의료진의 규모와 능력, 장비, 경험 등을 들고 있다.

구체적 응답은 다음과 같다:

우수한 의료진의 부족

의료진 구성

모든 분야에서 떨어진다고 보지는 않지만 많은 분야에서 떨어진다고 봄. 또한 분야별 전문가의 숫자가 적어 최고 권위자 외에는 실력이 떨어진다고 봄. 그러나 최고병원은 대부분의 의사가 권위자라고 생각함.

암을 발견하는 데 너무 많은 검사를 받아야하고 그만큼 시간이 많이 들며, 암을 발견한 후에도 너무 늦게 암 종류가 파악되는 것 같다.

지역 병원에서는 똑같은 CT 자료를 보고도 정확한 병명을 알지 못하는 것 같다. 서울의 병원은 딱 보면 안다. 의사들의 지식이 부족한 듯.

연구시설과 연구·의사 인원이 적음.

기술진의 실력

기술력, 첨단장비

시술 기계들의 노후화와 전문 인력 부족

수술 횟수, 해외 연수, 의사 본인의 개인 연구 시간

스타 의사가 아닌 것과 수술 건수 부족으로 경험이 더 부족할 것이기 때문

유방암 분야의 명의가 삼성서울병원에 있고 그 분야 전문임, 의료진 대다수 명의가 많음.

전문의 수준, 수술 횟수, 첨단장비, 병원의 신뢰도

다양한 경험부족

의사의 능력도 좀 부족하지만 중요한 것은 의료시설이나 병원 측에서 연구나 인재 양성에 더 많은 관심을 가지고 환자의 심리적 상태도 반영하여 환자가 병원을 신뢰하고 치료할 수 있도록 배려.

전국 최고의 병원에만 있는 특별한 기술이 없기 때문에 그 기술을 가져야 한다.

아무래도 지방이다 보니까 어쩔 수 없는 것 같다.

수도권에 비해 낙후되어 있다고 생각

아무래도 처음 받은 병원이 최고 암센터이다 보니 고정관념이 있어 그런 생각을 함. 수술 도구도 수도권 병원이 좋다고 생각함.

지역성

이제 요약을 해보자. 실제 암 치료 경험을 한 본인이나 그 주변인들은, 거주 지역의 병원보다는 수도권의 몇몇 유명한 병원이 훨씬 더 암을 잘 치료할 수 있다고 생각한다. 서울대병원, 서울아산병원, 세브란스병원, 삼성의료원이 이러한

곳이다.

실제 치료과정에 대한 평가 역시 수도권 병원이 훨씬 높게 나타난다. 지방에서 처음 치료를 받았다가 수도권으로 두 번째 치료처를 옮기는 경향도 나타난다.

해당 암 치료에 있어 전국 최고 병원의 치료능력을 100점으로 볼 때, 지역 최고 병원의 치료능력은 절반이 되지 않는다. 실력과 경험이 떨어지는 의료진과 서울보다 못한 의료장비가, 응답자가 지적하는 격차의 주원인이다.

지역 거점 병원이 가진 실질적 중요성을 감안하면, 이는 심각한 문제이다. 처음 암 판정을 받았을 당시에 광주광역시나 전라남도에 거주했던 대부분의 암 투병 당사자가 광주광역시나 전라남도에 소재한 병원에서 첫 치료를 받았다.

제8장 안타까움 그리고 또 안타까움 : 시도연구원

지역이 스스로 더 좋은 지역으로 바뀌어갈 수 있는 정책능력을 여기서 다룬다. 지역 자신의 진로를 결정하는 능력이다. 과학이나 의료를 육성하겠다는 것도, 정책적 내용과 의지를 가져야 한다.

이 장 내용은, 같은 주제에 대한 오랜 기간 지속된 연구에 기반한다. 현실은 시간과 더불어 변화하므로, 과거와 현재를 먼저 비교하려 한다. 시간에 따른 변화 여부부터 살펴본다.

첫 번째로 누가 지역 정책연구를 실질적으로 주도하고 있느냐의 문제이다. 저자의 지난 연구는 광역지자체 출연기관인 시도연구원을 주목해왔다.

2016년 현재 시도연구원은 다음과 같다. 시간이 지남에 따라 조금 달라진 점은 통합된 시도연구원의 출현이다. 광주발전연구원과 전남발전연구원이 2015년 광주전남연구원으로 통합한다.

서울연구원
강원발전연구원

인천발전연구원
울산발전연구원
대구경북연구원
경기개발연구원
충남발전연구원
대전발전연구원
충북개발연구원
전북발전연구원
광주전남연구원
제주발전연구원
경남발전연구원
부산발전연구원

시도연구원이 지역에서 가지는 위상은, 최소한 경상남도의 경우 과거가 현재에도 유효하다. 저자의 이러한 판단은 2016년 3월 이루어진 한 관계자와의 면담을 기반으로 한다:

경상남도 지역정책에 대한 권위있는 보고서를 내는 기관으로서 한국은행 경남지부를 들 수 있습니다. 지역관련 특정 주제에 대한 보고서를 내기도 하고 통계를 발표하기도 합니다. 그 외는 그리 활발한 기관을 찾기 어렵습니다. 시중은행으로서는 경남은행이 있으나 일 년에 서너 개의 보고서를 냅니다. 상공회의소는 주로 설문조사에 기반한 자료를 발표합니다. 경기, 재고량, 애로사항 등에 대한 내용을 내놓습니다. 중소기업협의회에서도 일부 정보를 내놓기도 합니다. 한국은행이 아닌 기타 중앙정부의 자료는 제한된 통계에 그칩니다. 시군별 고용조사가 1년에 2~3회 그리고 GRDP(Gross Regional Domestic Production)에 대해서는 2~3년에 한번 정도입니다. 지역에서 잘 활용을 못합니다. 대학의 지역관련 연구소도 빈약하기는 마찬가지입니다. 활발한 곳도 있고 활발하지 않은 곳도 있습니다. 활발한 곳도 자체적인 연구보다는 토론회 정도입니다. 각종 민간연구소는 발표회 정도입니다. 시민단체의 경우는 여론조사 결과를 발표하거나 어떠한 사안에 대한 견해를 밝히는 정도입니다.

물론 면담내용에서와 같이, 한국은행 각 지역본부의 존재감은 크다. 매달 지역 경제 통계자료를 발표하고 경제동향 보고서를 작성한다. 한국은행 경남지부의 최근 연구자료 목록도 이를 뒷받침한다(2016년 4월 15일 접근).

2016. 3. 26.   경남지역 기업부채 현황과 잠재리스크 요인 점검
2016. 2. 2.   서부경남 경제현황 및 향후과제
2015. 12. 7.   경남지역 사회적 경제 육성을 위한 사회적 금융 발전
                 방안
2015. 11. 2.   최근 경남지역 기업의 성장성 및 고용창출 분석과 시
                 사점
2015. 8. 15.   지역소득 역외유출경로 추적과 생산·분배소득 격차
                 요인 분석
2015. 7. 28.   한미 FTA가 경남지역 대미 기계 수출에 미친 영향
                 과 정책과제
2015. 7. 21.   경남지역 가계대출의 특징과 시사점

하지만 한국은행 경남지부를 실질적인 경남의 정책연구기관으로 보기는 어렵다. 한국은행 지역본부의 연구역량은 경제 분야에 제한되어 있다. 또한 지역사회 자생적인 조직이 아니라는 한계를 가진다.

두 번째로 살펴볼 것은 지역 시도연구원간 격차이다. 저자는 수도권과 비수도권 시도연구원간의 격차에 주목해왔다. 연구인력, 정치적 독립성, 근무환경, 연구에 대한 지원 등의 항목이다.

이 격차는 양상은 달라졌지만 실제로 더 심해졌다. 사실 지방 시도연구원들의 인원 충원은 과거와 비해 전반적으로 나아졌다. 시도연구원이라는 조직이 각 광역지자체마다 일반화되면서 생겨난 현상이라고 볼 수 있다.

하지만, 정치적 독립성과 지역사회에서의 지원은 오히려 크게 후퇴해왔다. 정

치권력에 휘둘리는 연구원이 좋은 연구를 하기는 힘들다.

지방 시도연구원의 퇴보를 상징적으로 보여주는 사건은 경남발전연구원의 인원감축이다. 경남발전연구원은 전체 직원 122명 가운데 52.5%인 64명을 감축했다. 감축인원은 연구원 본원이 41명이고, 분원인 역사문화센터가 23명이다. 박사급 연구직의 경우 23명 가운데 12명(52.2%)을 줄였다(연합뉴스 2014년 12월 30일).

홍준표 경상남도 도지사가 내세우는 두 가지 이유 중 하나는 연구윤리이다(중앙일보 2014년 11월 3일):

"경남발전연구원은 논문 표절을 조사했다. 상당수가 엉터리였다. 그 결과를 보여주니 아무 소리 못하고 보따리 싸더라. 다른 데도 감사 결과를 바탕으로 조례를 개정해 자리를 없애는 식으로 구조조정했다. '(문 닫은) 진주의료원 봤나. 대들면 그냥 안 둔다'고 하니까 아무 말 안 한다. 문 닫는 걸 통해 '공공기관도 사라질 수 있다'는 걸 보여주니 따라오는 것 아니겠나."

또 다른 이유로서 연구의 수준도 문제 삼았다(연합뉴스 2014년 7월 21일):

홍준표 경남도지사는 21일 "세금을 쏟아 부었는데도 일을 안 하면 (해당 기관을) 구조조정 하겠다"고 경고했다. 홍 지사는 이날 도청 회의실에서 열린 실·국·원장 회의에서 이같이 밝히며 대표적인 해당 기관으로 경남발전연구원을 꼽았다. 그는 "도정 1기인 지난 1년 6개월 동안 경남발전연구원이 경남 발전을 위해 무엇을 했는지, 어떤 연구가 시책에 얼마나 반영됐는지 전혀 기억이 없다"고 강하게 질타했다. 이어 홍 지사는 이 같은 경남발전연구원에 연간 수십억 원의 예산을 투입할 필요가 있느냐고 반문했다. 서울시 청계천 사업과 도시교통체계 수립 등을 연구해 시정에 적극 반영하는 서울연구원과 비교하기도 했다.

이렇듯 시도연구원간 격차가 더 커지는 가장 큰 원인은 지방 자체의 인식이다. 지역 정책연구를 하찮게 생각하니, 구조조정이라는 표현이 나오는 것이다.

기업 역시 분기별 배당 따먹기에 혈안이 되어 연구 인력을 구조조정하면 곧 문 닫게 된다. 2016년 삼성전자가 겪은 어려움은 재벌 3세인 이재용의 연구개발 홀대에서 시작한다(조선일보, 2016년 11월 17일)

삼성전자는 올해 8월 갤럭시노트7을 출시하면서 '한계를 뛰어넘는 혁신'을 표방했다. 애플 아이폰7보다 먼저 나온 갤럭시노트7은 홍채인식, 방수 · 방진 · 카메라 등의 성능으로 최고의 폰이라는 찬사를 받았다. 특히, 배터리 용량을 3500mAh까지 늘렸다. 갤럭시S6(2550mAh)나 갤럭시S7(3000mAh)보다 배터리 수명을 대폭 늘린 것이다. 그런데 기능은 많고 얇아진 폰에 큰 배터리를 무리하게 넣다보니 갤럭시노트7에서 발열이라는 돌발 변수가 생겼다는 분석이 나온다.

문제는 삼성이 완제품에만 집중한 나머지 부품 경쟁력 확보에 소홀했다는 사실이다. 실제 삼성의 부품 계열사들은 지난해 강도 높은 구조조정으로 인력 감소 현상을 보였다. 삼성디스플레이는 지난해 6월 말 2만5856명이었던 직원수가 올해 6월 말 2만4221명으로 1635명(6.3%)이나 줄었다. 삼성전기도 지난해 6월 말 1만2674명이었던 직원수가 올해 6월 말 1만977명으로 1697명(13.3%)이나 감소했다.

배터리 제조사인 삼성SDI는 지난해 8월부터 삼성 미래전략실의 경영진단을 받았고, 상당수 엔지니어가 회사를 떠났다. 삼성SDI는 지난해 6월 말 9976명(에너지솔루션 · 전자재료 소속)이었던 직원수가 올해 6월 말 9422명으로 줄었다.

구조조정과 사업 재편 등으로 어수선해진 회사 분위기는 직원들을 불안하게 만들었다. 여기에 '아이폰보다 더 좋은 제품을 만들어 빨리 출시해야 한다'는 삼성전자 무선사업부의 강박관념은 제조업의 기본 원칙인 품질경영에서 허점을 드러냈다. 충분한 검증 과정을 거치지 못하다보니 기술적 오류를 범했다는 지적이다.

김진백 중앙대 교수(경영학)는 "기술적으로 진화가 느린 배터리 기술 확보를 위해서는 꾸준한 연구개발이 중요한데, 삼성SDI 엔지니어들이 회사를 많이 떠났다"면서 "기술자(사람)보다 단기 수익을 중요시하는 문화가 팽배해졌다. 과거 삼성은 인재 제일주의가 강점이었는데, 지금은 필요한

인력을 외부에서 수혈하면 된다는 생각이 강하다"고 했다. 회사의 경쟁력
을 이끌 장기적인 인재 육성 정책은 없고 단기 실적에 집착하는 경영진의
태도가 부작용을 낳았다는 것이다.

삼성전자와 경상남도의 두 가지 공통점은 이 장에서 반복된다. 첫 번째는 지배
구조이다. 지자체장과 재벌총수에게는 멋대로 휘두를 수 있는 권한이 제도적으로
보장된다. 21세기 한국은 아직도 봉건사회이다.

두 번째는 단기적 성과에의 집착이다. 경상남도는 경남발전연구원 인원을 줄
임으로서 비용을 절감한다. 삼성전자는 연구원을 자르면서 분기 수익을 극대화시
킨다.

당장의 이익에 집착하는 경우 회사나 도시 모두 장기적 쇠망의 길을 걷는다.
물론 시간의 차이는 있다.

기업의 경우 長期라는 표현을 쓰기에는 사실 짧다. 제품이나 서비스의 설계에
서 양산까지의 주기 자체가 짧다. 쇠망에 걸리는 시간이 실제로는 단기처럼 느껴
질 수 있다. Sony의 경우 엔지니어를 무시하고 분기별 수익을 극대화하기 시작
하면서 급속히 몰락한다.

삼성의 부상과 소니의 몰락은 동시에 일어났다. 대표적 미국 전자제품 전문점
Best Buy에서 삼성 TV가 제일 좋은 자리를 차지한 시점이, 소니 제국 쇠망사의
전환점이다. 삼성전자가 확고한 TV 부문 세계 1위를 차지한 것이 2000년대 중반
이다.

도시나 지역의 경우는 장기적이라는 표현이 실제와 더 맞아들어 간다. 5장 4
절 '고부가가치 생성'에 대해 언급하면서, 저자는 시간이 미국의 다른 도시들을
어떻게 다르게 만들었는지 설명한다. 같은 북동부 산업쇠퇴지대 rust belt에 속하
면서도 디트로이트의 쇠퇴는 두드러진다. 피츠버그와 클리블랜드에 있는 병원과
대학의 중요성을 강조한다.

5장 5절 '높은 질적 수준'에 대해 언급하면서, 이러한 병원과 대학은 일류이어
야 의미가 있다고 지적한다. "만일 디트로이트가 피츠버그와 같은 수준의 지역발
전유발 지식서비스를 가지고 있었다면, 무인자동차나 친환경 자동차의 연구단지
이자 지역의료거점으로서 재도약할 수 있는 발판을 마련했을 것이다"라고 표현

하고 있다.

이러한 도시들이 세계 제 2차 대전 이후 다른 경로를 걷게 되는 데에는 오랜 시간이 걸렸다. 이 책에서 중요하게 생각하는 대학이나 병원이 창립되고 자리를 잡아가는 기간을 생각해보면 쉽게 이해된다.

연구개발을 하찮게 보는 조직은 미래가 없다. 이는 개인이나 가정 단위에서도 사실 적용된다. 자신의 미래에 대해 계획하고 이를 위해 시간과 돈을 투자하는 것은 중요하다.

이 장은 관련 문헌을 살피는 것으로 시작한다. 그리고 개념을 제시한다. 이어서 생각의 격차가 현재 어떠한지 따진다. 정책개발과 도시 지배구조의 관련성도 살펴본다.

8.1 지역과 생각

지역 자체가 생각을 해나가는 것의 중요성을 지적하는 기존 연구를 살펴본다. 먼저 지역혁신론을 살펴보자. 구체적으로 대학과 연구소, 그리고 기업과 같은 지역의 경제주체 간의 학습을 중시한다(Cooke, 1998). 지식기반경제의 경쟁력은 혁신능력에 의해 결정된다. 혁신능력은 다양한 기관의 상호작용과 협력적 연구개발에 의해 좌우된다(OECD, 2001; 유평준 외, 2006).

학습에서 사회적 자본은 필수적이다. 기대와 신뢰의 수준이 높게 형성되고 목표가 공유되면, 굳이 공식적 감독체계를 설계할 필요성이 사라진다. 보다 많은 자원을 학습과 혁신을 통한 지식의 습득과 발전에 투자할 수 있다. 상호간의 신뢰가 높은 경우에는 감시와 협상에 투자하는 시간도 감소한다. 관계의 품질이 높아지면, 지식의 이전도 원활해진다(Dyer and Singh, 1998; 유평준 외, 2006).

생각하고 공부하는 활동을 도시 경쟁력으로 보는 흥미로운 연구도 있다. 김원배(1997)는 한국 대도시의 경쟁력을 측정할 수 있는 지표를 제시한다. 도시 경쟁력은 산업 경쟁력을 포괄하는 개념이다. 투자역량, 학습역량, 물적 역량, 그리고 사회통합관리역량이라는 네 가지 요소로 구성된다. 학습역량을 측정하는 구성요소 가운데 하나가 '지방자치단체의 공공 연구개발 투자비율'이다.

다음 절에서 저자가 제시할 개념인 지역발전정책 개발역량을 더 잘 이해하기 위해, 두 가지의 기존 개념도 이야기해보려 한다.

두 개를 합쳐 생각해보면 지역발전정책 개발역량에 가까워진다. Urban R&D라는 활동이 think‒tank라는 현실 조직에 의해 이루어진다.

첫 번째 개념은 '도시 연구개발 Urban R&D'이다. 기업체의 '연구개발 research and development'에 비유하여, Landry(2000:215‒216)는 이 용어를 제안한다. '도시 연구개발'은 기존 시청조직의 기획부서가 다루는 내용보다 더 포괄적이다. 미래를 조망하고, 위험과 기회를 포착하며, 이를 감안한 혁신을 연구하고, 실행을 도와준다.

두 번째 개념은 '두뇌집단 think‒tank'이다. "공식 정치의 외부에 존재하고, 시장과 국가 중간의 애매한 위치를 차지하는 아이디어, 정치, 정책을 섞어내는 조직적 표현"이라고 정의된다(Stone, 1996). 중요한 것은 두뇌집단이 무엇을 하는가이다. Stone(1996)에 의하면, 전문적이고 독립적 연구 자체가 중요하다.

두 개념의 결합을 잘 목격할 수 있는 곳은 브라질 '꾸리찌바 Curitiba'이다. 1965년에 '꾸리찌바 도시계획 연구소 IPPUC Instituto de Pesquisa e Planejamento Urbano de Curitiba'가 설립된다. IPPUC는 지역주민과 전문가를 연결시킨다(박용남, 2000).

IPPUC에서 나온 정책은 여러 곳에서 배워간다. 서울도 꾸리찌바에서 급행버스 체제를 배웠다. 전용도로를 달리는 꾸리찌바 급행버스는 세계 최초이다.

정책의 체계적 성격을 주목해야 하다. 이러한 교통정책은 다른 정책과 연결되어 있다. 대중요금체제는 매우 저렴하고 도심과 주변을 잘 연결시켜주어 복지 정책으로서 역할을 한다. 통근자 대부분이 버스를 이용하기에 공해 문제도 해결된다(박용남, 2000).

8.2 지역발전정책 개발역량: 개념과 조사방법

이러한 정책능력을 표현하기 위해 저자가 고안한 개념은 "지역발전정책 개발역량"이다. "지역발전에 관련된 문제해결적 정책을 현실에 적용할 수 있도록 개발하는데 전념하는 전문가들의 역량을, 집단적 이익으로부터 상대적으로 독립적으로, 결집시키고 조직화하는 능력"이다.

'문제해결적 정책'이란 '아이디어'에서 "행위를 위한 계획"이 더해진 것이다. 아이디어를 가지고 충분히 논리적 분석적 실증적으로 생각해보는 것이다. 돈이 많이 들지는 않을까, 시간이 많이 들지는 않을까, 부작용은 없을까와 같은 기준이 설정될 수 있다.

'현실에 적용할 수 있도록 개발'이란 의미는 실제 시민 생활에 좋은 결과를 가져와야 한다는 의미이다.

'전념하는 전문가'도 강조된다. 기술적 진보와 높아가는 주민 요구는 전문가를 더욱 더 요구한다. 시민참여라는 명제가 전문가의 부재를 의미하지 않는다.

'집단적 이익으로부터 상대적으로 독립적으로'는 재정적 정치적 독립성을 의미한다.

'역량을 결집시키고 조직화하는 능력'은 다양한 주체가 가능하다는 의미이다. 전문가 역량이 필요하지만, 이를 조직화하는 방법은 다양하다. 조직이 중요하기도 하지만, 연결망도 중요할 수 있다.

한국의 광역지자체를 대상으로 한 지역발전정책 개발역량 지수를 저자는 고안한다.

지수의 작성과정과 점수계산 공식은 다음과 같다. 지수의 계산 공식은 전문가 의견을 바탕으로 한 가중치가 각 변수에 부여되어 있다. 부록 6과 부록 7을 참조하면 이해가 쉽다.

1) A연구원의 연구과제개발능력(정책연구관련 기획력)은 전국에서 가장 우수한 시도연구원을 100%로 기준했을 때 몇 퍼센트 정도입니까? (%)

2) A연구원의 정치적 독립성은 전국에서 가장 독립적인 시도연구원을 100%로 기준했을 때 몇 퍼센트 정도입니까? (%)

3) A연구원의 연구관련 지역사회 네트워크 형성은 전국에서 가장 네트워크 형성을 잘하는 시도연구원을 100%로 기준했을 때 몇 퍼센트 정도입니까? (%)

4) A연구원의 연구관리 시스템의 내실화는 전국에서 가장 내실화된 시도연구원을 100%로 기준했을 때 몇 퍼센트 정도입니까? (%)

5) A연구원의 연구결과의 정책화는 전국에서 가장 정책화를 잘하는 시도연구원을 100%로 기준했을 때 몇 퍼센트 정도입니까? (%)

6) A연구원의 지역실정의 이해는 전국에서 가장 이해가 우수한 시도연구원을 100%로 기준했을 때 몇 퍼센트 정도입니까? (%)

7) $\dfrac{A연구원의\ 예산을\ A지역\ 예산으로\ 나눈\ 수치}{시도연구원\ 예산을\ 해당\ 지자체\ 예산으로\ 나눈\ 숫자의\ 전국\ 최고치} \times 100$

8) $\dfrac{인구\ 십만\ 명당\ A연구원\ 수\ 연구인력}{인구\ 십만\ 명당\ 시도연구원\ 연구원\ 숫자의\ 전국\ 최고치} \times 100$

9) $\dfrac{A연구원의\ 연봉평균을\ A\ 생활물가지수로\ 나눈\ 값}{시도연구원\ 연봉평균을\ 해당\ 지자체\ 생활물가지수로\ 나눈\ 값의\ 전국\ 최고치} \times 100$

지수의 점수계산 방법 (100점 만점)

점수 = (항목1 * 0.26) + (항목2 * 0.16) + (항목3 * 0.06) + (항목4 * 0.16) + (항목5 * 0.03) + (항목6 * 0.06) + (항목7 * 0.17) + (항목8 * 0.07) + (항목9 * 0.03)

이 조사는 '지역발전정책 개발역량' 지수를 작성할 뿐 아니라 격차의 정도도 확인해본다. 대상지역은 지방에 있는 'A광역지자체'이다.

2002년 조사 시점을 기준으로 시도연구원 목록을 살펴보자. 이 장의 처음에 밝힌 2016년 기준과는 차이가 있다.

서울시정개발연구원
부산발전연구원
대구경북개발연구원
인천발전연구원
광주·전남발전연구원
대전발전연구원
울산발전연구원
경기개발연구원
강원발전연구원
충북개발연구원
충남발전연구원
전북경제사회연구원
경남발전연구원
제주발전연구원

델파이 조사는 미국의 '랜드연구소 Rand Corporation'에서 개발하였다. 대면 토의에서 나타나는 문제점을 제거하고 긴급한 국방문제에 관하여 전문가들의 합의를 도출하는데 중점이 주어진다. 소련 원자탄 보유량 추정이 이러한 긴박한 문제이다. 1950년대에 최초로 사용된다.

델파이 방법은 직접 지식 대신에 전문가 판단, 개인 대신에 집단을 이용하기 위해 전문가 집단적 판단을 구한다. 이러한 전문가 판단에 있어서 여론조사방법과 협의회 방법의 장점을 결합시킨다.

토론 참여자는 절차가 반복되는 동안 이전 집단통계치와 소수의견을 참고할 수 있다. 이에 근거해 다음 회에 자기 판단을 수정할 수 있다. 바로 이 점이 일반 조사절차와 가장 다르다.

델파이 절차에서는 참여자는 공개되지 않는다. 상호간에 직접적인 접촉도 없다. 따라서 협의회 방식에서 나타날 수 있는 부작용을 피할 수 있다. 다수의 횡포나 권위자의 영향력이 대표적 부작용이다(이종성, 2001).

2003년 1월부터 2003년 12월 사이에 1차와 2차 델파이 조사가 실시된다. 대상 집단은 학계, 경제계, 시민단체, 언론계이다. 1차와 2차 참가자는 동일하다. 언론(9), 시민단체(10), 경제(9), 학계(10)로써 총 38명이었다.

주제에 대해서 지식과 관심을 가진 사람이 참여하도록 했다. 학계에서는 지역의 정책수립 및 실행과정을 잘 아는 이를 찾았다.

경제계는 각 분야에 대한 균형을 맞추려고 노력하였다. 건설, 레저, 유통, 의료, 생협, 복지사업, 교육사업 분야가 포함된다.

시민단체의 경우 다양한 전문분야로 나누어서 각계의 대표나 실무국장급을 골랐다. 지역자치, 환경, 지역복지, 여성, 문화, 경제, 농업, 노동 분야이다.

언론계는 경력을 살펴보았다. 지역 언론 활동경험 10년 이상인 사람을 골랐다. 대안언론, 일간지, 생활언론, 라디오방송, TV를 포함한다.

앞서 언급한 비수도권에 위치한 A광역지자체의 경우에 지역발전정책 개발역량은 A연구원에 한정되고 있다. 1차 조사에서 5개 집단을 제시하면서 지역발전정책 개발역량을 지니고 있는지를 각각 평가하도록 하였다. 5개 집단은 ① 지역의 각종 민간연구소, ② A연구원, ③ A광역지자체, ④ 지역 소재 대학이나 대학 부설 연구소, ⑤ 지역의 시민단체와 시민단체 소속 민간연구소 등이었다. 조사 결과 시도연구원인 A연구원만이 높은 지역발전정책 개발역량을 지닌 것으로 나타났다.

본 조사에서의 질문 방식은 '확률적 기대 probabilistic expectation' 방식이다. 예를 들어 5번의 연구결과의 정책화에 관한 질문에서 대답을 퍼센트로 하게 한 것이다. 퍼센트의 기준으로는 응답자가 생각했을 때 연구결과의 정책화에 있어서 가장 뛰어난 시도연구원(예를 들어 서울시정개발연구원)을 100%로 기준하였을 때 A연구원의 정책화 능력에 해당하는 퍼센트를 요구하였다.

확률적 기대방식은 행위나 가능성의 정도를 응답자에게 요구하는 '구두질문 verbal question'과는 다르다. 구두질문 방식은 General Social Survey에서 사용한다. 12개월 이내에 실직할 가능성을 응답자에게 묻는 예를 들어 보자. "매우 높다" "다소 높다" "다소 낮다" "매우 낮다"라는 다른 정도에서 선택을 요구한다 (Manski, 2004; 이명진, 2005:795). 구두질문의 단점은 개인에 따라서 정도에 대한 평가가 매우 다를 수 있다는 점이다.

확률적 기대방식을 적용하면, 실직할 가능성의 퍼센트를 묻는다. 확률적 기대방식 조사는 잘 정의된 숫자척도를 사용함으로써 응답자 개인내 및 개인간의 정밀한 비교와 평가를 가능하게 한다(Manski, 2002: 이명진, 2005:796).

8.3 생각에서 앞선 수도권

이런 확률적 기대방식으로 델파이 설문조사를 실시한 결과, 수도권의 지역발전정책 개발역량이 우수한 것으로 드러났다. "전국에서 지역발전정책 개발역량이 가장 큰 시도 연구원은 어디입니까?"라는 질문을 던진다. 대답은 대체로 수도권 소재 시도 연구원이다. 총 14명의 응답자 중 8명은 서울의 시정개발연구원, 2명은 경기발전연구원, 그리고 4명은 지방 시도연구원을 지목한다. 71.4%가 수도권 연구소를 가장 우수하다고 평가한 것이다.

지방의 생각능력은 낙제점이다. "A연구원의 지역발전정책 개발역량은 전국에서 가장 높은 시도 연구원의 몇 퍼센트입니까?"라는 질문에 대한 응답자 평균은 44.38%에 지나지 않는다.

최빈치는 6명이 응답한 70%이다. 평균이 낮게 나온 것은 매우 낮은 점수들 때문이다. 표 8.1은 24명의 전체 응답자 가운데 5%가 1명이며, 10%도 3명이나 있음을 보여 준다.

표 8.1	A연구원의 지역발전정책 개발역량에 관한 평가*

응답	빈도	퍼센트
5%	1	4.2 %
10%	3	12.5 %
20%	1	4.2 %
30%	5	20.8 %
40%	1	4.2 %
50%	4	16.7 %
60%	2	8.3 %
70%	6	25.0 %
80%	1	4.2 %
총합	24	100.0 %
평균	44.38 %	

* 주: "A연구원의 지역발전정책 개발역량은 전국에서 가장 높은 시도 연구원의 몇 퍼센트입니까?"의 질문에 대한 응답임.

하위 부문에 대해서도, 지방에 위치한 A연구원은 낙제점이다. 전체적 평가보다 구체적 평가가 더 낮다는 것은 심각한 문제이다. 하나하나 생각해볼수록 더 엉망이라는 것이다.

점수는 50점을 잘 넘기지 못한다. 표 8.2에서 알 수 있듯이, A연구원의 부문별 역량은 그 분야의 가장 우수한 연구원의 35%에서 52% 사이에 분포한다. '정치적 독립성'과 '연구관련 지역사회 네트워크의 형성' '연구관리 시스템의 내실화'가 특히 부족하다. 각각 35.29%, 37.27%, 37.41%이다.

이러한 A연구소의 부진에 대한 책임 소재는 외부에도 또 내부에도 존재한다. 질문은 "A연구원의 연구역량이 다른 시도 연구원보다 떨어진다면, 이는 A광역지자체의 내부요인입니까 아니면 외부요인입니까?"이다.

이에 대해 총 33명이 응답하였으며, 내부요인이라는 응답이 13명, 외부요인이라는 응답이 2명, 그리고 '내부요인과 외부요인 둘 다'라는 응답이 18명으로 나타났다. 단순한 외부요인만이 문제는 아니며, 내부요인도 동시에 작용한다.

표 8.2	A연구원의 부문별 지역발전정책 개발역량에 관한 평가*		
부 문	응답의 평균 퍼센트	응답수
연구과제개발능력	48.28 %	32명
정치적 독립성	35.29 %	34명
연구관련 지역사회 네트워크의 형성	37.27 %	33명
연구관리 시스템의 내실화	37.41 %	27명
연구결과의 정책화	50.16 %	32명
지역실정의 이해	51.61 %	31명

* 주: "전국에서 정치적으로 가장 독립된 시도 연구원을 100%로 기준했을 때, A연구원의 ○○부문은 몇 퍼센트입니까?"

연구를 못하고 돈이 없다는 것이 문제의 큰 원인이다. 표 8.3과 같이 41개의 응답은 7가지로 분류된다. A연구소 부진의 구체적인 요인이 무엇인가에 대한 개방형 질문에는 38명이 답변한다. 한 사람이 한 개 이상의 중복 응답을 한 경우도 있었기 때문에, 응답의 총수는 41개이다. 분류가 어려운 2개의 응답은 기타로 처리한다.

전문연구 인력의 역량이 떨어진다는 응답은 17개에 달한다. 열악한 연구원 처우라는 응답도 2개에 이른다. 연구의 질이 낮다는 응답 역시 '지역정책 비전을 제시하지 못함'과 '역량 부족' 등으로 3개이다. 재정적 어려움 역시 7개로 큰 비중을 차지한다. 기타 응답은 별도로 분류하기가 어려운 2개의 항목들이다. 타 지역 연구기관이나 단체와의 교류가 부족하다는 응답과 시민들과의 신뢰 형성이 안 되어 있다는 응답은 기타에 해당한다.

연구원을 멋대로 운영한다는 것도 작지 않은 원인이다. 연구원의 운영과 관련한 응답은 3개이다. '인사'와 '운영의 부실', 그리고 '내부 혁신역량부족' 등이다. 지자체의 책임을 직접적으로 언급하는 응답도 3개나 존재한다. '자치단체장의 추진력 필요'와 '연구원장이 지방의 퇴직 공무원 출신이기 때문'이다. 독립성 문제에는 4개의 응답이 나온다. '사전 협의하여 용역 내용의 객관성이 떨어짐'과 '학연에 의한 사업 진척'과 같은 내용이 포함된다.

| 표 8.3 | A연구원의 지역발전정책 개발역량의 저하 이유에 관한 평가* |

응 답 분 류	응답수
인력의 역량(인재 부족, 연구 인력의 역량 결여 등)	17
재정(열악한 재정, 재정 부족 등)	7
독립성(사전 협의하여 용역 내용의 객관성 결여, 학연에 의한 사업 추진 등)	4
운영(인사, 운영의 부실, 내부혁신 역량부족)	3
지자체(지자체장의 추진력 필요, 연구원장이 지방 퇴역공무원 출신이기 때문 등)	3
연구의 질(지역정책에 확보한 비전을 제시하지 못함, 역량 부족 등)	3
연구원 처우(연구원 처우문제, 내부 처우문제)	2
기타(타 지역 연구단체와 교류 부족, 시민들과의 신뢰성 형성이 안 되어 있음)	2
총 계	41

* 주: "A연구원의 지역발전정책 개발역량이 다른 시도 연구원보다 떨어진다면, 이는 구체적으로 어떠한 요인 때문입니까?"

A연구원이 지역발전정책 개발역량에서 뒤쳐져 있는 이유는 여기서 좀 더 자세히 살펴볼 필요가 있다. 좀 더 현실을 반영하고 정교한 응답을 얻을 필요가 있다는 것이다. 이를 위해 '캐묻기' 질문을 추가하였다.

질문은 표 8.3과 직·간접적으로 연결되어 구체적인 내용이 나올 수 있도록 다음과 같이 구성하였다. "A연구원의 내부사정, 활동, 지역사회에 미친 영향 등을 아시는 대로 구체적으로 말씀해주십시오"라는 것이었다. 이 질문에 대해서는 38명이 답변하였다.

이러한 캐묻기 질문에 나온 응답을 열거해 보면, 연구원 처우에 해당하는 응답은 "처우개선이 이뤄지지 않아 대부분 옮기고 싶어 함"이라는 응답뿐이다. 인력의 특성에 속하는 응답은 다음 3개이며, 연구 인력의 경력에 관한 내용이 주를 이룬다.

- 국외 박사급 출신이 부족하여 연구 역량이 떨어짐
- 연구진에 국내 출신이 많다는 점 그 자체가 문제가 아니더라도, 시야가 좁다는 단점이 있음
- 연구 인력의 부족과 편중성(인문사회계열 출신이 많이 부족)이 한계가 있다고 봄. 특히 객관적이고 설득력 있으며 일반성을 지닌 결론을 유도하기 위한 철저히 합리적이고 과학적인 연구방법론에 대한 이해가 절실함

재정에 대한 응답은 다음과 같이 3개이다. 해당 지자체에 재정적으로 종속된 것을 문제로 간주하고 있다.

- 지방정부에 재정을 의존하다 보니 해당 관청 실·국장의 눈칫밥을 먹음
- 인적 및 재정적 독립성이 부족하고 지방 정부에 의존함
- 재정역량이 미흡하고 지자체의 연구용역이 대부분임

독립성에 대한 응답은 실제로 지자체 관련 사항과 겹치고 있다는 점이 드러났다. 현실적으로 이 두 가지 문제가 연결되어 있다는 것을 의미한다. 독립성이나 지자체 관련 응답은 다음과 같이 23개이며, 그 내용도 상세하다. 자치단체장의 연구원장 선임 및 연구에서의 지자체와의 관계가 주로 언급되었다.

- 지하철이나 시민의 날, 축제 등 주요 현안에 대한 용역 결과는 지자체의 발전에 기여했다기보다는 행정의 사업 집행의 정당성을 부여하는 거수기 역할
- 연구원장에 대한 인사의 불투명성으로 인해 갈등을 빚은 적이 있음
- 각종 사업에 대한 여론조사, 지하철문제 등은 약간 편파적 연구(행정이 의도하는 답)
- 한때 전직 지자체장의 퇴직 후 일자리이기도 했었고, 현직 지자체장의 의

사가 반영되는 구조로 이루어져 있다는 것
- 연구원장 선임문제로 갈등 빚는 등 정치적 독립성이 관건임
- 원장 선임문제로 시민사회와 충돌
- 순수하고 독립적 연구수행이 미흡함
- 독립성이 부족함
- 연구목적의 순수성이 의심되는 대목이 많음
- 연구원의 자율성이 부족함
- 시도의 인사피난처 : 퇴임공무원 봐주기 인상이 짙음
- 단체장들의 입맛에 맞는 정책만 나열
- 연구원장 선임과정에서 매회 연구원과 해당 관청이 갈등을 일으키고 있음. 이는 정치적 성격의 연구원이라는 측면을 반증하는 것
- 지자체의 용역연구가 자체 연구수행보다 많은 것으로 알고 있음. 이 경우 지자체의 의도에 대한 연구결과가 나올 가능성 높음
- 원장 선임문제(공무원 자리라는 문제제기)로 언론에 보도된 바 있음
- 인사와 예산의 독립
- 지자체의 의한 관리감독으로 연구 성과가 용역에 그침
- 정치적으로 독립되지 않음
- 전직 고위공무원의 다음 단계
- 지금까지는 용역기관 이상을 위하는 의지가 없었음
- 지방행정기관의 전직 수장의 퇴직처로 운영됨
- 행정기관의 입맛에 알 맞는 연구수행
- 퇴직 공무원의 자리보전용
- 조직의 안정성이 낮음
- 태생적 한계 : 정체성 문제(누구의 돈으로 무엇을 위해)를 안고 있고 조직의 한계를 극복하지 못함

A연구원의 운영에 대한 응답에서는 대체적으로 비판적 목소리가 높다. 다음은 운영에 해당하는 6개의 응답이다.

- 대학의 연구소와 A연구원의 차이가 없다고 생각함. 연구기관의 효율성에 의
  문이 제기됨. 미시적이고 협소한 연구활동으로 폭넓은 연구 활동가 부족함
- 불필요한 인사가 잦음
- 의사결정과정의 비민주성
- 업무 과중
- 연구원의 연구 과제도 보수적 사고에 의해 수행되고 있음
- 필요한 연구를 성실히 수행하고 있음

연구의 질에 대해서도 평가 역시 낮다. 하지만 일부 긍정적인 견해도 눈에 띤
다. 다음은 이에 해당하는 8개의 응답이다.

- A연구원의 연구능력, 정책개발능력에 대한 지역내의 평가가 매우 낮음
- 지역을 위한 치열한 노력을 해오고 있다는 소리를 듣지 못함. 연구원 자료
  가 매스컴에 자주 인용되고 보도되어야 할 텐데 아쉬움. 물론 보도가 돼야
  만 인정받는 건 아니지만 … 분발해주길 원하는 마음에서 쓴 소리 한 것임
- 특별한 성과물이 없는 것으로 인식되고 있음
- 연구과제가 많아 졸속 연구가 많음
- 지역발전 과제를 설정하는 역할이 없음
- 자타가 공인한 지방의 싱크 탱크임
- 아직 현저한 활동이 눈에 띄지 않음
- 성과는 미비 … 비전 제시에 실패

이러한 캐물어보는 작업에서 드러나는 하나의 주목되는 사실이 있다. A연구원
에 대한 평가가 부정적이더라도 지역사회에 실질적인 영향력을 행사하고 있다는
점에 대해서는 인정하는 경우가 많다는 것이다.

전반적 부정적인 평가에도 불구하고, 현실적 존재감은 인정을 하는 셈이다.
"출연 기관의 용역수행이 이뤄지기 때문에 지역사회발전에 큰 영향을 미친다"와
"실제로는 상당한 영향을 시·도 등 기관단체에 미치고 있다", 그리고 "지역에 영

향을 많이 미친다"와 같은 응답을 들 수 있다.

A시의 주요 집단들이 가진 정책 전문성에 대한 문항은 이러한 점을 확인해 본다. 질문은 "박사학위나 이에 준하는 실무경험을 가진 상근직 전문연구자가 있느냐?"로 구성되었다.

시도연구원이 높은 평가를 받는다. 지역대학과 시청이 그 다음이다. 각 집단별 응답은 표 8.4와 같다.

표 8.4 A 주요 집단의 상근 전문연구자 보유 여부

집단	전문연구자를 가지고 있다는 응답률(%)	총응답자수
민간연구소	12.1	33
시도연구원	82.9	35
시청	48.6	35
지역대학	76.5	34
시민단체	38.7	31

표 8.5는 전문연구자 보유여부에 대한 개방형 응답들을 유형별로 정리해 두었다. 여기서 명시적으로 중복되는 응답들은 반복해서 나열하지 않았다.

표 8.5 A 주요 집단의 상근 전문연구자 보유 여부에 대한 이유

집단	전문연구자를 가지고 있거나 가지고 있지 않은 이유
민간연구소	* 기관설립의 목적이 대부분 순수 지역개발에 있지 않다 * 전문연구원은 두고 있으나, 정책생산역량을 볼 때 * 전문인력 부재 * 사설연구소에서 어떤 정책을 했는지 생각이 안 난다 * 어떤 게 있나요? 국회의원 선거운동본부나 하고 있지!! * 실무경험 부족
시도연구원	* 재정 및 연구인력에 대한 지원이란 기본요건을 갖추고 있음 * 미흡하지만 전문가들이 있음 * 전문성을 인정하는 학위소지 면에서 <있다> * 경험축적 때문에

시청	* 전문성이 부족하며 지속적인 연구조건이 갖추어지지 않음 * 행정가일 뿐 전문가 능력이 거의 없음 * 정책개발을 위한 사무관을 두는 등 나름대로 정책역량을 갖추기 위해 노력하고 있으나, 역량자체는 별로. * 있으나 그것이 행정성과에만 집착하는 경향이 있음 * 순환보직제에다 외부전문가 유입 비율이 낮다
지역대학	* 현직교수가 연구원을 겸임하는 실정, 전문연구원이 일부 있으나 인프라가 부족한 상태 * 실용적인 접근이 이루어지기 어려움 * 분야별 전문가 풀은 확보되어 있으나 상근전문가라 할 수 있는 연구가 부족, 확보된 연구교수조차 신분불안정으로 제 역할을 못함 * 전문성 갖춘 인력의 충원이 가능하며 지속적인 전담이 가능함
시민단체	* 현장활동가 중심으로 이루어져 있어서 구체적인 정책생산능력이 있다 * 전담자 유지가 현실적으로 어려움 * 상근운동가와 자원봉사 전문가들의 네트워크는 되어 어느 정도 정책능력을 가지고 있으나 총량은 크게 부족 * 아직은 이러한 연구원이 눈에 띄지 않는 것 같다

8.4 소수에 의한 지배와 정책 역량의 실종

앞서와 마찬가지로, 여기서도 지방에 위치한 A 광역지자체를 다룬다. 지방의 후진적 지배구조가 어떻게 지방을 희생시키는지 밝힌다. 후진적이란 권력을 가진 소수가 자신의 사적 이익을 추구하는 것을 의미한다.

정책형성은 정책과정의 하나이며, 의제설정이나 정책실행과는 다른 고유의 영역을 가진다. 쉽게 표현하자면, 구체적인 대안들이 논의되고 선택되는 과정이라고 할 수 있다. 노화준(2003:376-377)의 표현은 다음과 같다:

정책문제를 해결하기 위해서는 문제를 정의하고, 문제를 해결할 수 있는 대안들을 탐색 개발하며, 대안들을 평가할 평가기준들을 선정하고, 선정된 평가기준들에 비추어 정책대안들을 평가한 다음, 평가결과들을 토대로 정책결정자가 의사결정을 할 수 있도록 대안들을 몇 개로 줄여야 한다. 이 과정에서 이루어지는 행위자들간의 동태적 상호작용이 정책형성과정이다.

구체적인 측면을 다루고 있지만, 이 연구의 문제의식은 기존 도시지배구조에 대한 논의에서 찾아볼 수 있다. 구체적으로는 두 가지의 개념이다.

첫 번째는 지배로서의 권력이다.

두 번째로는 사회적으로 의미있는 사업의 성취를 위해 필요한 자원을 모으고 사용해 나간다는 '사회적 생산 social production' 개념이다.

연구대상 역시 이러한 맥락에서 결정되었다. A 광역지자체의 A연구원은 지배로서의 권력과 관련되어 있다. 시민단체는 사회적 생산과의 연관성을 가진다.

8.4.1 시도연구원과 지역 지배구조

한 시도연구원 연구자와의 면담(2002년 6월)은 시도연구원이 정책형성에 어떻게 연관되는지를 잘 보여 준다:

> 정책형성은 실제로 복잡합니다. 원천기술에 비유할 수 있는 원래의 생각이 나오는 과정이 있습니다. 원래의 생각은 고위공무원이나 시장이 술자리에서 들은 기업가의 이야기일수도 있습니다. 시장의 막연한 취향이나 희망일수도 있고요. 지역의 다양한 집단들에 의해 주장되어 온 생각일 수도 있습니다. 이러한 원래의 생각은 계획으로 바뀝니다. 원래의 생각과 실행 가능한 계획은 형태에서 다릅니다. 계획은 논리성, 실행가능성 등을 감안하였기 때문에 훨씬 정교합니다. 내용면에서도 차이가 날 수 있습니다. 예를 들어 좀 더 다양한 집단들의 이익이 반영될 수 있습니다. 원래의 생각이 계획으로 바뀌는 과정은 정당화 작업이라고 볼 수도 있습니다. 보통은 용역발주, 보고서, 언론홍보 등으로 이어집니다. 시도연구원이 이러한 과정에 관련되는 경우가 많고요.

앞서 언급하였듯이, 시도연구원은 '두뇌집단 think tank'이라고 이해할 수 있다. A연구원의 경우, 공식적으로 설립목적을 "A 지역 발전을 위한 지식과 정책을 생산하는 씽크탱크 역할 수행"이라고 명시하고 있다(http://www.gji.re.kr/ 2008년 4월 18일 접근).

여기서 두뇌집단에 대한 논쟁을 잠시 살펴보자. 애매한 '상대적 독립성'으로부터 보통 출발한다. Denham & Garnett(1998)는 영국의 두뇌집단을 1930년대 John Keynes의 역할에서부터 조망한다. 독자가 잘 알다시피, 현재 대부분 나라에서 실시하는 경제정책은 Keynes의 생각을 실현하고 있다. 국가주도 복지정책의 강화와 불황탈출을 위한 양적완화 및 재정지출 확대도 마찬가지이다.

물론 이와 반대되는 생각도 두뇌집단의 힘을 빌려 사회세력화된다. 1980년대 Thatcher는 자신 정책에 대한 정당화를 자유시장주의 두뇌집단에서 확보한다.

이렇게 영향력 있는 두뇌집단의 존재는 위험하기도 하다. 민주주의적 책임성을 훼손할 수도 있다. "정부가 퍼트리고 싶은 생각들을 마치 외부의 두뇌집단에서 나온 것처럼 발표한다. 만약에 여론이 좋지 않으면 별 정치적 비용 없이 폐기된다. 일반대중이 생각을 받아들이면 실행된다(Denham & Garnett, 1998:204)."

'생각 idea'이란 강력한 정치적 도구이다(Smith, 1991). 두뇌집단을 이루는 전문가는 시민과 정부 사이에 위치한다. 정치인들은 곤란한 문제를 전문가에게 맡김으로서 자신의 책임을 회피한다.

전문가들은 어려운 용어를 써가며 현실을 혼란스럽고 복잡하게 만든다(Smith, 1991:238). 1장에서 저자가 언급한 修辭로서의 구호를 생각하면 된다. '에코' '테크노' 같은 영어 표현이 한국에서는 많이 등장한다.

Stone(1996)은 두뇌집단에 대한 기존연구를 몇 가지 입장으로 분류한다. 여기서는 다원론과 엘리트론 중심으로 요약한다.

다원론적 입장은 경쟁을 강조한다. 연구기관들은 정책과정에 영향을 미치기 위해 서로 경쟁한다. 미국은 정치권력 분산이라는 원칙이 있다. 이에 따라, 관료체제도 다원적이다. 두뇌집단들이 활동할 경쟁적 시장이 형성되기 쉽다. 두뇌집단들은 성숙한 의사결정을 가능하게 하기 때문에 민주주의에 기여한다.

엘리트론은 지배를 강조한다. 여론조성과 정책수립에 대한 자신의 영향력을 통해, 전문연구기관은 지배층의 이익에 기여한다. '정부 최고위층과 대기업의 접점'이라는 표현(Useem, 1984:72; Stone, 1996:29에서 인용)은 두뇌집단에 대한 이 시각을 대변한다.

이러한 두뇌집단에 대한 기존논의는 도시지배구조 담론과 잘 연결된다. 델파이 조사에서는 이러한 점들에 대한 질문들이 이루어진다. 독립성이나 독립성의 부재가 있다면 어떠한 현실에 근거하고 있는지의 문제에 대한 구체적인 분석을 시도한다.

8.4.2 지배로서의 권력

시민은 막상 자신의 삶에서 배제되기 십상이다. 엘리트론의 선구자인 헌터(Hunter, 1953:248)는 이렇게 주장한다. 삶을 좌우하는 중요한 의사결정에서 배제된다. 미국 애틀랜타 정책결정과정에서 대중들은 목소리를 내지 못한다. 선출된 공직자는 유권자의 욕구를 정책으로 잘 반영하지 않는다.

공식적 정책 결정 과정은 눈속임에 불구하다. 헌터(Hunter, 1953:82)는 다음과 같이 언급한다: "공식조직은 결정된 정책의 실행에는 중요한 역할을 한다 … 하지만 정책의 형성은 이러한 공식적 과정 밖에서 많이 이루어진다. 이러한 실질적 정책형성에서는 경제계가 지배적이다."

다원론도 이런 점은 공감한다. 다원론은 일반적으로 집단간의 조정과 타협을 강조한다.

다원론에 따르면, 권력은 상당히 분산되어 있다. 하지만 이 과정에서도 시민들의 존재감은 크지 않다. 주요 결정들은 그 결정과정이 공개되지 않는다. 실제로는 일반시민의 윗선에서 결정된다(Polsby, 1963:72). 미국 New Haven 시장 Richard C. Lee의 임기(1954-1969) 중 추진된 도심재개발을 Polsby(1963:72-89)는 다룬다.

한국 도시에서도 엘리트 지배가 이루어진다(홍덕률, 1997:154-155). 지역의 민주주의가 정착되지 못한 1996년 당시 상황을 그는 묘사하고 있지만, 현재에도 시사하는 점은 크다.

시민은 정책과정에서의 실종된 상태이다. 지역민의 이익과 의사가 정책으로 구현되지 않는다. 지역사회 정치행정엘리트는 중앙의 정치집단에 예속되어 있다. 지역주의와 연고주의에 의해 선거 역시 기능이 상실되었다. 건설업을 포함한 지역유지는 지역사회의 각종 관변단체를 움직인다. 중앙 혹은 지역의 정치행정엘리트와도 건설업자는 유착되어 있다.

이은진(1994)도 마찬가지로 비관적이다. 1991년에 시작된 선거를 통해 유력 자산가들이 경남도의회와 마산시의회에 들어왔다. 사업체를 소유한 사람들이 도의회를 장악했다. 지역민의 삶의 이해보다는 소유권에 대한 이해에 의회활동을 집중할 가능성이 높아졌다.

신광영(1995:67-68) 역시 기업인의 존재를 강조한다. 하지만, 이들이 영향력을 미치는 통로는 관변단체라는 점을 분명히 한다. 그에 따르면, 한국사회에서 두 가지 형태의 지방정치가 존재한다.

하나는 향우회나 동창회와 같은 친목단체를 중심으로 하는 지역선거 정치이다.

다른 하나의 정치는 관변단체를 중심으로 하는 지방정치이다. 평통자문회의, 새마을운동조직, 바르게살기운동협의회, 자유총연맹의 지역지부와 지방 새마을금고 등의 관변단체 출신후보들이 1991년 3월에 실시된 기초의회 선거에서 대거 진출한 것이 그 예이다.

청주지역사회의 권력구조를 연구한 민경희 등(1996:221-223)도 이에 동의한다. 관변단체가 경제단체 관여자의 권력접근 통로가 된다는 것이다.

하지만 이들은 경제분야가 독자적인 권력자원이 되지는 못한다고 주장한다. 청주의 권력구조는 '중앙권력의 막강함과 지역 권력의 미약함, 행정 및 정치권력의 막강함과 경제 권력의 미약함'으로 요약되는 이중적 구조를 이룬다.

관료의 존재감은 춘천에서도 확인된다. 미약한 정당 활동은 춘천 정치사회의 존재감을 없앤다. 지방정부가 지방정치에 있어 중심적 위치를 차지하게 된다(한림대 사회조사연구소 등, 1991:206).

여태까지의 논의는 한 가지 공통점을 가진다. 권력을 지배의 개념으로 본다는 것이다. Hunter(1953:2-3)는 권력을 "다른 사람들을 특정하게 행동하게 하는 행위"라고 정의한다. 그는 "타인에게 일을 시킬 수 있는 능력"으로 표현하기도 한다(Hunter, 1953:4).

Polsby(1963:3-4) 역시 마찬가지이다. 그는 권력을 '영향'이나 '통제'와 비슷하게 이해한다. 하나의 행위자가 다른 행위자에게 영향을 미쳐서 향후 사건에 변화를 일으키는 능력으로 파악한다.

국내에서도 권력은 지배로 적용되어 왔다. 이은진(2000:69)은 "권력의 사회과학적 정의는 상대방의 의사에 반하여 행사자의 의도를 관철시키는 것"이라고 언급한다.

고대 철학자들이 다룬 권력 개념의 역사적 맥락에서부터 권력 속성에 이르기까지 다양하게 고민한 Hunter(1953:3−5)와 마찬가지로, 민경희 외(1996:191−192)는 권력개념의 다차원성과 실제권력의 복잡성을 자세히 다룬다. 이들 역시 자신의 연구에서는 권력을 영향력과 같은 의미로 사용한다.

유재원(2003:54)도 방법론에 있어서는 다원론자들이 사용하는 의사결정법을 활용한다. 지방정부의 공식안건에 오른 지역의 주요쟁점들이 타결되는 과정을 분석하여 최종 의사결정에 누구의 의견이 지배적으로 반영되었는지를 검토한다(유재원, 2003:51). Polsby(1963)와 마찬가지로 권력을 영향력으로 파악하는 것이다.

이제는 A광역시에서의 권력과 지배를 알아보자.

8.4.3 지배자로서의 시장

A광역시에서는 시장이 지배한다. 'A광역시 시장'이 지배적 권력의 소유자로 밝혀졌다.

지배적 권력의 소유 집단을 파악하기 위해 델파이 조사에서는 "A 지역을 변화시키는 주요 사업을 시민들의 반대에도 불구하고 추진할 수 있는 집단은 어디라고 생각하십니까?"라는 질문을 물어보았다. 답변은 개방형이었으며, 여러 집단을 언급할 수 있도록 하였다.

'시청' 'A시' '시장'이라는 응답은 21개로 54%(응답자 26명, 전체응답 39개)를 차지하였다<표 8.6>. 이러한 조사결과는 시장지배론을 주창한 학자들의 견해와 일치한다.

시장에 이어서는 기업, 정치인, 시민단체, 언론 순이다. 기업이라는 응답이 15개로 정치인이라는 4개 응답보다 많다는 사실은 흥미롭다.

표 8.6	A에서의 지배적 권력자

응답	응답수 (응답퍼센트)
시장(시청, A시 등)	21 (54)
기업(K그룹, 사업자 등)	6 (15)
정치인(시의회, 정당, 정치권 등)	4 (10)
시민단체	3 (8)
언론	2 (5)
기타	3 (8)
전체	39 (100)

지배와 관련된 유착의 존재여부를 알기 위한 질문도 던졌다: "A에서 학연, 지연, 친분관계가 실제 주요 사업에 영향을 미치는 경우가 있습니까?" 총 34명이 응답하였다. "영향을 미치는 경우가 있다"라는 응답자는 97.1%로서 33명이다. "영향을 미치는 경우가 없다"라는 응답자가 1명이다.

"A에서 학연, 지연, 친분관계가 지역발전정책 개발역량에 어떠한 영향을 미칩니까?"라는 탐색적 질문을 이어서 해보았다. 답변의 모든 응답은 표 8.7에서 나열한다. 전체적으로 부정적인 의견이 지배적이다.

표 8.7	학연, 지연 친분관계가 지역발전정책 개발역량에 미치는 영향

* 이러한 친분관계는 개발역량에 중요한 인적구성을 왜소화하는 사례가 있음
* A고<A고등학교> 일고<A제일고등학교> 출신들의 입김작용과 지연 형연에 의한 영향 막대
* 사업에 따른 이해관계가 연줄에 의해 좌우될 소지가 매우 높은 지역이며 지역개발의 역량에 치명적인 악영향을 미치고 있다고 본다
* 사적친분에 의한 사업결정이 많음
* 졸속정책 생산
* 부정적 영향 – 단기적 이해요구에 의해 왜곡
* 토론을 통한 의사결정과정보다는 관계에 의한 문제해결 추구
* 주민세금을 자기들 쌈짓돈으로 생각하고 사업비 과다책정, 설계변경, 부실시공 등
* 저해하고 있음

* 부정적
* 지역님비주의 현상 초래
* 단기적, 제한적이다. 미래를 예견하는 정책이 부족하다.
* 학연 지연 친분관계가 지역발전정책 개발역량까지 영향을 미치는지는 잘 모르겠음
* 부정적 영향
* 결정적
* 연구팀 구성을 통해

8.4.4 지방 시도연구원의 독립성 부족

지배구조를 살펴보았으니, 이번에는 지배구조와 시도연구원의 관계를 알아보자.

지배구조는 정책형성에 영향을 미친다. 먼저 다원론적 정책형성은 A연구원에서는 찾아보기 어렵다. "A연구원이 A의 정책결정과정에 있어 다양한 시각을 제공하고 있습니까?"라는 질문에 35명이 응답했다. 이중에서 91.4%에 해당하는 32명이 '다양한 시각을 제공하고 있지 않다'라고 응답하였다. 나머지 3명은 '다양한 시각을 제공하고 있다'라고 답했다.

영향력은 기본적으로 돈에서 나온다. 그 다음은 권력이다. 시청이나 도청에서 발주하는 용역수주, 지원금 지급, 정치적 개입이 가장 크다.

다양한 시각을 제공하지 않는 이유를 물은 개방형 질문에 대한 분석결과는 표 8.8과 같다. '지자체로부터의 용역수주' '정치적, 재정적 독립성 부재' 순으로 응답이 나온다.

'연구력 부족'이라는 항목도 잘 이해해볼 필요가 있다. 돈으로 누르고 또 인사로 휘두르는 조직에서 연구력이 발휘될 수 있는가 하는 질문을 던져볼 필요가 있다. 매 해마다 계약을 해야 하는 신분보장이 되지 않는 시도연구원 직원에게서 기대할 수 있는 덕목인가 하는 문제이다. 또 지배자로서 시장의 존재가 인사에도 영향을 미친다고 보는 것이 상식적이다. 이는 또 실력없는 연구원이 들어오는 악순환으로 이어진다.

| 표 8.8 | A연구원이 다양한 시각을 제공하지 않는 이유 |

응답	응답수 (응답퍼센트)
지자체로부터의 용역수주	10 (43)
정치적, 재정적 독립성 부재	7 (30)
연구력 부족	6 (26)
전체	23 (100)

이 시도연구원은 시민의 정책이해를 크게 돕지 않는다. "A연구원은 복잡한 정책을 시민들이 쉽게 이해할 수 있는 노력을 하고 있습니까?"가 질문이다. 응답자 37명 중 89.2%인 33명이 '노력하고 있지 않다'라고 답했다. 나머지 4명은 '노력하고 있다'라고 응답하였다.

A연구원이 노력하지 않는 이유는 거의 내부적이다. '의지부족'이나 '관심부족'이 합쳐서 80%를 차지한다는 것을 알 수 있다<표 8.9>.

| 표 8.9 | A연구원이 정책을 시민이 쉽게 이해할 수 있게 노력하지 않는 이유 |

응답	응답수 (응답퍼센트)
현실안주로 인한 의지부족	5 (50)
시민들에 대한 관심부족	3 (30)
독립성 부재	1 (10)
역량 미흡	1 (10)
전체	10 (100

A시도연구원은 특정 지배층의 이익을 대변한다. "A연구원은 특정 경제, 정치, 집단적 이익을 초월해서 A시민 전체의 이익을 대변하고 있습니까?"라는 질문에 4명은 '대변하고 있다'라는 응답을 하였고 30명은 '대변하고 있지 않다'라고 답하였다. 부정적 응답은 88.2%를 차지한다.

시민을 대변하지 않는 이유는 독립성이 없기 때문이다. 표 8.10에 나오듯, 독립성 부재가 전체응답의 77%를 차지한다.

| 표 8.10 | A연구원이 A시민 전체의 이익을 대변하지 않는 이유 |

응답	응답수 (응답퍼센트)
독립성 부재(발주지관인 지자체 이익 대변 등)	10 (77)
시민들에 대한 이해 부족	3 (23)
전체	13 (100

A연구원은 지배집단 이익을 대변하고 있다. "A연구원은 지역의 힘 있는 지배집단의 이익을 대변하고 있습니까?"가 질문이다. '대변한다'는 응답은 30명이다. '대변하지 않는다'는 응답은 5명이다. 지배집단 이익을 대변한다는 응답이 85.7%이다.

연구원이 그 이익을 대변하는 집단을 개방형으로 응답하게 한 결과는 표 8.11과 같다. 지자체가 59%로서 다수를 차지하고 있다. 시청, 공무원, 시, 지자체장 등의 응답이 이에 해당한다. 기업이 24%이며, 정치인이 5%이다.

| 표 8.11 | A연구원이 이익을 대변하는 A의 지배집단 |

응답	응답수 (응답퍼센트)
지자체 (시청, 공무원, A시, 지자체장 등)	17 (59)
기업	7 (24)
정치인	5 (17)
전체	29 (100)

이어서 "어떤 식으로 대변합니까"라고 물어본다. 응답은 대부분 용역에 대한 것이다. 시청이 원하는 대로 보고서를 쓴다는 이야기이다. 표 8.12는 응답 전체를 정리한 것이다.

| 표 8.12 | A연구원이 지배집단의 이익을 대변하는 방식 |

* 발주자가 대체로 힘 있는 자들인데, 연구가 대체로 그들의 요구를 반영하기 때문
* 연구용역 결과의 의도적 조작
* 연구용역, 언론을 통한 입장발표 등
* 용역과정에 상의해서 답을 낸다.
* 용역연구 통해 단체장 등 고위공무원 중심의 의사결정과 정책결정의 근거 마련
* 자치단체 정책방향 논리를 주로 합법화하고 있지 않는지
* 지역개발계획은 주로 관광위락시설 설치로 수렴된다. 기업이윤을 앞세운 측면이 많다.
* 행정기관의 요구에 맞는 연구과제 설정
* 기업이 추구하는 사업과 중복됐을 시, 국회위원 공약과 중복됐을 시
* 시도기관의 정책기준에 입각한 연구기획
* 시청이나 도지사 등의 입김에 큰 영향을 받아 결국 그들의 이익을 대변
* 용역을 의뢰한 기관이나 기득권을 존중하는 연구결과를 통해
* 원장 선임문제
* 행정의 요구에 대한 연구수행
* 여론조사, 연구용역결과
* 용역
* 용역
* 용역연구
* 연구결과
* 연구결과 편향성

마지막으로 A시와 A연구원이 정책형성과정에서 유착되는 이유를 구체적으로 캐물어 보았다. "A연구원이 A시의 입김에서 자유롭지 않다는 의견의 이유를 자세히 적어주십시오"에 대한 응답은 표 8.13과 같다.

지자체의 적극적 통제가 문제이다. 총 24개의 응답 중에서 23개가 그러하다. 시도연구원 원장 선임에 대한 인사권 행사를 지적한 경우가 13개(54%)로 가장 많다.

A의 용역발주나 지원금 지급이 가져오는 재정적 독립성 부족이 8개(33%)이다.

연구에 대한 통제는 자세히 살펴볼 필요가 있다. 하나는 A시청에 의한 통제이다. "거슬리면 다음 용역도 없기 때문에 중간보고나 민감한 사안은 사전협의하는 명분으로 철저히 완벽하게 통제하고 있음"이라는 응답은 말 그대로 통제에 대한 것이다.

다른 하나는 공동출연기관인 B지자체에 의한 통제도 보인다. "작년 B지자체가 연구원에 영세농 실태조사를 의뢰해 연구결과가 나왔으나, 도정 평가에 부정적인 영향을 미친다는 이유로 연구원장이 연구원에게 연구결과를 언론사 기자에게 공개하지 말도록 압력행사"라는 응답이 있다.

표 8.13 A연구원이 A시의 입김에서 자유롭지 않은 이유

응답	응답수 (응답퍼센트)
지자체장의 원장 인사권 행사	13 (54)
재정적 독립성 부족 (용역, 지원금 등)	8 (33)
연구에 대한 통제 (지자체의 사전협의 요구 등)	2 (8)
연구능력 부족	1 (4)
전체	24 (100)

안타까운 지방 현실이다. 생각이라는 자유의 영역에서도, 지방일수록 권력자는 더 옥죈다. 객관적 현실이 암울한데, 이를 극복할 내부의 힘도 찾아보기 어려운 셈이다.

8.4.5 시민단체와 지역지배구조

이번에는 시민단체에 대해 이야기해보자. 시민단체를 포함한 비정부기구는 정책형성 과정에서 영향력을 확대하고 있다. 정부와 민간이 협력적 네트워크를 구성하여 정책을 결정하는 사례가 늘어나고 있다(유재원, 2004:77).

이러한 시민단체의 약진에도 불구하고, 한국도시라는 배경에서는 의문부호가 찍힌다. 시민단체의 역할에 대해서는 엇갈린 의견이 존재한다.

1995년 청주시의 초대민선시장으로 선출된 K씨에 대한 분석을 통해, 유재원(2003:74)은 시민단체의 무기력함을 강조한다:

> 시민 개개인은 물론 시민들이 자신의 이익을 도모하려고 조직한 집단도 정책과정에서 독립변수의 지위를 차지하지 못하고 있었다. 그리하여 집단

이 시장의 정책에 직접적인 영향을 미치기보다는 집단의 요구가 시장을 통해 여과되었으며 시장의 정책적 입장이나 정치적 이해에 따라 취사선택되었다 … 통계학적으로 표현하면 집단의 요구는 시정에 직접적인 영향을 미치는 독립변수가 되지 못하고 시장의 이해를 통해 매개되고 여과되는 상황변수에 불과하다.

시민이나 시민단체는 시정에 매우 미미한 존재이다(유재원, 2003:85-86). 이유로는 세 가지를 들 수 있다.

첫째는 주민들의 약한 지역공동체의식이다. 거주지를 의식주를 해결하는 장소로만 간주한다. 지역 의사결정에 참여할 동기나 열의도 약하다.

둘째는 시민들의 주장에 힘을 실어주지 않는 언론이다. 청주시의 지역언론은 시청에 의해 포섭되어 있다. 무가지의 구입, 광고게재, 기업가에 의한 소유, 시청 출입기자와 시청 공무원사이의 상호 공감대 형성이 포섭되는 과정이다.

셋째는 지방 정치과정에서 방관적 입장을 취하는 정당이다. 지방정책에 대한 이념 및 정강을 갖추고 있지 않다. 흩어진 시민의 요구를 조정·통합하여 자치단체에 집합적으로 반영하는 이익결집과 이익표출의 기능을 수행하지 못한다. 후보자 지명이나 선거에서의 주민동원 역할에 머물러 있다.

최홍석(1999)은 유재원과 입장이 다르다. 시민단체는 무대 한가운데에 자리 잡는다. 1995년 자치단체장 선거 이후의 부천의 정책형성을, 그는 분석한다. 초등학교 공동급식, 영상도시화사업, 경인우회도로 건설이 구체적 분석 사례이다.

지방정부의 공식 권력에 대하여서는, 유재원과 견해가 같다. 강(强) 시장적 권력구조를 가지고 있다. 지방정책형성에 있어 시장의 독주가 나타날 가능성이 높다.

하지만 시민단체의 활동영역은 상당히 넓다. 지방정부의 선출직 공무원은 여론과 선거정치에 민감하다. 부천시 시장과 시의원의 정책결정에서 가장 큰 영향을 미친 것은 시민의 여론이다.

시민단체의 중요성은 이러한 여론과의 관련성에서이다(최홍석, 1999:103):

부천시민의 여론을 형성하는데 있어 각종 상설 혹은 임시 시민단체들은 준거시민(reference public)으로서 대단히 중요한 역할을 수행했다. 예를 들어 쓰레기수거문제에 있어서의 경실련, 초등학교 급식문제에 있어서의 YMCA, 경인우회도로 문제에 있어서의 성주산 지키기 시민대책위원회와 조기착공촉진 추진위원회가 그러한 시민단체들이었다.

시민단체는 도시지배구조에 대한 담론에서도 중요한 위치를 차지한다. 또한 이어서 설명될 사회적 생산 능력의 잠재적인 소유자로서 주목받고 있다.

8.4.6 사회적 생산과 시민단체

앞서 언급한 엘리트론과 다원론은 통제에 집착한다. '사회적 생산 social production' 모형은 이와는 달리 참여와 실행을 강조한다.

Stone(1989:222－226)은 권력에 대한 기존 논의가 Weber의 지배 패러다임에 기초해 있다고 한다. 따라서 정치는 사회적 통제의 정당성에 관한 것이다. 엘리트 이론가와 다원주의자 모두 '사회통제 social control' 패러다임을 가지고 있다. 권력을 지배로 이해한다. 따라서 정치를 사회적 통제의 정당성에 대한 것으로 전제한다.

사회적 생산 모형은 사회적으로 의미있는 일을 위해 필요한 자원을 모으고 사용하는 능력을 강조한다(Stone, 1989:229). 도심의 고속도로 건설, 흑인들을 위한 주택건설, 인종차별이 심한 남부도시에서 흑인경찰의 채용, 흑인과 백인간의 학교통합, 그리고 대중교통시설의 건설이 의미있는 일의 예이다. 사회적 생산모델은 애틀랜타에 적용된다. 애틀랜타의 Andrew Young 시장(재임기간 1982－1990)은 흑인이다. 애틀랜타의 백인 유지들은 그들이 미는 후보가 선출되지 않았기 때문에 큰 정치적 영향력을 가지지 못한다. 하지만 이들은 흑인시장으로 대표되는 흑인정치세력과의 연합을 통해서 시의 당면한 과업들을 성취해 나갔다.

성공적인 도심활성화와 인종화합은 미국의 다른 도시와의 비교를 통해 손쉽게 이해할 수 있다. 르네상스빌딩의 건설에도 불구하고 도심이 활성화되지 않는 디트로이트와 비교하면, 애틀랜타는 성공적 도시이다.

1996년 올림픽에서 애틀랜타는 활기찬 남부의 중심지로 비추어졌다. "서로 미워하기에는 너무 바쁜 도시 the city too busy to hate"라는 애틀랜타의 슬로건

(Stone, 2005:318)은 인종화합을 상징한다.

물론 스톤(1989)은 이러한 기업이익집단에 대해 긍정적인 평가만을 하고 있는 것은 아니다. 흑인시장과 백인경제인은 북부와 도심을 잇는 고속도로를 건설한다. 역사 지구의 보존과 지역공동체의 유지를 위한 지역시민운동은 이로 인해 패배하게 된다.

정책형성과정은 특히나 흥미롭다. 도심의 자본가 모임인 Central Atlanta Progress에서 운영비를 지원하는 연구기관인 Research Atlanta는 도로건설에 반대하지 않는다(Stone, 1989:125).

스톤(2005)은 최근의 논문에서 '대의(big purpose)'를 중요시한다. 기존 연구에서는, 두 집단간의 연합을 가능하게 하는 요인으로 사업수주나 일자리와 같은 물질적인 이익을 상대적으로 더 강조한다(Stone, 1989).

대의는 말 그대로 큰 뜻이다. 인종화합이라는 큰 뜻은 '실천할 수 있는 능력을 얻고 합치는 것'을 가능하도록 행위자와 과업을 연결시킨다. 다양한 집단이 같이 일을 할 수 있도록 하는 것이다. 대의는 '생각(idea)'을 능력과 연결시켜주기도 한다. 추상적인 생각들은 대의라는 목적이 있을 때만 현실화될 수 있기 때문이다. 물론 갈등도 현실로 존재하기 때문에 지배로서의 권력도 존재하는 것은 사실이다(Stone, 2005:324 – 325).

도시교육에 대한 근래의 연구에서는 '시민적 역량(civic capacity)'이라는 개념도 사용한다(Stone, 2001:596). 그 정의는 '중요한 공동체 문제에 대해 다양한 주체들이 같이 협력해나가는 능력'이다.

이제 이러한 담론과 연결된 저자의 조사결과를 살펴보자. 사회적 생산 능력에 관련된 질문은 다음과 같다: "A시의 주요 사업이나 발전방향을 중심으로 시민들의 참여를 만들어 낼 수 있는 능력이 있는 집단은 어디라고 생각하십니까?"

압도적인 응답은 A 지자체가 아닌 시민단체이다. 표 8.14에서 볼 수 있듯이, 시민단체라는 응답은 전체 25개 중에서 15개로서 60%를 차지한다. 대학교와 행정기관이 각각 4개의 응답을 받아서 동일하게 16%를 기록하였다. 마지막으로 언론이란 응답은 2개로 8%에 그친다.

지자체를 언급한 응답은 하나도 없다. 0개이다.

표 8.14	A에서 사회적 생산 능력을 가진 집단

응답	응답수 (응답퍼센트)
시민단체	15 (60)
대학교	4 (16)
행정기관	4 (16)
언론	2 (8)
전체	25 (100)

이 지역 시민단체는 정책의 대중적 이해를 위해서도 노력하고 있다. "A의 시민단체들은 복잡한 정책을 시민들이 쉽게 이해할 수 있는 노력을 하고 있다고 생각하십니까?"라는 질문에 37명이 응답하며, 이중 23명이 '노력하고 있다'라고 답한다. 나머지 14명은 '노력하고 있지 않다'라고 답변한다.

노력하는 방식은 '공청회나 토론회'가 대표적이다＜표 8.15＞. 이들은 개방형 응답 23개중에서 9개로 39%를 차지한다. 이어서 '집회(26%)' '선전, 캠페인(22%)' '언론홍보(13%)'의 순이다.

여기서 주목할 점은 시민과의 직접적 접촉을 강조한다는 점이다.

표 8.15	A 지역 시민단체들이 정책의 대중적 이해를 위해 노력하는 방법

응답	응답수 (응답퍼센트)
공청회, 토론회	9 (39)
집회	6 (26)
선전, 캠페인	5 (22)
언론홍보	3 (13)
전체	23 (100)

이들은 공공의 이익을 반영한다. "A 시민단체들이 A의 주요정책, 사업에 대한 의견을 공개적으로 표명할 때 이는 누구의 이익을 대변한다고 생각하십니까?"라고 물어본다.

'시민'이라는 응답이 가장 많다. 개방형 응답 24개 중에서 16개로 67%를 차지한다.

다른 응답들은 흥미롭다. '시민과 시민단체'가 4개, '시민단체'가 2개, '이익집단'이 2개이다<표 8.16>.

| 표 8.16 | A 지역 시민단체의 정책 개입과정에서 이익대변 대상 |

응답	응답수 (응답퍼센트)
시민	16 (67)
시민과 시민단체	4 (17)
시민단체	2 (8)
이익집단	2 (8)
전체	24 (100)

시민단체는 시민 이익에 반하는 정책에 대한 반대를 펼 수 있다. "A를 변화시키는 주요 사업이 시민전체의 이익과 상충된다고 생각했을 때, 이에 대한 공개적인 반대의사를 표명할 수 있는 집단은 어디라고 생각하십니까?"가 질문내용이다. 시민단체(66%), 언론(13%), 시의회(9%) 순으로 이어진다<표 8.17>.

| 표 8.17 | A시민의 이익과 정책이 부합하지 않을 때 공개적인 반대 가능한 집단 |

응답	응답수 (응답퍼센트)
시민단체	21 (66)
언론	4 (13)
시의회	3 (9)
지역주민	1 (3)
해당 불이익을 받는 집단	1 (3)
지역대학	1 (3)
정부 및 산하단체	1 (3)
전체	32 (100)

A의 시민단체는 '사회적 생산'을 할 수 있다. "A의 시민단체들은 A시의 주요 사업이나 발전방향을 중심으로 시민들의 참여를 만들어 낼 수 있는 능력이 있습

니까?"라고 물어본다. 38개의 응답 중 28개가 '능력이 있다'라고 나온다. '능력이 없다'라는 응답은 10개이다.

이러한 능력은 도덕성과 주민동원능력에서 나온다. 시민단체가 사회적 생산을 할 수 있다고 생각하는 이유를 개방형으로 물어본 결과는 표 8.18과 같다.

도덕성은 53%이며, 주민동원은 37%이다.

| 표 8.18 | A에서 시민단체가 사회적 생산을 할 수 있는 이유 |

응답	응답수 (응답퍼센트)
도덕성	10 (53)
주민동원	7 (37)
전문성	1 (5)
조직력	1 (5)
전체	19 (100)

한편 사회적 생산 잠재력이 없다고 생각하는 응답자들은, 전문성 부족을 가장 크게 꼽았다<표 8.19>. 표 8.19에서는, 6개의 개방형 응답 중 3개가 전문성 부족을 들고 있다.

| 표 8.19 | A에서 시민단체가 사회적 생산을 할 수 없는 이유 |

응답	응답수 (응답퍼센트)
전문성 부족	3 (50)
조직력 부족	2 (33)
재정적 어려움	1 (17)
전체	6 (100)

개방형 응답에 대한 분석결과, '지역의 전문인력 부족과 서울유출' '재정적 어려움'과 같은 구조적 조건이 많다<표 8.20>. 이들은 33%와 25%를 나타내고 있다.

사실 이 둘은 서로 연결되어 있다. 소득수준이 수도권보다 낮은 지방대도시의 환경이 시민단체의 정책형성에도 부정적인 영향을 끼친다는 점은, 눈여겨 볼 필요가 있다.

'의지부족'이나 '불투명한 공채'와 같은 내부적인 요인에 대한 응답도 작지 않다. 의지부족이 3개이며, 불투명한 공채가 2개이다.

표 8.20	A 시민단체의 전문성 부족 원인	

응답	응답수 (응답퍼센트)
지역의 전문인력 부재와 서울로의 유출	8 (33)
재정적 어려움	6 (25)
외부전문가 참여부족	4 (17)
의지부족	3 (13)
불투명한 공채	2 (8)
행정당국의 지원외면	1 (4)
전체	24 (100)

전문성은 사실 시민단체 관련자가 늘 해오던 이야기이기도 하다. 시민연대에게는 지역문제의 발굴과 정치화가 필요하다(이시재, 1995:123-124):

> '시민연합'은 단순한 단체간의 연합이 아니며 시민생활을 최우선시하는 지향성을 중심으로 단체와 개인들이 연합하는 것이기 때문이다. 시민생활에서 무엇이 문제이며, 지금 해결해야 할 일들이 무엇인지를 밝혀서 시민참가를 동원할 필요가 있다. 시민 운동가, 전문가, 기업, 행정 관료 등을 출석시켜 지역의 문제가 무엇이며 공동의 관심사가 무엇인지 토론하고, 이 토론을 바탕으로 지방자치에서 할 수 있는 것이 무엇인지를 찾아내고 시민의 관심을 모아야 한다.

저자가 주목하는 것은 문제의 발견과 해결, 그리고 이를 위한 연결망과 협력의 구축이다.

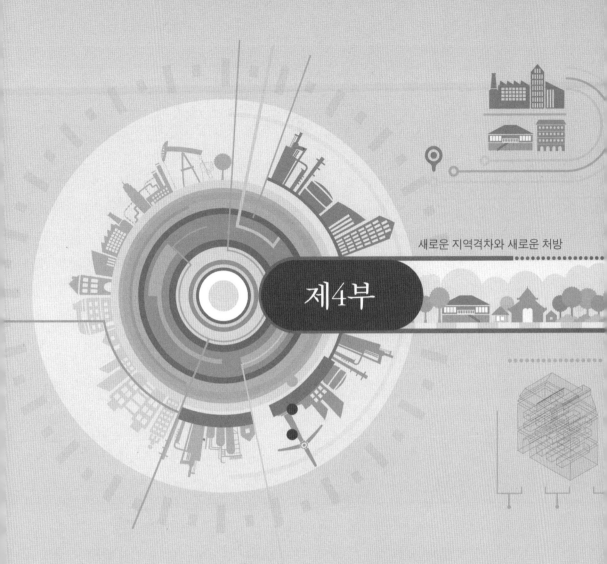

새로운 지역격차와 새로운 처방

제4부

미래의 준비

제9장 상식에 기초한 해결책

Robert Reich(1991)의 책 "The work of the nations: Preparing ourselves for 21st century" 끝부분에 나오는 정책 제언에, 저자는 감명 받았다.

미국 일반 공립 초·중·고등학교와 같은 공공부문에 최우선적으로 자원을 쏟아 넣어야 한다는 주장이다. 상식에 기초한 단순한 정책이 큰 울림을 가진다.

Reich의 상황인식은 이 책과 유사하다. 단순생산직(routine production services), 대인서비스직(in-person services), 창조적 전문직(symbolic-analytic services)이라는 세 가지로, 그는 미국의 직업을 분류한다.

그의 창조적 전문직 개념은 이 책에서 언급하는 '창조계급'과 유사하다(Reich, 1991:246):

> 세 번째 직업범주인 창조적 전문직은 우리가 앞의 장에서 본 문제의 인식, 문제의 해결 및 전략적 중개를 포함한다. 단순생산 서비스와 같이 (그러나 대인 서비스업과는 달리) 창조적 전문 서비스업은 전 세계적으로 거래될 수 있으며, 따라서 미국 시장 내에서라도 외국의 동일 서비스 제공자들과 경쟁을 해야 한다. 그러나 창조적 전문 서비스업은 표준화된 상품으로 세계시장에서 거래되지는 않는다. 그 대신 자료, 단어, 언어 표현이나 시

각적 표현 같은 상징조작이 거래된다. 이 범주에 속하는 것으로는 리서치 학자들, 설계 엔지니어, 소프트웨어 엔지니어, 토목공학가, 생물공학가, 사운드 엔지니어, 홍보 관계 이사, 투자은행가, 법률가 부동산 개발업자, 일부 창조적인 회계사 등을 들 수 있다. 또한 경영 컨설턴트, 금융재정 전문가, 조세 자문가, 에너지 자문가, 농업 자문가, 군비문제 전문가, 건축 자문가, 경영정보 전문가, 조직개발 전문가, 전략 수립가, 기업의 인력 스카우트 담당자, 시스템 분석가 등이 하는 일이 상당부분이 포함된다. 나아가 광고이사와 마케팅 전략가, 건축가, 영화의 아트디렉터, 영화 촬영기사, 영화편집인, 제품 디자이너, 출판업자, 작가 및 편집인, 언론인, 음악가, TV 및 영화제작자, 그리고 대학교수의 일도 포함된다.

하지만 같은 미국인인 Florida의 창조계급론과는 달리, 그는 이러한 창조적 전문가가 미국에서 양성되는 과정에서의 배타적 성격에 대해 지적한다(Reich, 1991: 245):

앞으로 창조적 전문가가 될 새싹들에 대한 공식적인 교육은 공통된 형태를 띠고 있다. 이들 새싹 중 일부는 엘리트 사립학교를 나와, 최고의 대학과 대학원을 다닌다. 대부분의 다른 새싹들은 좋은 공립학교에서 자기들끼리 어울려 우등반에서 고급과정을 이수하며 어린 시절을 보낸 후, 좋은 4년제 대학에 진학한다. 그러나 그들은 모두 공통점을 가지고 있다. 그들의 부모들은 자식들의 교육에 관심을 가지고 교육에 관여하며, 선생과 교수들은 그들의 학문적 욕구의 주의를 기울인다. 그들은 최첨단의 과학실험실, 최신 컴퓨터, 어학실습실, 첨단 학교 도서실에 접할 수 있다. 그들의 학급은 상대적으로 규모가 작으며, 그들의 동료들은 서로 지적인 자극을 준다. 또한 그들의 부모들은 그들을 박물관과 문화유적지에 데리고 가고 외국여행과 음악공부를 시킨다. 집에는 교육적인 책과 장난감, 교육용 비디오테이프, 현미경, 망원경과 최신의 교육적인 소프트웨어를 내장한 컴퓨터가 있다. 아이들이 학업에 부진하면 과외교습을 시킨다. 학업에 지장을 줄 만큼 몸에 이상이 생기면 즉시 훌륭한 의료 센터에서 치료를 받는다.

"어떠한 미국 어린이라도 상당한 재능이 있다면 가족의 소득이나 인종에 관계없이 창조적 전문가가 될 수 있도록 보장해줌으로써 계급간 이동을 촉진시켜 주자는 것(Reich, 1991:269)"이 그의 정책 방향이다.

이를 성취할 수 있는 가장 효과적인 방법이 공공투자의 확대이다. 지역에의 기업유치를 위해 세금을 깎아 주거나 보조금을 주는 대신, 공공적인 시설과 서비스에 투자는 것이 효과적이라는 주장이다. 교육, 훈련, 교통시설과 같은 하부구조에 대한 투자가 그의 처방전이다.

저자는 Reich와 마찬가지로 '기초'에 대한 공공투자를 강조한다. 구체적으로는, 지역발전유발 지식서비스의 '기초'를 이루는 공공부문에 대한 투자가 중요하다. 동네병원, 초·중·고등학교, 동네도서관, 주민들이 정책에 참여하는 풀뿌리 민주주의가 구체적 대상이다.

저자는 '지역발전유발 지식서비스'에 관련된 상식적 공공투자를 강조한다. 비유적으로 이러한 접근을 설명하자면, 지역을 가족구성원과 대칭시킬 수 있다.

집안이 가난할수록 장기적 안목을 가지고 자식 교육에 투자하는 것이 현명하다. 어려운 지역일수록, 지역발전유발 지식서비스에 자원을 집중하는 것이 좋다.

도시체제에 불리한 입장에 놓여있고 또 앞으로도 그러할 가능성이 많은 도시일수록 더 생각해야 한다. 어떠한 방향으로 지역의 자원을 집결할지 더욱 고민할 필요가 있다. 축제를 열고, 도로를 만들고, 산업단지를 만들고, 아파트를 짓는 것은 지속가능한 해답이 아니다.

상식적이고도 단순한 기초 공공부문에 대한 투자, 그리고 공적 의미를 가진 인재에 대한 투자가 중요하다. 새로운 지역격차를 새롭게 헤쳐 나갈 묘안인 셈이다.

물론 Reich와의 차이점도 있다. 물리적 기반시설에 대한 투자는 신중하게 꼭 필요한 것에 대해서만 이루어져야 한다고 저자는 주장한다.

미국과 한국은 현실이 다르다. 기반시설에 대한 투자가 미국에서는 크게 부족하다. 많은 다리가 무너지기 일보 직전이다. 반면, 한국은 물리적 기반시설의 부족과 과잉이 공존한다.

9.1 지역발전유발 지식서비스의 기반
: 의원, 학교/도서관, 풀뿌리 민주주의

정책적으로는 지역발전유발 지식서비스 그 자체보다 그 토대가 더 중요하다. "동네병원, 초·중·고등학교, 도서관"로 대변될 수 있는 지역발전유발 지식서비스를 이루는 기반시설에 관심과 투자를 강화해야 한다.

'기반시설의 기반시설'을 구축해야 한다. 지역발전유발 지식서비스가 정보경제시대의 새로운 기반시설이라는 것을 감안하면, 이러한 표현이 가능하다. 의원, 학교/도서관, 풀뿌리 민주주의는 지역발전유발 지식서비스의 기반이다.

지역발전유발 지식서비스의 특성 중 하나인 '존속성'을 강화해야 한다. 동네병원이 건재해야 지역에 종합병원 응급실이 있을 수 있다. 의사가 신용불량자가 되지 않는 환경이 갖추어져야 우수인력이 의대에 진학한다. 그래야 경쟁력 있는 종합병원을 만들 수 있는 의사가 배출된다.

종합병원이던 개인의원이던, 의료기관이 폐업되지 않고 존속할 수 있는 체제를 만드는 것이 첫 번째 순서이다. 병원이 폐업하고 의사가 개인회생을 신청하는 환경에서 종합병원급 의료서비스를 강화한다는 것은 어불성설이다.

의사 생태계를 살려야 한다. 외딴 섬이나 산골에서 개인병원을 열어 하루에 내원하는 손님 숫자가 작더라도 병원을 유지할 수 있는 의료체제를 갖추어 나가야 한다.

이는 소외지역 의료공백을 해결할 수 있는 유일한 길이기도 하다. 섬이나 산골에 사는 국민도 동네의사를 만날 수 있는 권리를 누려야 한다.

소외지역의 실상은 참담하다(파이낸셜뉴스, 2014년 8월 20일):

> 새정치민주연합 최동익 의원이 보건복지부로부터 제출 받은 자료에 따르면 … 일반의원 조차 하나도 없는 지역(2지역)은 전북 진안군, 경북 울릉군으로 나타났고, 내과가 없는 시군구(10지역)는 인천 옹진군, 강원 인제군, 경북 봉화군, 경북 영덕군, 경북 영양군, 경북 울릉군, 경북 청송군, 경남 산청군, 경남 하동군, 경남 함양군으로 나타났다. 그 외 안과가 없는

시군구가 20곳, 정형외과가 없는 시군구가 29곳, 산부인과 없는 시군구가 57곳이나 되는 것으로 조사됐다.

산부인과의 문제점은 전라남도나 경상북도와 같은 소외지역에서 특히나 심각하다(헤럴드경제, 2015년 1월 15일):

지난해 6월 현재 분만이 가능한 종합병원·병원·의원·조산원 등 의료기관은 전국에 약 641곳인 것으로 집계됐다. 이는 2004년 분만기관이 1311개에 이르던 것과 비교해 보면 49.9% 밖에 되지 않는다. 10년 새 반 토막이 난 셈이다 … 특히 전국 232개 시·군·구 중 산부인과가 없거나, 산부인과가 있어도 분만시설이 없어 출산이 어려운 지역은 지난해 6월 기준으로 23.7%인 55곳이나 됐다. 2011년 보건복지부가 분만 취약지역에 대한 지원 사업을 실시한 이후 분만가능 산부인과가 없는 지역은 2010년 51곳에서 2013년 46곳까지 소폭 줄어들었다가 작년 들어 다시 9곳이 늘어났다. 광역지방자치단체별로 보면 분만가능 산부인과가 없는 곳은 전남이 10개 시군구로 가장 많았고 경북·경남(각 9곳), 강원(7곳), 전북·충북(각 6곳), 경기·충남(각 3곳), 부산(2곳) 순이었다. 산부인과 의원의 개업 대비 폐업률은 2013년 223.3%로, 외과 등 다른 과목들과 비교해 가장 높았다. 1곳이 문을 열면 2군데 이상이 문을 닫는 것이다. 병원 관계자는 "병원에도 시장 논리가 있는데, 산부인과 간판을 걸고도 돈을 벌려고 산모를 받지 않고 피부과 같은 다른 과목 진료를 하는 병·의원도 상당수"라고 했다.

살고 있는 지역에서 아이를 낳을 수 있는 것은, 잘살고 못살고의 경제논리를 넘어서는 문제이다. 지역발전유발 지식서비스라는 개념을 저자가 고안해 강조하는 이유도 이러한 문제의식에서 기본적으로 출발한다.

의료기관의 존속성 강화는 또 다른 특성인 '부가가치 창출'과도 연결된다. 의사 처우가 보장되어야 우수한 학생들이 의학과 관련된 전공을 선호하게 된다. 능력 있는 의사는 생명과학 분야 발전의 토대를 이룬다.

초·중·고등학교와 동네도서관은 지역 단위에서 공공교육의 중요성을 보여주는 하나의 상징으로서 제시된다.

미국과 마찬가지로 한국도 문제이다. 한국의 창조적 전문가 역시 "나머지 국민으로부터 조용하고 평화스러운 탈퇴(Reich, 1991:275-345)"를 진행시키고 있다. '강남'으로 대변되는 한국의 교육현실은 미국과 유사한 측면도 많다.

어떤 아이라도 창조적 전문가가 될 수 있도록 공공투자의 우선순위를 학교와 도서관으로 돌려야 한다. 학원으로 자녀를 '돌리지' 않아도 되고 사교육 없이도 누구나가 교육과정을 따라갈 수 있도록, 공교육 질을 높이기 위한 투자가 이루어져야 된다. 돈과 노력을 요하는 일이다.

풀뿌리 민주주의는 지역정책기능의 기초를 이룬다. 좋은 지역정책이 나오고 실현되기 위해서는, 근본적으로 지역 정치 구조 자체가 민주화되어야 한다.

제도적으로 지역에서 권력 견제 장치가 필요하며, 주요사업은 주민투표를 거쳐 결정되어야 한다. 시장이나 도지사가 권력을 휘두를 수 있는 대로 휘두르는 곳에서는 이미 존재하는 조직적 역량도 무의미해진다.

주민투표가 있으면, 정책도 경쟁구도를 가지게 된다. 정책 연구활동의 과정과 결과물 역시 공공영역으로 나오게 된다. 정책이 공공영역으로 나와야 시민참여가 가능하다.

9.2 지역발전관련 정책연구의 강화

지역발전관련 정책기능 강화는 지역발전에 관련된 연구가 중요하다는 인식 자체가 중요하다. 과학기술에 대한 연구에 대해서는 미래를 위한 투자라고 인식하는 이가 많다. 반면 지역에 관한 연구의 중요성에 대해서는 많은 이들이 하찮게 여긴다.

잘못된 계획이 가져오는 손해의 규모는, 역설적으로 좋은 정책의 가치를 이야기해준다. 체계적인 노력 없이 좋은 정책이 나오기는 쉽지 않다. 브라질 꾸리찌바의 혁신적 도시정책에 대해 많은 이들이 주목한다. 하지만, 1965년에 '도시계획연구소 IPPUC'를 설립하는 것과 같은 제도적 노력을 따라 배우려는 도시는 많지 않다.

앞서 언급한 풀뿌리 민주주의의 정착과 더불어, 시민을 정책형성 과정의 중심에 두는 노력이 필요하다. 특정한 정치인의 반짝 인기를 위한 행사가 아닌, 지속적이고 체계적인 시민 정책참여 방안을 추진해나갈 필요가 있다.

각 분야별 기본적 조사를 체계적으로 해나갈 필요가 있다. 잘만 설계된다면 생각보다 많지 않은 비용으로 큰 효과를 볼 수 있다. 이러한 자료의 공개는 시민참여의 토양이 된다.

축적된 자료를 가지고 상황변화추세를 인식하는 것은 매우 중요하다. 현재에도 유능한 시도연구원과 그렇지 않은 곳을 구분하는 좋은 기준은 어떠한 자료를 꾸준히 수집하고 분석해오느냐의 여부이다. 예를 들어 지역의 관심 산업에 대한 자료를 자체적으로 수집, 분석하고 있는가 여부는 중요하다.

꿰면 보물이 되는 구슬 중 하나가 정책역량인 것이다. 혁신지역론 역시 사실 이러한 지역내 정책역량과도 관련이 있다. 기업의 연구개발 역량, 대학의 지식, 공공부문의 정책역량이 어떻게 공적이고 또 사적인 연결망을 통해 상승효과를 나타내는가에 관한 것이다.

기존 시도연구원은 독립성 확보로부터 시작해야 한다. 현재 광역지자체에서 정책연구를 수행하는 대표적 기관인 시도연구원의 경우, 시장이나 도지사에 의해 정치적으로 이용당하는 경우가 흔하다.

시도연구원의 운영을 지자체나 특정 개인의 영향력으로부터 자유롭게 만들 수 있는 지배구조 확립이 근원적인 대책이다. 그래야 능력있는 연구자 채용이 가능하다. 인재의 채용으로부터 연구역량 강화가 시작된다.

궁극적으로는 지역의 여러 공적 사적 분야에서의 정책역량이 서로 경쟁하고 또 이러한 경쟁이 상승작용을 일으켜야 한다. 앞서 언급하였듯이, 투표를 포함한 다양한 시민참여가 이러한 과정과 연결되어야 한다.

9.3 지방에도 좋은 병원을

어리석은 철근/콘크리트가 의료분야에도 횡횡해왔다. 산업단지를 짓듯이 의료분야에서도 건물을 짓는 것이 해결책으로 등장한다. 중앙정부가 2009년 대구와 오송에 지정한 첨단의료복합단지와 같은 사업이 대표적 예이다.

'모래위에 쌓아올리는 집'과 같다는 것이 저자의 판단이다. 중앙정부가 인위적으로 특정 지역에 의료산업단지를 조성하는 것이 왜 쉽지 않은지를, 다음 기사는 잘 설명해주고 있다(전자신문, 2015년 1월 14일):

대구첨단의료복합단지는 2013년 말 신약개발지원센터와 첨단의료기기개발지원센터, 실험동물센터, 임상시험신약생산센터, 커뮤니케이션센터 등 5개 핵심 인프라를 준공했다. 지난해 말에는 한국뇌연구원이 완공됐다. 오는 4월이면 한의기술응용센터, 하반기에는 3D융합기술지원센터와 의료벤처 공동연구센터가 차례로 입주하게 된다. ICT 임상시험지원센터는 오는 3월께 오픈할 계획이다. 대구첨복단지가 명실상부한 국가첨단의료허브로 거듭나기 위해서는 연구개발과 인증, 인허가, 임상, 마케팅 등 전주기적 기업 지원시스템이 구축되어야 한다. 하지만 기업을 첨복단지로 이끌어올 수 있는 핵심 역할을 할 임상시험병원 유치는 아직 요원하다. 임상시험병원 구축에는 600여억 원의 사업비가 소요된다. 국가와 지자체, 지역의료기관이 공동 투자해야 할 부분이다. 투자에서 적지 않은 몫을 맡아야할 지역의료기관은 수익성을 담보할 수 없다는 이유로 참여를 꺼리고 있는 실정이다. 현재 운영 중인 한국뇌연구원과 연계해 뇌병원도 설립해야 하지만 이도 쉽지 않다. 대구시는 뇌병원 유치에 1265억 원의 사업비가 들 것으로 보고 올해 예비타당성조사 대상 사업으로 신청할 예정이지만 통과될지는 미지수다. 특히 국비를 제외한 260여억 원에 달하는 민간투자 역시 지역의료기관이 맡아야하지만 투자유치가 쉽지 않을 전망이다.

실질적인 해결책은 시간과 노력을 들여 기본을 튼튼히 하는 것이다. 정부의 직접투자와 과감한 개입을 통해 거점 종합병원의 수준을 획기적으로 올려놓아야 한다. 모든 진료과목에 있어 전국 최고수준 병원과의 격차를 줄여야 한다. 또한 최소한 몇 개 분야에서는 최고수준이 되어야 한다.

출발점은 관련 당사자의 반성이다. 자기 학교 출신을 선호하는 지방의 폐쇄적 교수임용에 대해서는, 관련자의 성찰과 이에 기초한 제도적 개선이 필요하다.

병원 지배구조에 대해서도 반성이 필요하다. 대학병원은 정치적으로 독립적이어야 한다. 또한 안정적 재정적 지원이 따라오는 구조가 이루어져야 한다.

가장 능력있는 사람이 좋은 병원 의사가 된다는 전제하에서, 지방 거점 종합병원의 의사 숫자가 가장 좋은 평가 척도가 된다. 구체적 숫자를 언급할 필요도 없이, 전국 최고 병원과 지방 일류병원의 진료과목별 의사 숫자는, 그야말로 엄청난 차이를 보인다. 시급하게 해결되어야 할 과제이다.

지방 좋은 대학의 의사수가 늘어나면, 선순환적 파급효과가 해당 지역에 즉시 나타난다. 지방 의료분야 교육과정이 내실화 된다. 지역 의사 수준이 역시 향상된다. 의료 산업 기반도 다소나마 공고해진다.

물론 이러한 기본 다지기의 현실적 어려움은 분명하다. 부족한 의료수요의 문제이다. 병원경영은 정책적으로 해결한다 하여도 어려움은 여전히 남는다. 학술연구나 산업적 연구개발 모두 다 충분한 환자수의 확보를 필요로 하기 때문이다.

하지만 완벽해지지 못하더라도 상당한 발전은 가능하다. 공을 들이고 잘 운영하는 것 하나만으로도 큰 차이를 만들 수 있다.

기존의 잘못된 병원경영은 이러한 점을 반증한다. 잘못된 입지가 두드러지는 경북대학교 병원의 예를 들 수 있다. 경북대학교병원은 2011년 칠곡경북대학교병원을 개원한다.

하지만 칠곡경북대학교병원은 대구 시내에서 강 건너고 산 넘어 북쪽 외곽에 위치한다. 그림 왼쪽 위편에 B로 표시된 곳이 칠곡경북대학교병원이다. 환자접근성이 현저히 떨어진다는 것을 지도만 보아도 알 수 있다. 그림 중간 하단에 D와 F로 표시된 곳이 대구 시내에 있는 본원이다(그림 9.1 참조).

그림 9.1 칠곡경북대병원(B)과 시내 삼덕동에 위치한 경북대병원(D,F)

출처: 네이버 지도 http://map.naver.com/

다음의 기사는 이러한 잘못된 선택이 어떠한 결과를 낳는지 잘 보여준다. 본연의 역할을 못하게 되는 것이다(쿠키뉴스, 2014년 11월 5일):

경북대병원 노조에 따르면 경북대병원은 칠곡 제2병원 개원 이후 본원의 분만실과 신생아실을 이전하고, 이를 핑계로 본원의 신생아실을 대폭 축소 운영하고 있다는 것이다. 특히 분만실 운영은 사실상 포기했고, 이는 대구·경북 지역 거점공공병원이자 3차병원으로서의 기능을 포기하는 것과 다름없다며 우려의 목소리를 냈다. 이에 앞서 지난달 22일 경북대병원 노조는 기자회견을 통해 이 문제를 제기한 바 있다. 이에 대해 경북대병원

측은 "본원의 환자 수가 줄어들기는 했지만 진료를 하지 않는 건 아니"라고 해명한 바 있다. 하지만 노조가 공개한 경북대병원 본원의 월별 분만건수 현황에 따르면 1월 58건, 2월 52건이었던 분만이 3월 4건, 4월 2건, 5~6월 1건, 7월 2건, 8월 1건, 9월 2건으로 대폭 줄었다. 경북대병원 노조 측은 "단순히 환자 수가 줄어든 수준을 넘어선 것으로, 본원의 분만실 운영은 사실상 중단된 것"이라고 지적했다. 또한 경북대병원 본원의 경우 산과 외래 역시 주1회 반나절씩만 운영하고 있으며, 모자동실과 신생아중환자실을 분리 운영하던 것을 현재는 '육아실'이라는 이름으로 통합 운영하고 있다는 것이다. 따라서 경북대병원 노조는 출생 직후 집중 치료가 필요한 환자를 치료하지 못하는 경우가 발생하고 있고, 이는 지역 의료의 최종 담당자 역할을 하고 있는 경북대병원이 그 공공적 역할을 포기한 것으로 절대 일어나는 안 되는 일이 발생한 것이라고 비판했다. 이와 관련 경북대병원 노조는 실제 병원에서 출산을 하지 못하고 서울지역 병원에서 출산을 하게 될 산모의 사례를 제시했다. 노조에 따르면 ○○산부인과병원(대구·경북지역)에서 치료받던 산모가 태아 이상을 발견하고 경북대병원으로 전원됐다. 당시 태아는 대혈관전위로 진단받았고, 분만 후 본원에서 수술할 것을 권유받고 경북대병원에서 정기 검진을 실시했다. 하지만 경북대병원 측은 임신 32주경 산모에게 "산과의 칠곡 제2병원 이전에 따라 본원에서 분만할 수 없다"고 통보했으며 "칠곡병원에서 분만 후 응급차로 신생아를 본원으로 이송해 수술해야 하는 상황이나 태아가 위험할 수 있으므로 서울로 전원"할 것을 지시했다고 노조 측은 밝혔다.

거점병원이 위치하지 않은 작은 도시에서도 할 수 있는 일이 있다. 시장이 기능을 하지 않을 때는, 공공부문이나 지역사회가 나서서 기본적 의료 서비스 보장에 힘을 쏟아야 한다.

필요한 영역에 집중하는 것도 좋은 전략이다. 출산의료에 중점을 둔 전라남도 강진이나 해남이 좋은 예이다. 해남은 공공산후조리원을 갖추고 있다. 강진의료원은 24시간 운영되는 분만실을 운영하고 있다(그림 9.2).

그림 9.2 강진의료원 24시간 분만실

　마지막으로 하나의 정책제안을 추가하려 한다. 지방의 거점병원이 활성화되기 위해서는, 지역 거주민에게 꼭 필요하며 또 사회적 합의를 이룰 수 있는 부분부터 의료 제도의 전반적 개선을 이루어 나가야 한다.

　태아, 임신부, 어린이에 대한 치료를 무료로 제공하는 방안을 저자는 제시한다. 전면적 무료 치료가 정치적으로 어렵다면, 중증 환자에 대한 무료 치료라도 당장 실행해야 한다.

　이러한 정책이 실현되면, 어느 지역 광역지자체 거점병원이라도 소아과와 산부인과의 역량은 현재 전국 최고 수준에 근접할 수 있다. 다른 진료과목 역시 수혜를 입을 수 있을 것이다. 전국적으로 또 전반적으로, 의료수준이 향상된다.

　상대적으로 적은 비용으로 큰 비극을 막자는 취지의 어린이 무상 입원치료 주장은 꾸준히 있어 왔다.

　애가 큰 병에 걸리는데도 돈 때문에 충분한 치료를 못 받는 것은 큰 비극이다. 치료비로 인해 가정이 붕괴되는 일 역시 큰 비극이다. 잘사는 대한민국에서 아직까지 이러한 일이 횡횡한다. 정책결정자의 일상은 이러한 비극을 겪는 이의 삶으로부터 유리되어 있는 것이다.

　저자의 입장은 이와 비슷하다. 이러한 주장에 추가적 근거를 제시하고 있는 셈이기도 하다.

태아, 임신부, 어린이는 공간적으로 거주 지역과 '끈끈하게' 엮여있다. '끈끈하다'는 표현은 지리학이나 지역경제 연구에서 실제로 종종 쓰이는 표현이다. 이들은 서울 병원으로 갈 여력이 크지 않거나 갈 수가 없다.

이들에 대한 무상치료는 사회적 합의를 이루기에도 용이하다. 공교육 강화와 더불어, 최선의 출산장려정책이다.

9.4 성공사례의 확산: 지방에 위치한 일류 공과대

지금 잘하고 있는 것을 더욱 잘하면, 과학기술 연구개발 역량의 지역격차는 해소될 수 있다. 6장에서 언급하였듯이, 대전의 KAIST, 포항의 POSTECH, 광주의 광주과학기술연구원 같은 사례는 희망적이다.

현재 성공적인 곳이 더 많은 자원투입을 통해 더욱 더 성공적이 되고 또 다른 지방에서도 이러한 성공이 계속될 수 있도록 하는 것이 필요하다.

공과대학에 돈과 공을 들이는 것 이외의 관련 제도개선 역시 중요하다. 연구에서의 독립성 확보, 특허 확보를 위한 지원 및 지적재산권 보호 강화, 투자유치 및 창업에 있어 공정상거래를 보장할 수 있는 법률적 보완과 같은 문제는 이미 많이 지적되어 왔다.

저자는 우수한 외국 이공계 학생에게 영주권을 부과하는 방안을 시급한 당면 과제로 제시한다. 이공계 연구에서 우수한 학생은 매우 중요하다. 이는 단순한 재정적 투자로서 해결될 수도 없다.

미국 공과대학의 경쟁력 중 큰 부분은 세계 곳곳의 인재들이 대학원 과정에 몰려든다는 것이다. 국내의 연구중심 공과대학의 경우 학사, 석사, 박사 학위 과정에 있는 외국 학생에게 까다로운 조건 없이 영주권을 부여해야 한다.

이러한 저자의 제안은 Richard Florida의 2005년 저서 *The Flight of the Creative Class: The Global Competition for Talent*에 나오는 내용과 동일하다.

제안 뿐 아니라 세계경제를 바라보는 눈도 일치한다. 이 책에서도 미국 유수 공과대학에서 수학하는 외국 학생에게 영주권을 줄 것을 제안하고 있다.

세계는 과학기술 인재를 유치하기 위한 전쟁을 벌이고 있다. 미국의 경쟁력은 과학기술 인재를 받아들이는 개방성에 기초한다. 실리콘 밸리의 독보적 우월성은 개방성에 기인한다. 다른 나라들이 아무리 과학기술 단지를 철근과 콘크리트로 만들어도 본질에는 접근하지 못한다.

이러한 영주권 부여는 다른 긍정적 효과도 가져온다. 저출산 문제 자체를 해결하지는 못하더라도, 연금 고갈이나 내수 경기 위축을 막을 수 있다. 당연히 산업 경쟁력도 강화한다. 만약 일본이 1980년대부터라도 이러한 정책을 실시했다면 현재 일본 경제는 훨씬 더 활력이 있을 것이다. 한국의 이공계 인재가 일본의 학계와 경제계에 정착할 수 있었다면 소니의 몰락은 없었을지도 모른다.

이러한 저자의 제안은 현재 한국에서 진행되고 있는 이민제도와 정반대의 방향이기도 하다. 제주도의 부동산 투자이민제는 부동산을 사면 영주권을 준다.

이는 생각의 출발이 잘못되었다. 어리석은 철근/콘크리트보다는 언제나 '지식'을 택하는 것이 현명하다.

9.5 철근과 콘크리트는 똑똑하고 신중하게

이 책은 어리석은 철근/콘크리트의 규탄으로 시작하였다. 배밭을 엎고 만든 나주혁신도시, 산골짜기 안에 만들어진 대구 테크노폴리스, 멀쩡한 갯벌 위에 흙을 부어 만든 송도 경제자유지구가 제시되었다. 분명히 한국의 어리석은 철근/콘크리트는 왼쪽과 오른쪽이라는 이념을 넘어서는 보편성을 보인다. 일상생활에서도 이러한 바보스러운 구조물과 건물은 넘쳐난다. 큰 도로에 갇혀 있거나, 강 한가운데에 있거나, 산 위에 자리잡고 있거나, 시골 한가운데에 자리잡은 한국의 공공시설은 여기저기에 널려있다.

물리적 기반시설 자체는 매우 중요하다. 도로, 항만, 공단, 공단, 신도시는 모

두 소홀히 다루어져서는 안 된다. 기존 물리적 기반시설과의 상호작용은 지역발
전유발 지식서비스의 특성 중 하나이다.

그렇다면 똑똑한 철근/콘크리트가 의미하는 바는 무엇인가? 첫 번째로는 기존
의 자원을 최대한 활용하고 상승작용을 가져와야 한다. 꼭 새로운 건물이나 시설
이 필요하지 않다면, 기존의 것을 활용하는 것이 좋다. 예를 들자면, 공공건물은
최대한 고쳐가면서 써야 한다.

새로운 철근/콘크리트는 기존 철근/콘크리트를 최대한 활용해야 한다. 새 고속
도로는 기존 고속도로를 잘 연결시키는데 중점을 둔다. 도심의 새 도로는 기존
도로가 최대한 활용되도록 한다. 예를 들자면 기존 순환도로가 잘 연결되도록 한
다. 이미 갖추어져 있는 인도, 자전거도로, 버스, 지하철이 상승작용을 일으킬 수
있도록 새로운 철근/콘크리트를 투입한다.

두 번째로는 지역발전유발 지식서비스와 연결된 철근/콘크리트에 중점을 두어
야 한다. 같은 건설사업이라도, 지역발전유발 지식서비스와 관련이 있는 쪽에 우
선순위가 두어져야 한다. 학교, 직업훈련기관, 병원, 보건시설, 연구개발 시설이
다른 어떤 부문보다 우선이다.

세 번째로 상식에 기초한 기본적 투자에 충실해야 한다. 각 지역단위마다 충분
한 의료/교육 시설 및 건물을 갖추어야 한다. 응급환자가 외딴 산골이나 섬으로
부터 의료중심지로 신속히 이동할 수 있는 교통수단에 대한 충분한 투자가 필요
하다.

섬을 연결하는 다리를 건설하는데 있어 돈을 세는 사업타당성 검토가 절대적
의미를 가질 수는 없다. 지역발전유발 지식서비스라는 개념은 국민의 기본 인권
이라는 명제와 궤를 같이 한다. 어느 누구의 기본권도 소홀히 생각하지 않는다는
것이 상식이다. 경제성으로 철근/콘크리트가 똑똑한지를[2] 판단할 수는 없다.

---

2) '똑똑한'은 'smart growth'라는 표현과 맥을 같이 한다. '어리석은'이라는 표현과 마찬가지이다.
'똑똑한 성장론 smart growth theory'에서는 미국 대도시 주변의 무분별한 교외 확산을 '어리
석은 성장'이라 부른다. 비경제성, 환경파괴, 삶의 질 저하 때문이다. Urban Land Institute에서
2002년 발간한 *Making Smart Growth Work*라는 책에서는 다음과 같이 똑똑한 성장의 원칙
을 제시한다. 한국과 미국이 현실이 상이하기 때문에, 독자에게는 일부 원칙이 의아할 수 있다.
2010년 전남대학교에서 나온 '공간이론과 한국도시의 현실' 5장은 이에 대한 설명을 제공한다.
1. 고밀도 복합용도 개발
2. 공지보존 空地保存

이렇듯이 새로운 지역격차에 대한 새로운 처방은 상식으로 돌아간다. 집안에
대한 비유가 마무리로서 적절하다. 집안의 제한된 자원은 앞일의 계획, 교육, 의
료에 집중되어야 한다. 그리고 집안 식구는 누구나 소중하다.

3. 교통수단 선택권 다양화
4. 더 살기 좋게 만들기
5. 기반시설의 확충 및 효율적 관리
6. 재개발과 충전개발(infill development)

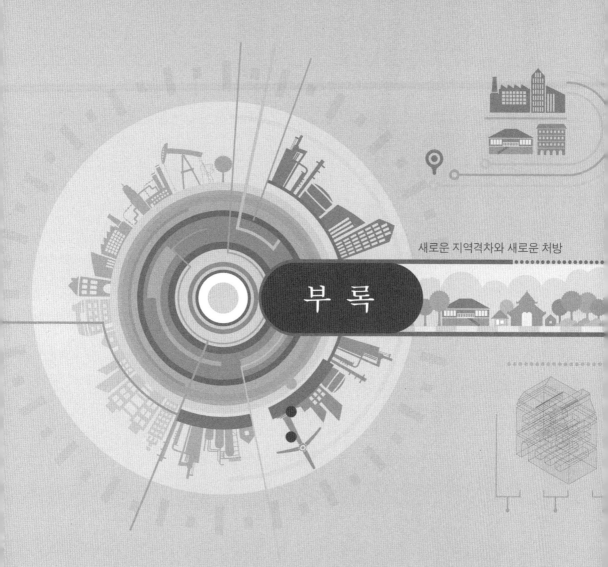

새로운 지역격차와 새로운 처방

부 록

부록 1. 송도경제자유구역에 대한 설문지

안녕하십니까? 저는 전남대학교 사회학과 _____입니다. 송도경제자유구역에 대한 논문을 작성하려 합니다. 3분 정도 걸리는 송도경제자유지구에 대한 설문조사를 부탁드리려고 합니다. 3분 정도 시간을 내주시면 감사하겠습니다.

1. 송도경제자유구역에 대해 어떻게 생각하십니까?
     1) 긍정적   2) 부정적

2. (긍정적, 부정적)으로 생각하시는 이유는 무엇입니까?

3. 송도경제자유구역이 투자금액만큼 효과가 있을 것이라고 생각하십니까?
     1) 예   2) 아니오

4. 왜 그렇게 생각하십니까?   _____

5. 송도경제자유구역의 건설이 선생님에게 득이 됩니까?
     1) 예   2) 아니오

6. (득이 된다, 득이 안된다)라고 생각하시는 이유는 무엇입니까?   _____

7. 송도경제자유구역 건설로 득을 보는 사람은 누구라고 생각하십니까?   _____

8. 이 사람들이 득을 보는 이유는 무엇입니까?   _____

9. 송도경제자유구역 건설이 인천의 경제발전에 도움이 된다고 생각하십니까?
     1) 매우 도움이 된다.   2) 조금 도움이 된다.   3) 도움이 되지 않는다.

10. 송도경제자유구역 건설이 인천의 교육환경 개선에 도움이 된다고 생각하십니까?

      1) 매우 도움이 된다.   2) 조금 도움이 된다.   3) 도움이 되지 않는다.

11. 송도경제자유구역 건설이 인천의 이미지를 좋게 하는데 도움이 된다고 생각하십니까?

      1) 매우 도움이 된다.   2) 조금 도움이 된다.   3) 도움이 되지 않는다.

12. 연세가 어떻게 되십니까?

      1) 10대   2) 20대   3) 30대   4) 40대   5) 50대   6) 60대이상

13. 여태까지 어떤 직종에 주로 종사하셨습니까?

      1) 자영업   2) 공무원   3) 회사원   4) 주부   5) 학생   6) 기타

부록 2. 송도경제자유구역 법안

경제자유구역의 지정 및 운영에 관한 법률
법률 제6835호 신규제정 2002. 12. 30.

제1장 총 칙

제1조 (목적) 관련판례
이 법은 경제자유구역의 지정 및 운영을 통하여 외국인투자기업의 경영환경과 외국인의 생활여건을 개선함으로써 외국인투자를 촉진하고 나아가 국가경쟁력의 강화와 지역간 균형발전을 도모함을 목적으로 한다.

제2조 (정의) 관련판례
이 법에서 사용하는 용어의 정의는 다음 각호와 같다.
1. "경제자유구역"이라 함은 외국인 투자기업의 경영환경과 외국인의 생활여건을 개선하기 위하여 조성된 지역으로서 제4조의 규정에 의하여 지정·고시되는 지역을 말한다.
2. "경제자유구역개발계획"이라 함은 경제자유구역의 개발에 관한 기본계획으로서 제6조의 규정에 의한 내용을 포함하고 있는 계획을 말한다.
3. "외국인"이라 함은 외국인투자촉진법 제2조제1항제1호의 규정에 해당하는 자를 말한다.
4. "외국인투자기업"이라 함은 외국인투자촉진법 제2조제1항제6호의 규정에 의한 기업을 말한다.
5. "외국교육기관"이라 함은 외국의 법령에 근거하여 설립·운영되는 학교(분교를 포함한다)를 말한다.

제3조 (다른 계획과의 관계)

이 법에 의한 경제자유구역개발계획은 다른 법률에 의한 개발계획에 우선한다. 다만, 국토건설종합계획법 및 군사시설보호법에 의한 계획에 대하여는 그러하지 아니하다.

제2장 경제자유구역의 지정

제4조 (경제자유구역의 지정 등) 관련판례

① 특별시장·광역시장 또는 도지사(이하 "시·도지사"라 한다)는 재정경제부장관에게 경제자유구역의 지정을 요청할 수 있다. 다만, 대상구역이 2개 이상의 특별시·광역시 또는 도(이하 "시·도"라 한다)에 걸쳐 있는 경우에는 해당 시·도지사가 공동으로 지정을 요청하여야 한다.

② 시·도지사는 제1항의 규정에 의하여 경제자유구역의 지정을 요청하고자 하는 때에는 경제자유구역개발계획을 작성하여 이를 제출하여야 한다.

③ 재정경제부장관은 제25조의 규정에 의한 경제자유구역위원회(이하 "경제자유구역위원회"라 한다)의 심의·의결을 거쳐 시·도지사가 제출한 경제자유구역개발계획을 확정하고 경제자유구역을 지정한다. 이 경우 제1항의 규정에 의하여 경제자유구역의 지정을 요청한 시·도지사의 의견을 들어야 한다.

④ 재정경제부장관은 경제자유구역의 개발이 필요하다고 인정하는 경우에는 관할 시·도지사의 동의를 얻은 후 경제자유구역위원회의 심의·의결을 거쳐 경제자유구역개발계획을 수립하고 경제자유구역을 지정할 수 있다.

⑤ 재정경제부장관은 경제자유구역을 지정함에 있어서 필요한 경우에는 경제자유구역의 개발을 단계적으로 시행하도록 할 수 있다.

⑥ 재정경제부장관은 제3항 또는 제4항의 규정에 의하여 경제자유구역을 지정한 때에는 대통령령이 정하는 바에 따라 그 내용을 관보에 고시하고, 지체없이 이를 관할 시·도지사에게 통지하여야 한다.

⑦ 제6항의 규정에 의한 통지를 받은 시·도지사는 그 내용을 14일 이상 일반인이 열람할 수 있도록 하여야 한다.

제5조 (경제자유구역의 지정시 고려사항)

경제자유구역위원회는 제4조제3항 또는 제4항의 규정에 의한 심의·의결을 함에 있어 다음 각호의 사항을 고려하여야 한다.

1. 외국인의 투자유치 및 정주(定住)가능성
2. 지역경제 및 지역균형발전에 대한 파급효과
3. 필요한 부지확보의 용이성 및 개발비용
4. 국제공항·국제항만·광역교통망·정보통신망·용수·전력 등 기반시설
5. 환경적으로 건전하고 지속가능한 발전의 가능성
6. 지방자치단체의 지원체계 및 지원내용
7. 그 밖에 대통령령이 정하는 사항

제6조 (경제자유구역개발계획) 관련판례

경제자유구역개발계획에는 다음 각호의 사항이 포함되어야 한다.

1. 경제자유구역의 명칭·위치 및 면적
2. 경제자유구역 지정의 필요성
3. 경제자유구역안에서 실시되는 개발사업(이하 "개발사업"이라 한다)의 시행자
4. 개발사업의 시행방법
5. 재원조달방법
6. 토지이용계획 및 주요 기반시설계획
7. 인구수용계획 및 주거시설 조성계획
8. 교통처리계획
9. 산업유치계획
10. 보건의료·교육·복지시설 설치계획
11. 환경보전계획
12. 외국인의 투자유치 및 정주를 위한 환경조성계획
13. 그 밖에 대통령령이 정하는 사항

제7조 (경제자유구역의 지정 해제 등)

재정경제부장관은 직접 또는 시·도지사로부터 요청이 있는 경우 경제자유구역위원회의 심의·의결을 거쳐 경제자유구역의 지정을 해제하거나 경제자유구역 개발계획의 내용을 변경할 수 있다. 이 경우 해제 또는 변경의 절차에 관여하는 제4조의 규정을 준용하되, 대통령령이 정하는 경미한 사항을 변경하는 경우에는 경제자유구역위원회의 심의·의결을 거치지 아니할 수 있다.

제8조 (경제자유구역 지정의 효과)

경제자유구역의 지정이 있는 때에는 다음 각호의 결정·승인 및 지정이 있은 것으로 본다.

1. 도시개발법 제3조의 규정에 의한 도시개발구역의 지정, 동법 제4조의 규정에 의한 도시개발사업계획의 수립
2. 택지개발촉진법 제3조의 규정에 의한 예정지구의 지정, 동법 제8조의 규정에 의한 택지개발계획의 승인
3. 산업입지및개발에관한법률 제6조 내지 제7조의2의 규정에 의한 국가산업단지·일반지방산업단지 및 도시첨단산업단지의 지정
4. 관광진흥법 제50조의 규정에 의한 관광지 및 관광단지의 지정

제3장 경제자유구역 개발사업의 시행

제9조 (실시계획의 승인) 관련판례

① 개발사업시행자는 제4조제6항의 규정에 의한 고시일부터 2년 이내에 대통령령이 정하는 바에 따라 실시계획을 작성하여 재정경제부장관의 승인을 얻어야 한다. 승인을 얻은 사항을 변경하고자 하는 때에도 또한 같다. 다만, 제4조제5항의 규정에 의하여 경제자유구역의 개발을 단계적으로 시행하는 경우 최종 단계의 실시계획의 승인신청은 고시일부터 10년의 범위 이내에 따로 정하는 때까지 하여야 한다.
② 재정경제부장관은 제1항의 규정에 의하여 실시계획을 승인하거나 변경승인

하고자 하는 경우에는 경제자유구역위원회의 심의·의결을 거쳐야 한다.

③ 재정경제부장관은 제1항의 규정에 의하여 실시계획을 승인하거나 변경승인을 하고자 하는 경우에는 관할 시·도지사와 협의하여야 한다. 다만, 대통령령이 정하는 경미한 사항을 변경승인하는 때에는 그러하지 아니하다.

④ 제1항의 규정에 의한 실시계획에는 국토의계획및이용에관한법률 제52조의 규정에 따라 작성된 지구단위계획이 포함되어야 한다.

제10조 (실시계획승인 고시 등) 관련판례

① 재정경제부장관은 제9조의 규정에 따라 실시계획을 승인 또는 변경승인 하는 경우 지체없이 이를 관보에 고시하고 관계 서류의 사본을 관할 시·도지사에게 송부하여야 한다.

② 제1항의 규정에 의하여 관계 서류의 사본을 송부받은 시·도지사는 그 내용을 14일 이상 일반인이 열람할 수 있도록 하여야 한다.

제11조 (인·허가 등의 의제) 관련판례

① 개발사업시행자가 제9조의 규정에 의한 실시계획의 승인 또는 변경승인을 얻은 경우에는 다음 각호의 허가·인가·지정·승인·협의 및 신고 등(이하 "허가등"이라 한다)을 받은 것으로 보며, 제10조의 규정에 의하여 실시계획의 승인이 고시된 때에는 다음 각호의 관계 법률에 의한 허가 등의 고시 또는 공고가 있은 것으로 본다. [개정 2002. 12. 30, 법률 제6841호] [[시행일 2003.10.1.]]

1. 초지법 제21조의2의 규정에 의한 토지의 형질변경 등의 허가 및 동법 제23조의 규정에 의한 초지전용 허가

2. 산지관리법 제14조·제15조의 규정에 의한 산지전용허가 및 산지전용신고, 산림법 제57조의 규정에 의한 보안림의 지정해제, 동법 제62조의 규정에 의한 보안림 구역안에서 행위의 허가, 동법 제73조의 규정에 의한 국유림 안에서의 벌채 승인 또는 동의 및 동법 제90조제1항의 규정에 의한 입목 벌채 등의 허가 [[시행일 2003.10.1.]]

3. 농지법 제36조의 규정에 의한 농지법의 전용허가 또는 협의

4. 농어촌정비법 제20조의 규정에 의한 농업기반시설의 목적의 사용 승인 및 제67조제4항의 규정에 의한 농어촌휴양지개발사업계획의 승인

5. 산업집적활성화및공장설립에관한법률 제13조제1항의 규정에 의한 공장설립 등의 승인

6. 하천법 제6조의 규정에 의한 관리청과의 협의 또는 승인, 동법 제30조의 규정에 의한 하천공사 시행의 허가 및 동법 제33조의 규정에 의한 하천 점용 등의 허가

7. 공유수면매립법 제9조의 규정에 의한 매립면허, 동법 제13조의 규정에 의한 고시, 동법 제15조의 규정에 의한 실시계획의 인가·고시 및 동법 제38조의 규정에 의한 협의 또는 승인

8. 오수·분뇨및축산폐수의처리에관한법률 제21조의 규정에 의한 분뇨처리시설의 설치승인

9. 폐기물관리법 제30조의 규정에 의한 폐기물처리시설의 설치승인 또는 신고

10. 수도법 제12조 및 제33조의2의 규정에 의한 일반수도사업 및 공업용수도사업의 설치의 인가와 동법 제36조 및 제38조의 규정에 의한 전용상수도 및 전용공업수도 설치의 인가

11. 전기사업법 제7조의 규정에 의한 발전사업·송전사업·배전사업 또는 전기판매사업의 허가 및 동법 제62조의 규정에 의한 자가용 전기설비의 공사계획의 인가 또는 신고

12. 체육시설의설치·이용에관한법률 제12조의 규정에 의한 사업계획의 승인

13. 관광진흥법 제52조의 규정에 의한 관광지·관광단지 조성계획의 승인

14. 공유수면관리법 제5조의 규정에 의한 공유수면의 점·사용허가 및 동법 제8조의 규정에 의한 실시계획의 인가(매립면허를 받은 매립예정지를 제외한다)

15. 도로법 제8조의 규정에 의한 도로관리청과의 협의 또는 승인, 동법 제34조의 규정에 의한 도로공사 시행의 허가 및 동법 제40조의 규정에 의한 도로점용의 허가

16. 국토의계획및이용에관한법률 제30조의 규정에 의한 도시관리계획의 결정, 동법 제56조의 규정에 의한 토지의 분할·형질변경 허가, 동법 제86조의 규정에 의한 도시계획시설사업시행자의 지정 및 동법 제88조의 규정에 의한 실시계획의 인가

17. 하수도법 제13조의 규정에 의한 공공하수도공사의 시행허가 및 동법 제20조의 규정에 의한 공공하수도의 점용 허가

18. 장사등에관한법률 제23조의 규정에 의한 분묘의 개장 허가

19. 항만법 제9조제2항의 규정에 의한 항만공사 시행의 허가 및 동법 제10조제2항의 규정에 의한 실시계획의 승인

20. 도시개발법 제11조의 규정에 의한 도시개발사업시행자의 지정, 동법 제13조의 규정에 의한 조합의 설립인가, 동법 제17조 및 제18조의 규정에 의한 실시계획 인가, 고시 등

21. 택지개발촉진법 제9조의 규정에 의한 택지개발사업실시계획의승인

22. 도시및주거환경정비법 제28조의 규정에 의한 사업시행인가

23. 주택건설촉진법 제20조의 규정에 의한 아파트지구개발기본계획의 승인

24. 사도법 제4조의 규정에 의한 사도 개설허가

25. 사방사업법 제14조의 규정에 의한 벌채 등의 허가 및 동법 제20조의 규정에 의한 사방지 지정의 해제

26. 소하천정비법 제10조의 규정에 의한 소하천공사의 시행허가

27. 골재채취법 제22조의 규정에 의한 골재채취의 허가

28. 국유재산법 제24조의 규정에 의한 국유재산의 사용·수익허가

29. 지방재정법 제82조제1항 단서의 규정에 의한 사용·수익허가

30. 집단에너지사업법 제4조의 규정에 의한 집단에너지의 공급타당성에 관한 협의

31. 에너지이용합리화법 제8조의 규정에 의한 에너지사용계획의 협의

32. 환경·교통·재해등에관한영향평가법 제17조의 규정에 의한 평가서의 협의. 다만, 환경영향평가서의 협의를 제외한다.

33. 유통단지개발촉진법 제11조에 의한 유통단지개발실시계획의 승인

34. 산업입지및개발에관한법률 제16조의 규정에 의한 산업단지개발 사업시행
   자의 지정, 동법 제17조·제18조의 규정에 의한 산업단지개발사업실시계
   획의 승인

② 재정경제부장관은 제9조의 규정에 의하여 개발사업의 실시계획을 승인 또
   는 변경승인 하는 경우 그 실시계획에 제1항 각호의 1에 해당하는 사항이
   포함되어 있는 때에는 관계 행정기관의 장과 미리 협의하여야 한다. 이 경
   우 관계 행정기관의 장은 당해 법률에서 규정한 허가등의 기준에 위반하여
   협의에 응하여서는 아니된다.

제12조 (개발사업의 착수)

① 경제자유구역에 대한 개발사업의 착수기한은 제9조제1항의 규정에 의하여
   실시계획의 승인을 얻은 날부터 1년 이내로 한다. 다만, 재정경제부장관은
   사업착수기한의 연기가 불가피하다고 인정되는 경우에는 1년의 범위 이내
   에서 1회에 한하여 사업착수기한을 연기할 수 있다.

② 제1항의 규정에 의한 사업착수기한 이내에 그 사업에 착수하지 아니하는
   경우에는 사업착수기한이 만료되는 날의 다음날에 그 실시계획의 승인은
   효력을 잃는다.

제13조 (토지용수)

① 개발사업시행자는 개발사업의 시행을 위하여 필요한 때에는 공익사업을위
   한토지등의취득및보상에관한법률 제2조에서 정하는 토지·물건 또는 권리
   (이하 "토지등"이라 한다)를 수용(사용을 포함한다. 이하 같다)할 수 있다.

② 제10조의 규정에 의한 실시계획 승인의 고시가 있는 때에는 공익사업을위
   한토지등의취득및보상에관한법률 제20조 및 제22조의 규정에 의한 사업인
   정 및 사업인정의 고시가 있는 것으로 보며, 재결의 신청은 동법 제23조
   및 동법 제28조의 규정에 불구하고 제9조의 규정에 의한 실시계획에서 정
   하는 사업시행기간 이내에 하여야 한다.

③ 제1항의 규정에 의한 토지등의 수용에 관한 재결의 관할 토지수용위원회는

중앙토지수용위원회로 한다.

④ 제1항의 규정에 의한 토지등의 수용에 관하여는 이 법에 특별한 규정이 있는 경우를 제외하고는 공익사업을위한토지등의취득및보상에관한법률을 준용한다.

제14조 (준공검사)

① 개발사업시행자가 개발사업의 전부 또는 일부를 완료한 때에는 대통령령이 정하는 바에 따라 지체없이 재정경제부장관의 준공검사를 받아야 한다. 이 경우 재정경제부장관은 관계 행정기관의 장과 미리 협의하여야 한다.

② 개발사업시행자가 제1항의 규정에 의하여 준공검사를 받은 때에는 제11조 제1항 각호의 규정에 의한 허가등에 따른 당해 사업의 준공검사 또는 준공인가를 받은 것으로 본다.

③ 제1항의 규정에 의한 준공검사 전에는 개발된 토지나 설치된 시설을 사용할 수 없다. 다만, 대통령령이 정하는 바에 따라 재정경제부장관의 사용허가를 받은 경우에는 그러하지 아니하다.

④ 시·도지사는 개발사업이 준공된 지구에 대하여 제10조의 규정에 따라 고시된 실시계획에 포함된 지구단위계획에 의하여 관리하여야 한다.

제15조 (조세 및 부담금의 감면)

① 국가 및 지방자치단체는 경제자유구역 개발사업을 원활히 시행하기 위하여 필요한 경우에는 개발사업시행자에 대하여 조세특례제한법·관세법 및 지방세법이 정하는 바에 따라 법인세·소득세·관세·취득세·등록세·재산세 및 종합토지세 등의 조세를 감면할 수 있다.

② 국가 및 지방자치단체는 경제자유구역 개발사업을 원활히 시행하기 위하여 필요한 경우에는 개발사업시행자에 대하여 개발이익환수에관한법률, 농지법, 초지법, 산지관리법, 도시교통정비촉진법, 자연환경보전법, 공유수면관리법 및 환경개선비용부담법이 정하는 바에 따라 개발부담금, 농지조성비, 대체초지조성, 대체산림자원조성비, 교통유발부담금, 생태계보전협력금, 공

유수면 점·사용료 및 환경개선부담금을 감면할 수 있다. [개정 2002. 12. 30, 법률 제6841호] [[시행일 2003.10.1.]]

제4장 외국인투자기업의 경영활동 지원

제16조 (세제 및 자금지원)

① 국가 및 지방자치단체는 경제자유구역에 입주하는 외국인투자기업(이하 "입주외국인투자기업"이라 한다)에 대하여 조세특례제한법·관세법 및 지방세법이 정하는 바에 따라 국세 및 지방세를 감면할 수 있다.

② 지방자치단체는 외국인투자기업을 유치하기 위하여 입주외국인투자기업에 임대하는 부지의 조성, 토지등의 임대료 감면, 의료시설·교육시설·주택 등 각종 외국인 편의시설의 설치에 필요한 자금을 지원할 수 있다.

③ 국가는 지방자치단체가 제2항의 규정에 따라 자금을 지원하는 경우 대통령령이 정하는 바에 따라 이를 지원하여야 한다.

④ 국가 및 지방자치단체는 국유재산법·지방재정법 그 밖에 다른 법령의 규정에 불구하고 입주외국인투자기업에 대하여 국·공유 재산의 임대료를 대통령령이 정하는 바에 따라 감면할 수 있다.

⑤ 국가 및 지방자치단체는 국유재산법·지방재정법 그 밖에 다른 법령의 규정에 불구하고 개발사업시행자 또는 입주외국인투자기업에 대하여 국가 또는 지방자치단체가 소유하는 국·공유재산을 수의계약에 의하여 사용·수익허가 또는 대부하거나 매각할 수 있다.

제17조 (다른 법률의 적용배제 등)

① 입주외국인투자기업에 대하여는 국가유공자등예우및지원에관한법률 제31조, 장애인고용촉진및직업재활법 제24조, 고령자고용촉진법 제12조의 규정을 적용하지 아니한다.

② 입주외국인투자기업에 대하여는 중소기업의사업영역보호및기업간협력증진에관한법률 제4조 및 제12조의 규정을 적용하지 아니한다.

③ 입주외국인투자기업에 대하여는 수도권정비계획법 제7조·제8조·제12조·제18조 및 제19조의 규정을 적용하지 아니한다.

④ 입주외국인투자기업에 대하여는 근로기준법 제54조 및 제71조의 규정에 불구하고 무급휴일 또는 여성인 근로자에게 무급생리휴가를 줄 수 있고, 동법 제57조의 규정을 적용하지 아니한다.

⑤ 노동부장관은 입주외국인투자기업에 대하여 파견근로자보호등에관한법률 제5조 및 제6조의 규정에 불구하고 경제자유구역위원회의 심의·의결을 거친 전문업종에 한하여 근로자파견대상업무를 확대하거나 파견기간을 연장할 수 있다.

⑥ 입주외국인투자기업에 대하여는 국유재산법 제24조제3항·제27조제1항·제36조제1항 및 지방재정법 제82조제2항·제83조제2항의 규정에 불구하고 국·공유재산 임대기간을 50년의 범위 이내로 할 수 있으며, 영구시설물을 축조하게 할 수 있다. 이 경우 당해 시설물의 종류 등을 고려하여 임대기간이 종료되는 때에 이를 국가 또는 지방자치단체에 기부하거나 원상회복하여 반환하는 조건을 붙일 수 있다.

제18조 (기반시설에 대한 우선 지원)

국가 및 지방자치단체는 경제자유구역의 활성화를 위하여 대통령령이 정하는 바에 따라 도로, 용수 등 기반시설을 설치하는데 우선적으로 지원하여야 한다.

제19조 (산업평화의 유지)

경제자유구역안에 입주하는 기업의 사용주와 근로자는 노동쟁의에 관한 관계 법률상의 절차를 엄격히 준수함으로써 산업평화를 유지하도록 노력하여야 한다.

제5장 외국인 생활여건의 개선

제20조 (외국어 서비스의 제공)

① 시·도지사는 입주외국인투자기업 및 외국인의 편의증진을 위하여 공문서

를 외국어로 발간·접수·처리 하는 등 외국어 서비스를 제공하여야 한다.

② 제1항의 규정에 의한 서비스의 제공범위 및 방법 등에 관하여 필요한 사항
은 대통령령으로 정한다.

제21조 (경상거래에 따른 지급) 관련문헌

경제자유구역에서 대통령령이 정하는 규모 이하의 경상거래에 따른 대가는 거래당사자간에 외국환거래법 제3조제1항제4호의 규정에 의한 대외지급수단으로 직접 지급할 수 있다.

제22조 (외국교육기관의 설립·운영 등)

① 외국학교법인은 사립학교법 제3조의 규정에 불구하고 교육인적자원부장관
의 승인을 얻어 경제자유구역에 외국교육기관을 설립할 수 있다.

② 교육인적자원부장관은 제1항의 규정에 따라 외국교육기관을 승인하고자 하
는 경우에는 경제자유구역위원회의 심의·의결을 거쳐야 한다.

③ 제1항의 규정에 의하여 외국교육기관을 설립할 수 있는 외국학교 법인의
자격, 외국교육기관의 승인조건 등 외국교육기관의 설립과 운영 등을 위하
여 필요한 사항은 따로 법률로 정한다.

④ 제1항의 규정에 의하여 설립되는 외국교육기관에 대하여는 수도권정비계획
법 제7조·제8조 및 제18조의 규정을 적용하지 아니한다.

⑤ 국가는 국민이 경제자유구역에 있는 외국교육기관과 초·중등교육법 제60
조의2의 규정에 의한 외국인학교에 입학하고자 하는 경우 외국거주요건 등
을 이유로 입학을 제한하여서는 아니된다.

⑥ 국가 및 지방자치단체는 경제자유구역에 설립되는 외국교육기관에 대하여
부지의 매입, 시설의 건축 또는 학교의 운영에 필요한 자금을 지원하거나
부지를 공여할 수 있다.

⑦ 경제자유구역에 소재하는 학교로서 국제관계 또는 외국의 특정지역에 관한
교육 등으로 국제화된 전문인력의 양성을 목적으로 하는 고등학교(이하
"국제고등학교"라 한다)의 경우 초·중등교육법 제21조, 교육공무원법 제6

조·제32조제1항 및 사립학교법 제52조·제54조의4제1항·제3항의 규정에 불구하고 대통령령이 정하는 바에 따라 임용자격, 임용기간, 급여, 근무조건, 업적 및 성과 등 계약조건을 정하여 교육과정 운영에 필요한 외국인 교원을 임용할 수 있다.

⑧ 국제고등학교에 대하여는 초·중등교육법 제23조·제24조·제26조·제29조 및 제46조의 규정을 적용하지 아니할 수 있다.

⑨ 국제고등학교의 장은 초·중등교육법 제47조의 규정에 불구하고 중학교 졸업 이상의 학력이 있다고 인정된 외국인의 입학을 허용할 수 있다.

제23조 (외국인전용 의료기관 또는 약국의 개설)

① 외국인은 보건복지부장관의 허가를 받아 경제자유구역에 외국인전용 의료기관을 개설할 수 있다. 이 경우 외국인전용 의료기관의 종별은 의료법 제3조의 규정에 의한 종합병원·병원·치과병원 및 요양병원으로 한다.

② 외국인은 보건복지부장관에게 등록하는 경우 경제자유구역에 외국인전용 약국을 개설할 수 있다.

③ 보건복지부장관은 제1항의 규정에 따라 외국인전용 의료기관을 허가하는 경우에는 경제자유구역위원회의 심의·의결을 거쳐야 한다.

④ 이 법에 의하여 개설된 외국인전용 의료기관 또는 약국은 의료법 또는 약사법에 의하여 개설된 의료기관 또는 약국으로 본다.

⑤ 제1항 및 제2항의 규정에 의하여 개설된 외국인전용 의료기관 또는 약국은 국민건강보험법 제40조제1항의 규정에 불구하고 동법에 의한 요양기관으로 보지 아니한다.

⑥ 외국의 의사·치과의사 또는 약사면허 소지자는 보건복지부장관이 정하는 기준에 적합한 경우 경제자유구역에 개설된 외국인전용 의료기관 또는 약국에 종사할 수 있다. 이 경우 외국의 의사·치과의사 면허소지자는 의료법 제2조에 허용된 의료인 종별 업무범위를 벗어날 수 없다.

⑦ 외국인전용 의료기관 또는 약국에 종사하는 의사·치과의사 또는 약사는 내국인을 대상으로 의료업 또는 약업을 행할 수 없다.

⑧ 외국인전용 의료기관 또는 약국 개설자는 시설의 내·외부에 외국인전용 의료기관 또는 약국임을 내국인이 알 수 있도록 명확하게 표시하여야 한다.

⑨ 보건복지부장관은 외국인전용 의료기관 또는 약국중 관련 규정의 적용을 위하여 필요한 사항을 별도로 정하고자 하는 경우에는 경제자유구역위원회의 심의·의결을 거쳐야 한다.

제24조 (외국방송의 재송신)

경제자유구역을 방송구역으로 하는 종합유선방송사업자는 방송법 제70조제1항의 규정에 불구하고 대통령령이 정하는 범위 이내에서 외국방송을 재송신하는 채널의 수를 구성·운용할 수 있다.

제6장 경제자유구역위원회 등

제25조 (설치 및 운영)

① 경제자유구역에 관한 사무를 수행하기 위하여 재정경제부에 경제자유구역위원회를 둔다.

② 경제자유구역위원회는 다음 각호의 사항을 심의·의결한다.

 1. 경제자유구역에 관한 기본정책과 제도에 관한 사항

 2. 경제자유구역의 지정, 지정해제 및 변경에 관한 사항

 3. 제6조의 규정에 의한 경제자유구역개발계획에 관한 사항

 4. 경제자유구역에서 외국인투자기업들이 사업하는데 필요한 행정서비스의 지원에 관한 사항

 5. 경제자유구역의 개발에 관한 사항

 6. 경제자유구역과 관련하여 중앙행정기관의 장 및 시·도지사와의 의견 조정에 관한 사항

 7. 그 밖에 경제자유구역의 지정·운영에 관하여 필요한 사항으로서 대통령령이 정하는 사항

③ 경제자유구역위원회는 위원장 1인, 부위원장 1인, 당연직 위원과 10인 이

내의 위촉위원으로 구성한다.

④ 위원장은 재정경제부장관이 되고, 부위원장은 제6항의 규정에 의한 위촉위원중 호선되는 자가 된다.

⑤ 당연직 위원은 중앙행정기관의 장 및 이에 준하는 기관의 장 중에서 대통령령이 정하는 자가 된다.

⑥ 위촉위원은 공무원이 아닌 자로서 경제자유구역의 발전 및 운영에 이바지할 수 있는 지식과 경험이 풍부한 자 중에서 위원장이 위촉한다.

⑦ 경제자유구역위원회의 구성 및 운영에 관하여 필요한 사항은 대통령령으로 정한다.

제26조 (경제자유구역기획단)

① 경제자유구역위원회를 실무적으로 실무적으로 보좌하는 업무를 수행하기 위하여 재정경제부에 경제자유구역기획단을 둔다.

② 경제자유구역기획단은 다음 각호의 업무를 수행한다.

1. 경제자유구역에 관한 정책 및 제도의 입안·기획

2. 경제자유구역에 관한 법제의 운영

3. 경제자유구역의 개발계획 협의

4. 경제자유구역위원회의 의안 작성 등 경제자유구역위원회의 운영 보좌

5. 경제자유구역과 관련되는 자료의 조사, 홍보 및 국제 협력

6. 그 밖에 대통령령이 정하는 사항

③ 경제자유구역기획단의 구성 및 운영에 관하여 필요한 사항은 대통령령으로 정한다.

제27조 (지방자치단체의 사무처리 특례)

① 경제자유구역안의 시장·군수 또는 자치구의 구청장이 수행하는 사무중 다음 각호의 규정에 의한 사무는 시·도지사가 이를 직접 수행한다. [개정 2002. 12. 30, 법률 제6841호] [[시행일 2003.10.1.]]

1. 주택건설촉진법 제32조·제33조의2·제44조·제44조의3의 규정에 의한 주

택의 공급 등에 관한 사무

2. 건축법 제4조·제8조·제9조·제10조·제12조제3항·제14조 내지 제16조·
제18조·제23조·제25조·제25조의2·제27조·제29조·제35조·제36조·제
69조·제72조·제74조 및 제83조의 규정에 의한 건축허가 및 건축물관리
등에 관한 사무

3. 환경·교통·재해등에관한영향평가법 제6조의 규정에 의한 환경영향평가
등에 관한 사무

4. 자원의절약과재활용촉진에관한법률 제7조·제15조·제32조·제34조·제42
조의 규정에 의한 자원재활용 등에 관한 사무

5. 폐기물관리법 제5조 내지 제7조·제13조·제15조 및 제24조의 규정에 의
한 폐기물처리시설의 설치 및 관리 등에 관한 사무

6. 토양환경보전법 제11조 및 제12조의 규정에 의한 토양환경의 보전에 관한
사무

7. 수질환경보전법 제38조의2·제38조의4 및 제60조의 규정에 의한 수질환경
의 보전에 관한 사무

8. 오수·분뇨및축산폐수의처리에관한법률 제4조의2·제10조·제12조·제14조·
제14조의2·제16조·제18조 내지 제20조·제26조·제28조·제32조·제34
조·제35조·제45조 및 제51조의 규정에 의한 오수·분뇨 및 축산폐수의
처리 등에 관한 사무

9. 먹는물관리법 제6조 및 제7조의 규정에 의한 먹는물의 관리 등에 관한 사무

10. 수도법 제11조·제21조의2·제32조·제38조의2·제59조 및 제65조의 규
정에 의한 중수도의 설치 및 관리 등에 관한 사무

11. 해양오염방지법 제50조의 규정에 의한 방제조치 등에 관한 사무

12. 하수도법 제7조·제20조 내지 제24의2·제26조 내지 제29조·제32조·제
37조·제37조의2·제38조·제39조·제40조의 규정에 의한 하수도관리 등
에 관한 사무

13. 지하수법 제7조 내지 제10조·제13조 내지 제17조·제20조·제21조·제
31조 내지 제35조 및 제41조의 규정에 의한 지하수 개발 및 이용 등에

관한 사무

14. 산림법 제90조, 산지관리법 제14조·제15조·제25조 및 제32조의 규정에 의한 임목벌채·산지전용·채석 및 토사채취 허가 등 산림이용 및 관리에 관한 사무 [[시행일 2003.10.1.]]

15. 도시공원법 제4조 내지 제9조·제11조 내지 제16조·제18조·제20조·제21조·제23조의2·제26조·제29조 및 국토의계획및이용에관한법률 제86조에 의한 도시공원조성계획의 입안 및 도시공원의 설치·관리 등에 관한 사무

16. 농지법 제8조·제10조·제11조·제13조·제14조·제19조·제37조·제38조·제45조 내지 제48조·제51조 및 제52조의 규정에 의한 농지전용허가 및 협의, 농지이용계획의 수립 등에 관한 사무

17. 관광진흥법 제5조·제33조 내지 제36조·제72조·제73조 및 제81조의 규정에 의한 유원시설의 허가 및 관리에 관한 사무

18. 옥외광고물등관리법 제3조·제7조 내지 제10조의2·제13조·제15조·제20조 및 제20조의2의 규정에 의한 옥외광고물 등의 허가 및 관리 등에 관한 사무

19. 공유수면관리법 제5조 내지 제10조·제12조 내지 제14조·제16조 내지 제19조 및 제24조의 규정에 의한 공유수면의 점·사용허가 및 관리 등에 관한 사무

20. 도시개발법 제3조·제7조·제10조·제11조·제25조·제28조 및 제45조의 규정에 의한 도시개발구역의 지정신청 등에 관한 사무

21. 부동산등기특별조치법 제3조 내지 제5조 및 제 12조의 규정에 의한 부동산등기해태과태료의 부과·징수 등에 관한 사무

22. 외국인토지법 제4조 내지 제6조 및 제9조의 규정에 의한 외국인등의 토지취득허가 및 신고 등에 관한 사무

23. 국토의계획및이용에관한법률 제118조 내지 제124조 및 제144조의 규정에 의한 토지거래 허가, 과태료 부과·징수 등에 관한 사무

24. 개발이익환수에관한법률 제23조제2항의 규정에 의한 개발부담금 징수 등

에 관한 사무

25. 도로법 제19조·제20조·제23조의2·제24조·제25조·제28조·제39조·제50조 및 제54조의5의 규정에 의한 도시계획사업의 시행, 지방도·시군도의 신설·개수 및 유지, 도로구역의 결정 또는 도시계획결정, 도로관리 등에 관한 사무

26. 지방세법 제2조 및 제6조의 규정에 의한 지방세의 부과·징수 등에 관한 사무

27. 도로교통법 제104조의 규정에 의한 권한의 위임·위탁에 관한 사무

28. 식품위생법 제22조·제25조·제55조 내지 제59조·제62조·제64조·제65조·제67조·제69조 및 제78조의 규정에 의한 영업의 허가, 허가의 취소, 과태료 부과 등에 관한 사무

29. 공중위생관리법 제3조·제11조·제11조의2·제12조 및 제23조의 규정에 의한 공중위생영업의 신고, 공중위생업소 폐쇄 등에 관한 사무

30. 약사법 제21조·제33조·제41조 및 제42조의 규정에 의한 의약품 조제, 약국제제의 제조, 의약품의 판매 등에 관한 사무

② 시·도지사는 제1항의 규정에 의한 사무를 처리하기 위하여 이를 전담하는 행정기구(이하 "행정기구"라 한다)를 설치한다. 이 경우 경제자유구역이 2개 이상의 시·도에 걸쳐 있는 경우에는 해당 시·도지사가 협의하여 공동의 행정기구를 설치한다.

③ 행정기구의 장은 시·도지사가 임명하되, 재정경제부장관과 미리 협의하여야 한다. 이 경우 경제자유구역이 2개 이상이 시·도에 걸쳐 있는 경우에는 해당 시·도지사가 협의하여 공동 임명한다.

④ 국가는 행정기구의 운영에 소요되는 경비의 일부를 지원하여야 한다.

제28조 (옴부즈만 등)

① 입주외국인투자기업의 경영 및 생활애로사항에 대한 해결을 지원하기 위하여 행정기구에 옴부즈만을 둔다.

② 경제자유구역내 상사분쟁을 공정·신속하게 해결하고 국제거래질서를 확립

하기 위하여 행정기구에 중재법 제40조의 규정에 의하여 산업자원부장관이 지정하는 상사중재를 행하는 사단법인의 지부를 설치한다.

제7장 보 칙

제29조 (고시)

① 재정경제부장관은 경제자유구역의 운영목적에 비추어 경제자유구역에 입주하는 것이 부적절하다고 판단되는 업종 또는 시설중 대통령령이 정하는 업종 또는 시설(이하 "퇴출업종등" 이라 한다)에 대하여 경제자유구역위원회의 심의·의결을 거쳐 고시할 수 있다.

② 재정경제부장관은 퇴출업종등이 경제자유구역에 입주한 경우에는 해당 기업의 영업정지 또는 시설의 폐쇄를 명할 수 있다. 경제자유구역에 입주한 자가 제1항의 규정에 의하여 고시한 업종으로 변경하거나 시설을 설치하는 경우에도 또한 같다.

③ 재정경제부장관은 제2항의 규정에 의하여 폐쇄를 명하고자 하는 경우에는 청문을 실시하여야 한다.

④ 재정경제부장관은 제2항의 규정에 의하여 명령을 받은 자가 그 의무를 이행하지 아니한 때에는 행정대집행법에 의하여 이를 대집행할 수 있다.

⑤ 제1항의 규정에 의한 고시일 현재 당해 경제자유구역에 이미 존재하는 퇴출업종등에 대하여는 제2항 내지 제4항의 규정을 적용하지 아니한다.

제30조 (권한의 위임)

중앙행정기관의 장은 이 법의 규정에 의한 권한의 일부를 대통령령이 정하는 바에 따라 시·도지사에게 위임할 수 있다.

제8장 벌 칙

제31조 (벌칙)

제23조제6항 또는 제7항의 규정을 위반하여 외국인전용 의료기관 또는 약국에 종사하는 의사 또는 약사는 5년 이하의 징역 또는 5천만원 이하의 벌금에 처한다.

제32조 (벌칙)

다음 각호의 1에 해당하는 자는 3년 이하의 징역 또는 3천만원 이하의 벌금에 처한다.

1. 제22조제1항의 규정을 위반하여 거짓 그 밖의 부정한 방법으로 외국교육 기관의 승인을 얻은 자
2. 제22조제1항의 규정을 위반하여 교육인적자원부장관의 승인없이 학생을 모 집하거나 학교의 명칭을 사용하여 시설을 사실상 학교의 형태로 운영한 자

제33조 (벌칙) 관련판례

제23조제8항의 규정을 위반하여 외국인전용 의료기관 또는 약국의 표시를 하지 아니한 자는 1년 이하의 징역 또는 1천만원 이하의 벌금에 처한다.

제34조 (양벌규정)

법인의 대표자 또는 법인이나 개인의 대리인, 사용인 그 밖의 종업원이 제23 조제6항 또는 제7항의 위반행위를 한 때에는 그 행위자를 처벌하는 외에 그 법 인 또는 개인에 대하여도 제31조에 규정된 벌금형을 과한다.

제35조 (과태료)

① 제24조의 규정을 위반하여 외국방송의 재송신 채널의 수를 구성·운영한 자는 2천만원 이하의 과태료에 처한다.
② 제1항의 규정에 의한 과태료는 대통령령이 정하는 바에 따라 방송위원회가 부과·징수한다.
③ 제2항의 규정에 의한 과태료처분에 불복이 있는 자는 그 처분의 고지를 받 은 날부터 30일 이내에 그 처분권자에게 이의를 제기할 수 있다.

④ 제2항의 규정에 의하여 과태료처분을 받은 자가 제3항의 규정에 의하여 이의를 제기한 때에는 처분권자는 지체없이 관할 법원에 그 사실을 통보하여야 하며, 그 통보를 받은 관할 법원은 비송사건절차법에 의한 과태료의 재판을 한다.

⑤ 제3항의 규정에 의한 기간 이내에 이의를 제기하지 아니하고 과태료를 납부하지 아니한 때에는 국세체납처분의 예에 의하여 이를 징수한다.

부칙 [2002.12.30.]
이 법은 2003년 7월 1일부터 시행한다.

부칙 [2002.12.30.]
이 법은 2003년 7월 1일부터 시행한다.

부칙 [2002.12.30. (산지관리법)]
제1조 (시행일) 이 법은 2003년 10월 1일부터 시행한다.
제2조 내지 제10조 및 제12조 생략
제11조 (다른 법률의 개정) ① 내지 [73] 생략
[74] 경제자유구역의지정및운영에관한법률중 다음과 같이 개정한다.
제11조제1항제2호중 "산림법 제18조의 규정에 의한 보전임지의 전용허가, 동법"을 "산지관리법 제14조·제15조의 규정에 의한 산지전용허가 및 산지전용신고, 산림법"으로, "제90조"를 "제90조제1항"으로 한다.
제15조제2항중 "산림법"을 "산지관리법"으로, "대체조림비"를 "대체산림자원조성비"로 한다.
제27조제1항제14호중 "제90조·제90의2·제90조의6"을 "제90조, 산지관리법 제14조·제15조·제25조 및 제32조"로, "산림형질변경"을 "산지전용"으로 한다.

출처: 국가법령정보센터 http://www.law.go.kr/

부록 3. 나주혁신도시 이전기관 직원 의견조사

1. 현재 진행되는 나주 혁신도시 건설에 대해 어떻게 생각하십니까?

　( ) 매우 부정적　( ) 조금 부정적　( ) 조금 긍정적　( ) 매우 긍정적

2. 나주 혁신도시가 2020년에 가질 모습에 대해 어떻게 생각하십니까?

　( ) 매우 부정적　( ) 조금 부정적　( ) 조금 긍정적　( ) 매우 긍정적

3. 현재 어디에 거주하고 계십니까? 해당되는 곳에 표시해 주십시오.

서울특별시

( )강남구	( )강북구	( )강동구	( )강서구	( )관악구	( )광진구
( )구로구	( )금천구	( )노원구	( )도봉구	( )동대문구	( )동작구
( )마포구	( )서대문구	( )서초구	( )성동구	( )성북구	( )송파구
( )양천구	( )영등포구	( )은평구	( )용산구	( )종로구	( )중구
( )중랑구					

경기도

( )가평군	( )고양시	( )과천시	( )광명시	( )광주시	( )구리시
( )군포시	( )김포시	( )남양주시	( )동두천시	( )부천시	( )성남시
( )수원시	( )시흥시	( )안산시	( )안성시	( )안양시	( )양주시
( )양평군	( )여주시	( )연천군	( )오산시	( )용인시	( )의왕시
( )의정부시	( )이천시	( )파주시	( )평택시	( )포천시	( )하남시
( )화성시					

그 외 지역

(　)인천광역시　(　)대전광역시　(　)부산광역시　(　)대구광역시　(　)광주광역시
(　)충청남도　　(　)충청북도　(　)강원도　(　)경상북도　(　)경상남도　(　)제주도

4. 현재 거주하시는 집의 형태는 어떠합니까?
　(　) 단독주택 (　) 아파트 (　) 연립주택, 원룸, 투룸 (　) 상가건물 (　) 전원주택
　기타의 경우 자세히 적어주십시오

　_____

5. 다음 이사때는 어떤 형태의 집으로 옮겨 가실 계획입니까?
　(　) 단독주택 (　) 아파트 (　) 연립주택, 원룸, 투룸 (　) 상가건물 (　) 전원주택
　기타의 경우 자세히 적어주십시오

　_____

6. 현재 소유하고 계신 주택이 있으십니까?
　(　) 예　　　(　) 아니오

7. 현재 소유하고 계신 주택이 있으신 경우에만 답해주십시오. 현재 살고 계시는 주택을
　소유하고 있는 경우를 포함해서, 소유하신 주택 중 가장 시중가격이 높은 집 하나가
　위치한 지역을 표시해 주십시오.

서울특별시

(　)강남구	(　)강북구	(　)강동구	(　)강서구	(　)관악구	(　)광진구
(　)구로구	(　)금천구	(　)노원구	(　)도봉구	(　)동대문구	(　)동작구
(　)마포구	(　)서대문구	(　)서초구	(　)성동구	(　)성북구	(　)송파구
(　)양천구	(　)영등포구	(　)은평구	(　)용산구	(　)종로구	(　)중구
(　)중랑구					

경기도

( )가평군	( )고양시	( )과천시	( )광명시	( )광주시	( )구리시
( )군포시	( )김포시	( )남양주시	( )동두천시	( )부천시	( )성남시
( )수원시	( )시흥시	( )안산시	( )안성시	( )안양시	( )양주시
( )양평군	( )여주시	( )연천군	( )오산시	( )용인시	( )의왕시
( )의정부시	( )이천시	( )파주시	( )평택시	( )포천시	( )하남시
( )화성시					

그 외 지역
( )인천광역시　( )대전광역시　( )부산광역시　( )대구광역시　( )광주광역시
( )충청남도　( )충청북도　( )강원도　( )경상북도　( )경상남도　( )제주도

8. 나주 혁신도시로 직장이 옮겨갈 때, 가족이 같이 혁신도시 내부나 근처에서 거주할
   생각이 있으십니까?
   ( )꼭 그러겠다.　　( )아마 그러할 것이다.　　( )그럴 가능성이 조금 있다.
   ( )어느 정도 정착되면 옮겨가겠다.　( )가능성이 전혀 없다.

9. 만약 가족과 같이 혁신도시 내부나 근처에서 거주할 경우, 현재 소유하고 계신 주택
   을 처분하시겠습니까?
   ( ) 예　　　( ) 아니오

10. 나주 혁신도시로 직장이 옮겨갈 때, 어디서 거주하려고 생각하십니까?
    나주
    ( ) 혁신도시 내부　　　　( ) 혁신도시 외부
    광주

    ( ) 광주이지만 구체적으로 어디일지는 정하지 않았음
    ( ) 동구　( ) 서구　( ) 북구　( ) 남구　( ) 광산구

( ) 나주시를 제외한 전남   기타 지역인 경우_____

11. 나주 혁신도시로 직장이 옮겨갈 때, 나주 권역에 집을 구매하시겠습니까?
( ) 꼭 그러겠다.   ( ) 아마 그러할 것이다.
( ) 그럴 가능성이 조금 있다.   ( ) 가능성이 전혀 없다.

12. 만약 나주 또는 광주권역에 집을 구매하신다면, 어느 지역의 집 구매를 가장 선호하십니까?
나주
( ) 혁신도시 내부   ( ) 혁신도시 외부

광주
( ) 광주이지만 구체적으로 어디일지는 정하지 않았음
( ) 동구   ( ) 서구   ( ) 북구   ( ) 남구   ( ) 광산구

( ) 나주시를 제외한 전남   기타 지역인 경우_____

13. 만약 나주권역에서 아파트를 구매한다고 가정하는 경우입니다. 이 때 몇 평 정도를 생각하고 계십니까?   _____평

14. 만약 나주권역에서 아파트를 구매한다고 가정하는 경우입니다. 얼마 정도의 현금을 구매에 사용하실 수 있습니까?
_____만원

15. 선생님이 가족과 함께 나주 권역에 거주하는 경우입니다. 광주의 초등학교, 중학교, 고등학교로 자녀분들을 보낼 수 있는 기회를 갖는 것을 선호하십니까?
( ) 매우 선호한다.   ( ) 선호한다.   ( ) 선호하지 않는다.

16. 선생님이 가족과 함께 나주 권역에 거주하는 경우입니다. 혁신도시에 위치한 공립 초등학교, 중학교, 고등학교에 우수 선생님들을 모셔올 수 있다면, 이에 대해 어떻게 생각하십니다?

( ) 매우 찬성한다.　　　( ) 찬성한다.　　　( ) 찬성하지 않는다.

17. 만약 혁신도시 내에 좋은 학교(초등학교, 중학교, 고등학교)가 세워진다면 가족이 같이 혁신도시 내부나 근처에서 거주할 생각이 있으십니까?

( ) 꼭 그러겠다.　　　　　　　　( ) 아마 그러할 것이다.
( ) 그럴 가능성이 조금 있다.　　　( ) 가능성이 전혀 없다.

18. 만약 혁신도시내에 좋은 요양시설(치매, 정신질환, 거동불편한 환자를 위한)이 세워진다면, 가족이 같이 혁신도시 내부나 근처에서 거주할 생각이 있으십니까?

( ) 꼭 그러겠다.　　　　　　　　( ) 아마 그러할 것이다.
( ) 그럴 가능성이 조금 있다.　　　( ) 가능성이 전혀 없다.

19. 만약 혁신도시내에 좋은 실버타운(퇴직후 간호서비스를 받으며 생활할 수 있는 거주시설)이 세워진다면, 가족이 같이 혁신도시 내부나 근처에서 거주할 생각이 있으십니까?

( ) 꼭 그러겠다.　　　　　　　　( ) 아마 그러할 것이다.
( ) 그럴 가능성이 조금 있다.　　　( ) 가능성이 전혀 없다.

20. 만약 혁신도시내에 좋은 영어마을(정해진 지역에서 학생들이 영어로 의사소통하고 생활하는 시설)이 세워진다면, 가족이 같이 혁신도시 내부나 근처에서 거주할 생각이 있으십니까?

( ) 꼭 그러겠다.　　　　　　　　( ) 아마 그러할 것이다.
( ) 그럴 가능성이 조금 있다.　　　( ) 가능성이 전혀 없다.

21. 만약 배우자 분의 직업을 혁신도시 근처에서 소개해 드릴 수 있다면, 가족이 같이

혁신도시 내부나 근처에서 거주할 생각이 있으십니까?

( ) 꼭 그러겠다.　　　　　　　　( ) 아마 그러할 것이다.

( ) 그럴 가능성이 조금 있다.　　　( ) 가능성이 전혀 없다.

22. 만약 혁신도시 내부나 근처에서 건설되는 아파트의 우선분양권을 제공한다면, 가족이 같이 혁신도시 내부나 근처에서 거주할 생각이 있으십니까?

( ) 꼭 그러겠다.　　　　　　　　( ) 아마 그러할 것이다.

( ) 그럴 가능성이 조금 있다.　　　( ) 가능성이 전혀 없다.

23. 만약 이사비용을 제공한다면, 가족이 같이 혁신도시 내부나 근처에서 거주할 생각이 있으십니까?

( ) 꼭 그러겠다.　　　　　　　　( ) 아마 그러할 것이다.

( ) 그럴 가능성이 조금 있다.　　　( ) 가능성이 전혀 없다.

24. 만약 가족과 함께 거주하는 것에 대해서 매달 현금지원을 제공한다면, 가족이 같이 혁신도시 내부나 근처에서 거주할 생각이 있으십니까?

( ) 꼭 그러겠다.　　　　　　　　( ) 아마 그러할 것이다.

( ) 그럴 가능성이 조금 있다.　　　( ) 가능성이 전혀 없다.

25. 선생님의 성별은 무엇입니까?　( ) 남자　　( ) 여자

26. 연령은 만 몇 세 이십니까?　　만 _____세

27. 선생님은 독신이십니까?　　( ) 예　　( ) 아니오

28. 같이 거주하시는 가족에 대해 체크해 주시거나 해당하는 숫자를 아래에 기입해 주십시오.

( ) 아버님　　( ) 어머님　　( ) 남편분　　( ) 아내분

_____명 아드님   _____명 따님   _____명 손자   _____명 손녀

( ) 시어머님   ( ) 시아버님   ( ) 장모님   ( ) 장인어른
_____명 기타   기타의 경우 누구인지 구체적으로 적어주십시오 _____

29. 가족중에 현재 초등학교, 중학교, 고등학교에 다니거나 미취학 어린이가 있으십
니까?   ( ) 예   ( ) 아니오

30. 같이 거주하시거나 부양하시는 가족중에 요양시설(치매, 정신질환, 거동불편한 환자
를 위한)을 필요로 하시는 분이 있으십니까?   ( ) 예   ( ) 아니오

31. 같이 거주하시거나 부양하시는 가족중에 실버타운(퇴직후 간호서비스를 받으며 생활
할 수 있는 거주시설), 요양시설(치매, 정신질환, 거동불편한 환자를 위한)을 필요로
하시는 분이 있으십니까?   ( ) 예   ( ) 아니오

32. 나주 혁신도시에 관련하여 하실 말씀이 있으시면 해주십시오.

_____

33. 배우자 분의 직업 관련해서 표시해 주십시오. 아래의 직업에서 해당하는 곳 하나에
체크해 주십시오. 정확하게 일치하는 곳이 없을 경우 가장 유사한 직업군 아래의 기
타 옆에 직업을 상세히 적어주십시오.

【농어민】
( ) 농지 소유(6,000평 이상)   ( ) 농지 소유(3,000~6,000평)
( ) 농지 소유(1,500~3,000평)   ( ) 농지 소유(1,500평 미만)
( ) 임차농   ( ) 품일
( ) 축산·낙농업자   ( ) 선주
( ) 어부, 수산·양식업자
기타의 경우 구체적으로 적어주십시오 _____

【생산직】

( ) 생산감독(주임·반장) ( ) 공장근로자(숙련공·기능공) ( ) 공장근로자(반숙련공)

( ) 공장근로자(견습공·비숙련공) ( ) 일용노무자 ( ) 고용 운전사(자동차·중장비)

( ) 개인택시·화물차 운전사 ( ) 광원

기타의 경우 구체적으로 적어주십시오 _____

【서비스 및 판매직】

( ) 음식점·여관 등의 주인　　　　　( ) 음식점·여관 등의 종업원

( ) 이·미용실, 세탁소 주인　　　　　( ) 이·미용실, 세탁소 종업원

( ) 청소원　　　　　　　　　　　( ) 수위·경비원

( ) 도·소매 상점주인(5인 미만 고용) ( ) 백화점이나 대규모 유통업체 판매직원

( ) 소규모 상점 점원 ( ) 외판원 ( ) 부동산 중개인 ( ) 행상·노점상

기타의 경우 구체적으로 적어주십시오 _____

【전문직】

( ) 의사　　　　　　　　　　　( ) 약사

( ) 변호사·판사·검사·회계사　　　( ) 대학교수

( ) 작가·예술가　　　　　　　　( ) 언론인·방송인

( ) 교사·학원강사　　　　　　　( ) 간호사

( ) 건축사　　　　　　　　　　( ) 종교인

( ) 연구원

기타의 경우 구체적으로 적어주십시오 _____

【사무관리직】

( ) 중소기업체 사장, 5인 이상 고용 ( ) 대기업·은행간부, 부장 이상

( ) 회사원, 차장·과장　　　　　　( ) 회사원, 계장·대리·평사원

( ) 은행원, 차장·과장　　　　　　( ) 은행원, 대리·행원

( ) 고급공무원, 4급 서기관 이상   ( ) 일반공무원, 5급 사무관 이하

( ) 군인, 영관급 이상·경찰, 경정 이상   ( ) 군인, 위관급·하사관·경찰, 경감 이하

( ) 사회단체 간부, 부장 이상   ( ) 사회단체 직원, 과장급 이하

기타의 경우 구체적으로 적어주십시오 _____

【미취업】

( ) 학생   ( ) 주부

( ) 의무복무 군인, 사병·전경

기타의 경우 구체적으로 적어주십시요 _____

부록 4. 공과대학간 지역격차에 대한 설문조사지

1. 선생님의 전공분야가 있는 학교 중에서, 실험 실습 설계를 위한 장비나 시설이 가장 잘 갖추어진 대학은 어디입니까? (   )

2. 전라북도 충청북도 강원도에 소재하고 있으면서 선생님의 전공분야가 있는 학교 중에 서, 실험 실습 설계를 위한 장비나 시설이 가장 잘 갖추어진 대학은 지역별로 각각 어 디입니까? 해당 지역에 전공분야가 있는 학교가 없으면, "없다"라고 답하시면 됩니다.
(   ) (   ) (   )

3. 전국에서 실험 실습 설계를 위한 장비나 시설이 가장 잘 갖추어진 대학을 100점으로 둔다면, 전라북도 충청북도 강원도에서 실험 실습 설계를 위한 장비나 시설을 가장 잘 갖춘 대학은 각각 몇점을 줄 수 있습니까? 해당 지역에 전공분야가 있는 학교가 없으면, "없다"라고 답하시면 됩니다. 전북의 학교가 전국 제일인 경우는 100점이 됩니다.
(점) (점) (점)

4. 선생님의 전공분야가 있는 학교 중에서, 연구나 교육을 위한 행정적 재정적 지원이 가장 훌륭한 대학은 어디입니까? (   )

5. 전라북도 충청북도 강원도에 소재하고 있으면서 선생님의 전공분야가 있는 학교 중에 서, 연구나 교육을 위한 행정적 재정적 지원이 가장 훌륭한 대학은 지역별로 각각 어 디입니까?
(   ) (   ) (   )

6. 전국에서 연구나 교육을 위한 행정적 재정적 지원이 훌륭한 대학을 100점으로 둔다 면, 전라북도 충청북도 강원도에서 연구나 교육을 위한 행정적 재정적 지원이 가장

훌륭한 대학은 지역별로 각각 몇점을 줄 수 있습니까?

(점) (점) (점)

7. 선생님의 전공분야가 있는 학교 중에서, 학생들에게 가장 훌륭한 전공교육을 시키는 대학은 어디입니까? (   )

8. 전라북도 충청북도 강원도에 소재하고 있으면서 선생님의 전공분야가 있는 학교 중에서, 학생들에게 가장 훌륭한 전공교육을 시키는 대학은 지역별로 각각 어디입니까?
(   ) (   ) (   )

9. 전국에서 학생들에게 가장 훌륭한 전공교육을 시키는 대학을 100점으로 둔다면, 전라북도 충청북도 강원도에서 가장 전공교육을 잘 시키는 대학은 지역별로 각각 몇점을 줄 수 있습니까? (점) (점) (점)

10. 선생님의 전공분야가 있는 학교 중에서, 대기업 연구직에 취업할 수 있도록 가장 학생들을 잘 가르치는 대학은 어디입니까? (   )

11. 전라북도 충청북도 강원도에 소재하고 있으면서 선생님의 전공분야가 있는 학교 중에서, 대기업 연구직에 취업할 수 있도록 가장 학생들을 잘 가르치는 대학은 지역별로 각각 어디입니까?
(   ) (   ) (   )

12. 전국에서 대기업 연구직에 취업할 수 있도록 가장 학생들을 잘 가르치는 100점으로 둔다면, 전라북도 충청북도 강원도에서 가장 대기업 연구직에 취업할 수 있도록 학생들을 잘 가르치는 대학은 지역별로 각각 몇점을 줄 수 있습니까?
(점) (점) (점)

13. 선생님의 전공분야가 있는 학교 중에서, 선생님 전공분야의 가장 실력있는 교수진을 갖춘 대학은 어디입니까? (   )

14. 전라북도 충청북도 강원도에 소재하고 있으면서 선생님의 전공분야가 있는 학교 중에서, 선생님 전공분야의 가장 실력있는 교수진을 갖춘 대학은 지역별로 각각 어디입니까?

    (   ) (   ) (   )

15. 전국에서 선생님 전공분야의 가장 실력있는 교수진을 갖춘 대학을 100점으로 둔다면, 전라북도 충청북도 강원도에서 선생님 전공분야의 가장 실력있는 교수진을 갖춘 대학은 지역별로 각각 몇점을 줄 수 있습니까? (점) (점) (점)

16. 선생님의 전공분야가 있는 학교 중에서, 선생님 전공분야 전공자들 사이에서 가장 인정받는 대학은 어디입니까? (   )

17. 전라북도 충청북도 강원도에 소재하고 있으면서 선생님의 전공분야가 있는 학교 중에서, 선생님 전공분야 전공자들 사이에서 가장 인정받는 대학은 지역별로 각각 어디입니까?

    (   ) (   ) (   )

18. 전국에서 선생님 전공분야 전공자들 사이에서 가장 인정받는 대학을 100점으로 둔다면, 전라북도 충청북도 강원도에서 선생님 전공분야 전공자들 사이에서 가장 인정받는 대학은 지역별로 각각 몇점을 줄 수 있습니까?

    (점) (점) (점)

19. 전라북도 충청북도 강원도 공과대학이 타 지역 공과대학보다 떨어지는 면이 있다면, 그 원인은 구체적으로 무엇이라고 생각하십니까?

    _____

부록 5. 암 치료 경험 설문조사

안녕하십니까? 많은 광주 전남 지역 주민들이 암이라는 질병으로 고생하고 있고, 또 어떠한 치료를 받아야 하는지를 두고 고심을 거듭하고 있습니다. 이러한 어려운 현실에서 조금이라도 주민들이 현명한 선택을 할 수 있도록 도움이 되려고 하는 것이 이 연구의 목적입니다.

이 연구는 어떠한 돈이나 공식적 지원이 없는 학술연구입니다. 따라서, 참여해 주시는 분들에게 물질적 감사의 표시를 할 여유가 불행히도 없습니다. 다른 이에게 도움이 되려는 연구의 순수한 뜻을 생각해 연구에 도움을 주시면 감사하겠습니다.

알고 있는 사람이나 친지가 암에 걸린 이후 겪은 치료과정에 대한 간단한 이야기를 해주시면 됩니다. 연구에 참여하시는 당사자의 신상정보는 본 연구에서 묻지 않습니다. 치료를 받으신 분에 대해서는 연령, 성별, 교육수준만을 물어볼 뿐입니다. 그 외 신상정보는 설문지에 구체적으로는 나오지 않으며, 따라서 외부로 공개될 이유가 하나도 없습니다.

좋은 뜻을 보고, 10분 정도의 시간을 사용해주시면 감사하겠습니다. 혹 두 분 이상의 경험에 대해 아신다면, 진행하는 분에게 추가적으로 설문지를 받아 대답해주시면 감사하겠습니다.

1. 암 치료를 받으신 분이 친척분입니까 아니면 아는 분입니까?
   해당하는 곳에 체크해 주시면 됩니다.
   친척분 (   )   아는 분 (   )

2. 암 치료를 받으신 분의 성별은 어떻게 됩니까?
   남자분 (   )   여자분 (   )

3. 암 치료를 받으신 분의 연령대는 어떻게 됩니까?

　　10대 혹은 그 이하 (　)

　　20대 (　)

　　30대 (　)

　　40대 (　)

　　50대 (　)

　　60대 혹은 그 이상 (　)

4. 암 치료를 받으신 분이 암 진단을 받으셨을 당시 거주하신 곳은 어디입니까?

　　광주 (　)

　　전남 (　)

　　그외 지역인 경우 광역지자체 이름을 적어주십시오. ＿＿＿＿＿＿＿

5. 암진단을 받은 것은 대략 몇 년전입니까? (　　　　　　　년)

6. 어떤 암으로 진단받으셨습니까? (　　　　　　　　　　)

7. 처음 암 수술 혹은 치료를 받은 병원은 어디입니까? (　　　　　　　)

8. 수술 혹은 치료 이후의 환자 상태는 어떠하였습니까? 수술 혹은 치료가 성공적이었는지,
　환자의 회복은 어떠했는지, 혹은 암이 재발했는지를 상세히 적어주시면 감사하겠습니다.

　＿＿＿＿＿＿＿＿＿＿＿＿＿＿＿＿＿＿＿＿＿＿＿＿＿＿＿＿＿＿＿＿＿＿＿＿＿

9. 환자는 처음 병원의 수술 혹은 치료에 대해 어떻게 생각하였습니까?

　　매우 훌륭하다 (　)

　　훌륭하다 (　)

　　그저 그렇다 (　)

　　부족하다 (　)

　　매우 부족하다 (　)

10. 최초 수술 혹은 치료 이후 다른 병원에 가서 추가적인 수술 혹은 치료를 받을 생각을, 환자가 한 적이 있나요?
"예"라면 생각한 병원을 적어주십시오 (   )
아니오 (   )

11. 최초 수술 혹은 치료 이후 다른 병원에 가서 추가적인 수술 혹은 치료를, 실제로 환자가 받았습니까?
"예"라면 두 번째 수술 혹은 치료를 받은 병원을 적어주십시오 (   )
아니오 (   )

12. 두 번째 수술 혹은 치료 이후의 환자 상태는 어떠하였습니까? 두 번째 수술 혹은 치료가 성공적이었는지, 환자의 회복은 어떠했는지, 혹은 암이 재발했는지를 상세히 적어주시면 감사하겠습니다.

_____

13. 환자는 두 번째 병원의 수술 혹은 치료에 대해 어떻게 생각하였습니까?
매우 훌륭하다 (   )
훌륭하다 (   )
그저 그렇다 (   )
부족하다 (   )
매우 부족하다 (   )

14. 아는 분이나 친지분이 겪었던 병원 혹은 병원들 각각에 대한 응답자 분의 생각을 자세히 적어주십시오.

_____

부록 6. 지역발전정책 개발역량 델파이 1차 조사 설문지

"지역발전정책 개발역량"의 개념정의와 지수구성
델파이 제 1회 개방형 질문

안녕하십니까? 저는 이번에 "지역발전정책 개발역량의 개념정의와 지수구성"에 관한 학술연구를 총 2회에 걸친 전문가 조사(델파이 조사)의 방법으로 진행하고 있습니다. 선생님을 전문가 패널로 선정하였으며, 선생님께서 주신 의견을 연구의 자료로 삼고자 합니다. 선생님께서 주신 의견은 철저하게 익명으로 처리하여 오직 학술적인 목적으로만 사용될 것임을 약속드립니다. 혹시라도 궁금한 사항이 있으시면 아래로 연락주시기 바랍니다.

1. **"지역발전"의 개념**은 구체적으로 무엇을 의미한다고 생각하십니까? 예를 들어 "시민 소득 증대" "환경친화적인 도시만들기" "시민의 참여증대"등이 있을 수 있습니다. "지역발전"의 개념에 해당하는 하위의 세부적인 내용을 선생님께서 중요하게 생각하시는 순서대로 가능하면 다섯가지를 구체적으로 적어주시기 바랍니다.

   (1)
   (2)
   (3)
   (4)
   (5)

2. 향후, A지역의 "지역발전"을 위해 **가장 우선적으로 필요하다고 생각하시는** **"정책"**은 구체적으로 무엇이라고 생각하십니까? 선생님께서 중요하게 생각하시는 순서대로 가능하면 다섯가지를 구체적으로 적어주시기 바랍니다.

   (1)

    (2)

    (3)

    (4)

    (5)

3. **"지역발전정책 개발역량"**이란 개념은 앞서 언급한 바와 같은 지역발전과 관련된 정책을 개발할 수 있는 역량을 지칭합니다. 예를 들면, "A의 지역발전 정책 개발역량"이란 "A지역 발전을 위한 정책개발에 전념하는 R&D(연구개발) 조직이나 싱크탱크(think–tank) 조직의 정책개발관련 능력"이라고 할 수 있습니다. 이 점을 유념하시고 아래의 질문에 대답하여 주십시오.

3 – (1) "지역발전정책 개발역량"의 개념은 구체적으로 무엇을 지칭한다고 생각하십니까?

예를 들면 아래와 같습니다.

첫번째, <u>**조직의 재정상태**</u>와 관련하여, "정책연구관련 재정규모", "재정적 독립성의 정도(외부 용역과제 의존의 정도 등)" 등이 있을 수 있습니다.

두번째, <u>**조직의 연구과제개발능력**</u>과 관련하여, "정책연구관련 기획력" 등이 있을 수 있습니다.

세번째, <u>**조직의 연구수행능력**</u>과 관련하여, "박사급 전문연구인력의 숫자", "연구자에 대한 경제적 처우", "1인당 연구과제부담 숫자", "1과제당 연구제한기한" 등이 있을 수 있습니다.

네번째, <u>**조직내 연구수행과정에 대한 관리능력**</u>과 관련하여, "연구계획단계 – 중간점검단계 – 결과점검단계의 관리 시스템의 제도적 내실화의 정도" 등이 있을 수 있습니다.

다섯번째, <u>**조직의 연구수행의 독립성**</u>과 관련하여 "정치적 독립성" 등이 있을 수 있습니다.

여섯번째, <u>**연구성과(연구결과의 질)에 대한 평가**</u>와 관련하여, "수요자 만족의 정도" 등이 있을 수 있습니다.

"지역발전정책 개발역량"의 개념에 해당하는 하위의 세부적인 내용을 선생님께서 중요하게 생각하시는 순서대로 가능하면 다섯가지를 구체적으로 적어주시기 바랍니다. 위 여섯가지와 관련된 내용이나 기타 선생님이 생각하시는 내용을 적어주시면 됩니다.

①

②

③

④

⑤

3 - (2) **"A의 지역발전정책 개발역량"을 담당하고 있는 주요 주체**는 어디라고 생각하십니까? 여러 주체들 중, 개발역량이 높다고 생각하시는 조직의 순서대로 가능하면 다섯가지를 열거해 주십시요. 그리고, 그렇게 생각하시는 이유를 꼭 적어주십시오.

예를 들면, 지역대학, 지역대학 부설연구원, 시도연구원(A연구원), 타지역대학, 타지역대학 부설연구원, 타지역 시도연구원, 국가정책연구원, 중앙정부, 국회, 지방정부, 지방의회, 정당, 정당부설 연구원, 지역의 기업, 지역의 기업체부설 연구원, 타지역의 기업, 타지역의 기업체부설 연구원(예를 들어, 삼성경제연구원), 지역의 사설민간 연구원, 타지역의 사설민간연구원, 지역의 시민단체, 지역의 시민단체부설 연구원, 타지역의 시민단체, 타지역의 시민단체부설연구원, 중앙언론, 중앙언론부설연구원, 지역언론, 지역언론부설연구원, 지역주민 등이 응답가능한 예입니다.

"A의 지역발전정책 개발역량"을 담당하고 있는 첫번째 주체:

그렇게 생각하시는 이유:

"A의 지역발전정책 개발역량"을 담당하고 있는 두번째 주체:

그렇게 생각하시는 이유:

"A의 지역발전정책 개발역량"을 담당하고 있는 세번째 주체:

그렇게 생각하시는 이유:

"A의 지역발전정책 개발역량"을 담당하고 있는 네번째 주체:

그렇게 생각하시는 이유:

"A의 지역발전정책 개발역량"을 담당하고 있는 다섯번째 주체:

그렇게 생각하시는 이유:

3-(3) 어떤 특정의 조직이 "지역발전정책 개발역량"을 가지려면, **정치적으로 어느 정도 독립**되어 있어야 한다는 의견이 있습니다.

이러한 주장에 따르면, 선거와 관련될 수 있는 각종 정당관련 연구소, 지역의 사설민간연구소들, 기업의 이익을 대변할 가능성이 높은 기업관련 연구기관, 민선자치단체장의 정치성향과 관련되어 있을지도 모르는 지역시도연구원(A연구원) 등은 정치적 독립성을 갖고 있지 않아 실질적인 "지역발전정책 개발역량"의 담당주체로는 적절하지 않다는 것입니다. 또한, 행정기관, 지역대학이나 대학부설연구원, 지역시민단체부설연구원, 지역언론부설연구원, 국가정책연구원, 중앙언론부설연구원들도 완전한 정치적 독립성을 갖고 있지 않아 "지역발전정책 개발역량"의 담당주체로 적절치 않다는 것입니다.

여기에 대해서 각각 동의여부를 밝혀주시고, 선생님의 첨부의견(예를 들어, 그렇게 생각하시는 이유들, 즉, A지역에 어느 정도 정치적으로 독립되어 있는 사설연구소나 기업연구소들이 분포하고 있으며 훌륭히 연구를 수행하고 있다든지, A연구원의 연구역량은 민선자치단체장의 정치성향과 거의 상관이 없다든지 등) 또한 말씀해 주십시오.

① 각종 지역 사설민간연구소들

　지역개발 정책역량을 가지고 있다 (　)

　지역개발 정책역량을 가지고 있지 않다 (　)

　선생님의 의견:

② 지역시도연구원(A연구원)

　지역개발 정책역량을 가지고 있다 (　)

　지역개발 정책역량을 가지고 있지 않다 (　)

　선생님의 의견:

③ A시청과 같은 행정기관

　지역개발 정책역량을 가지고 있다 (　)

　지역개발 정책역량을 가지고 있지 않다 (　)

　선생님의 의견:

④ 지역대학이나 대학부설연구원

　지역개발 정책역량을 가지고 있다 (　)

　지역개발 정책역량을 가지고 있지 않다 (　)

　선생님의 의견:

⑤ 지역 시민단체부설연구원

　지역개발 정책역량을 가지고 있다 (　)

　지역개발 정책역량을 가지고 있지 않다 (　)

　선생님의 의견:

3-(4) 어떤 특정의 조직이 "지역발전정책 개발역량"을 가지려면, 조직내에 전
문성(예를 들어서, 박사학위나 이에 준하는 실무경험)을 가진 연구자들로
구성된 지역발전정책을 전담하는 연구조직을 갖추고 있어야 한다는 의견이

있습니다. 다시 말하자면, 지역발전정책 개발을 전담하는 상근직 전문 연구자가 없는 조직은 지역발전정책 개발역량을 가진 것으로 볼 수 없다는 것입니다.

이러한 주장에 따르면 A시의 기획관리실 같은 조직은 기본적으로 행정을 전담하고 있으므로 실제로 지역발전정책 개발역량이 없다는 것입니다. 또한, A지역대학이나 대학부설연구소는 일반적인 강의와 지역발전에 국한되지 않은 일반적인 연구를 전담하는 교수들과 지역문제를 전담하고 있지 않은 연구원들로 이루어져 있으므로 실제로 지역발전정책 개발역량을 갖춘 조직으로 보기 어렵다는 것입니다. 마찬가지로, 지역시민단체부설연구원, 지역언론부설연구원, 국가정책연구원, 중앙언론부설연구원, 각종 정당관련 연구소, 각종 지역사설민간연구소 등도, 지역발전정책 개발을 전담하는 상근직 전문연구조직을 제대로 갖추고 있지 못하므로, 지역발전정책 개발역량이 없거나 부족하다는 것입니다.

여기에 대해서 동의여부를 해당되는 란에 표시를 함으로써 밝혀주시고 선생님의 첨부의견(예를 들어, 그렇게 생각하시는 이유들, 즉, A시의 특정 조직이 지역발전정책개발을 전담하는 상근전문가를 두고 있는지, A의 특정 대학이나 대학부설연구소가 상근전문가를 지역발전정책개발에 전담하고 있는지 등) 또한 말씀해 주십시오.

① 각종 지역 사설민간연구소들
   지역개발 정책역량을 가지고 있다 ( )
   지역개발 정책역량을 가지고 있지 않다 ( )
   선생님의 의견:

② 지역시도연구원(A연구원)
   지역개발 정책역량을 가지고 있다 ( )
   지역개발 정책역량을 가지고 있지 않다 ( )
   선생님의 의견:

③ A광역시청과 같은 행정기관

　지역개발 정책역량을 가지고 있다 (　)

　지역개발 정책역량을 가지고 있지 않다 (　)

　선생님의 의견:

④ 지역대학이나 대학부설연구원

　지역개발 정책역량을 가지고 있다 (　)

　지역개발 정책역량을 가지고 있지 않다 (　)

　선생님의 의견:

⑤ 지역 시민단체부설연구원

　지역개발 정책역량을 가지고 있다 (　)

　지역개발 정책역량을 가지고 있지 않다 (　)

　선생님의 의견:

3-(5) "지역발전정책 개발역량"을 갖추고 있는 조직에 대한 평가에서 **정치적 독립성, 연구과제개발능력, 연구수행과정 관리능력, 연구성과에 대한 평가는 직접적인 관련 당사자의 의견이 아닌 지역의 다른 주체들의 의견으로 평가**해야 한다는 주장이 있습니다. 여기에 대한 각각의 동의여부를 괄호안에 표시해 주시고 선생님의 의견을 말씀해 주십시오.

　다른 주체들의 의견으로 평가해야 한다 (　)

　당사자의 의견으로 평가해야 한다 (　)

　선생님의 의견:

3-(6) "지역발전정책 개발역량"을 갖추고 있는 조직에 대한 평가에서 정책연구를 위한 **정책관련 재정규모, 재정적 독립성의 정도 등의 재정상태와 박사급 연구인력의 숫자, 연구자에 대한 경제적 처우, 1인당 연구과제부담 숫자,**

1과제당 연구제한기한 등의 연구수행능력등에 대한 평가는 외부주체의 평가가 아니라 해당조직의 관련 자료를 사용하여 평가해야 한다는 주장이 있습니다. 여기에 대한 각각의 동의여부를 괄호안에 표시해 주시고 선생님의 의견을 말씀해 주십시오.

해당 조직의 관련자료로 평가해야 한다 (　)
외부주체의 의견으로 평가해야 한다 (　)
선생님의 의견:

4. 아래의 조직들이 **"A의 지역발전정책 개발역량"**을 어느 정도 갖추고 있는지 종합적으로 판단하여 100점 만점 중 (　　　　　)점으로 평가해 주시기 바랍니다.

(1) 지역대학　　　　　　　　　　　평가: 100점 중 (　　　　)점
(2) 지역대학 부설연구원　　　　　평가: 100점 중 (　　　　)점
(3) 시도연구원(A연구원)　　　　　평가: 100점 중 (　　　　)점
(4) 타지역대학　　　　　　　　　　평가: 100점 중 (　　　　)점
(5) 타지역대학 부설연구원　　　　평가: 100점 중 (　　　　)점
(6) 타지역 시도연구원　　　　　　평가: 100점 중 (　　　　)점
(7) 국가정책연구원　　　　　　　　평가: 100점 중 (　　　　)점
(8) 중앙정부　　　　　　　　　　　평가: 100점 중 (　　　　)점
(9) 국회　　　　　　　　　　　　　평가: 100점 중 (　　　　)점
(10) 지방정부　　　　　　　　　　평가: 100점 중 (　　　　)점
(11) 지방의회　　　　　　　　　　평가: 100점 중 (　　　　)점
(12) 정당　　　　　　　　　　　　평가: 100점 중 (　　　　)점
(13) 정당부설 연구원　　　　　　평가: 100점 중 (　　　　)점
(14) 지역의 기업　　　　　　　　평가: 100점 중 (　　　　)점
(15) 지역의 기업체부설 연구원　평가: 100점 중 (　　　　)점

(16) 타지역의 기업   평가: 100점 중 (   )점

(17) 타지역의 기업체부설 연구원   평가: 100점 중 (   )점
      (예를 들어, 삼성경제연구원)

(18) 지역의 사설민간연구원   평가: 100점 중 (   )점

(19) 타지역의 사설민간연구원   평가: 100점 중 (   )점

(20) 지역의 시민단체   평가: 100점 중 (   )점

(21) 지역의 시민단체부설연구원   평가: 100점 중 (   )점

(22) 타지역의 시민단체   평가: 100점 중 (   )점

(23) 타지역의 시민단체부설연구원   평가: 100점 중 (   )점

(24) 중앙언론   평가: 100점 중 (   )점

(25) 중앙언론부설연구원   평가: 100점 중 (   )점

(26) 지역언론   평가: 100점 중 (   )점

(27) 지역언론부설연구원   평가: 100점 중 (   )점

(28) 지역주민   평가: 100점 중 (   )점

5. A연구원의 내부사정, 활동, 지역사회에 미친 영향 등을 아시는대로 구체적으로 말씀해주십시요.

6. 기타 이 주제에 대해서 하시고 싶은 말씀을 적어주십시오.

    기타 하시고 싶은 말씀:

부록 7. 지역발전정책 개발역량 델파이 2차 조사 설문지

"지역발전정책 개발역량"의 개념정의와 지수구성

안녕하십니까?

저는 이번에 **"지역발전정책 개발역량의 개념정의와 지수구성"**에 관한 학술연구를 총 2회에 걸친 전문가 조사(델파이 조사)의 방법으로 진행하고 있습니다. 선생님을 전문가 패널로 선정하였으며, 선생님께서 주신 의견을 연구의 자료로 삼고자 합니다. 선생님께서 주신 의견은 철저하게 익명으로 처리하여 오직 학술적인 목적으로만 사용될 것임을 약속드립니다. 혹시라도 궁금한 사항이 있으시면 아래로 연락주시기 바랍니다.

1. **"지역발전정책 개발역량"의 개념**은 구체적으로 무엇을 지칭한다고 생각하시냐는 질문에 대한 응답의 의견과 순위는 아래와 같습니다.

   1) 연구과제개발능력(정책연구관련 기획력)
   2) 정치적 독립성
   3) 조직의 재정상태
   4) 연구인력
   5) 연구관련 지역사회 네트워크 형성
   6) 연구관리 시스템의 내실화
   7) 연구결과의 정책화
   8) 지역실정의 이해

   － 척도구성에 있어서 각 항목이 선택된 비율을 그대로 적용하려고 합니다. 여기에 대한 각각의 동의여부를 괄호안에 표시해 주시고 선생님의 의견을 말씀해 주십시오.

척도구성에 있어서 각 항목이 선택된 비율을 그대로 적용한다. (   )

다른 방식으로 해야 한다 (   )

다른 방식으로 해야 한다고 생각하실 경우 선생님의 의견:

− 응답 의견중 아래와 같은 소수의견들이 있습니다. 척도 구성에 있어서 이러한 소수의견을 반영해야 하는지 여부에 대한 의견을 말씀해 주십시오.

소수의견1   연구원 채용과정의 투명성

① 반영해야 한다. (   )   ② 반영하지 않아야 한다. (   )

소수의견2   정책에 대한 여론형성 기능

① 반영해야 한다. (   )   ② 반영하지 않아야 한다. (   )

소수의견3   지역사회 갈등 조정 능력

① 반영해야 한다. (   )   ② 반영하지 않아야 한다. (   )

− 만약 소수의견들을 반영해야 한다고 생각하신다면 전체의 몇 퍼센트로 해야 한다고 생각하십니까? (퍼센트)

2. 1차조사에서 거의 모든 분이 정치적 독립성, 연구능력 등의 부문에 대한 평가에 있어서 내부주체의 평가보다는 다른 주체(외부 주체)의 의견으로 평가해야 한다고 응답하셨습니다. 이러한 평가 방법으로 다음 두가지 측정방법이 가능할 수 있습니다. 아래의 두가지 중 하나를 선택해주시고 선택하신 이유나 다른 의견을 적어주십시오.

1) 해당항목에 있어 전국에서 가장 잘하는 시도연구원의 점수를 100점으로 두고 점수를 기입하게 하는 방법 (   )

예. 전국 시도연구원중 가장 연구기획력이 뛰어난 곳의 점수가 100점이라면 A연구원의 점수는 몇점이라고 평가하십니까?

2) 주어진 점수를 사용하는 방법 (   )
　예. 연구기획력이 아주 뛰어나다 5점
　　연구기획력이 뛰어나다 4점
　　연구기획력이 보통이다 3점
　　연구기획력이 부족하다 2점
　　연구기획력이 아주 부족하다 1점

1)이나 2)를 선택한 이유나 또 다른 의견
_____

3. 재정상태, 연구인력, 연구자에 대한 처우 등에 대한 평가방법에서는 1차 조사에서 의견이 나누어졌습니다. 따라서 이에 대해서는 보다 구체적인 세분화와 의사를 명확히 하는 것이 필요해서 다음과 같이 세부항목을 제시했습니다. 아래의 질문에 동의여부를 표시해 주십시오.

1) 재정규모
　1-A) 내부자료를 제출받아 외부주체가 자료를 숫자화하여 평가한다 (   )
　　　<예를 들어 해당지자체의 예산 대비 비율>
　1-B) 외부주체의 의견으로 평가한다 (   )
　또 다른 의견 _____

2) 연구인력의 숫자
　2-A) 내부자료를 제출받아 외부주체가 자료를 숫자화하여 평가한다 (   )
　　　<예를 들어 해당 지자체의 인구 십만명당 연구원수>
　2-B) 외부주체의 의견으로 평가한다 (   )
　또 다른 의견 _____

3) 연구자에 대한 경제적 처우

　3-A) 내부자료를 제출받아 외부주체가 자료를 숫자화하여 평가한다 (　)

　　　＜예를 들어 연구원의 연봉평균＞

　3-B) 외부주체의 의견으로 평가한다 (　)

　또 다른 의견 _____

4. 위의 세가지를 평가함에 있어 내부자료를 제출받아 외부주체가 자료를 숫 자화하여 평가한다면, 전국시도연구원 중 가장 높은 수치를 기록한 점수를 100%로 두고 해당 시도연구원의 점수를 이에 대한 비율로 계산하려합니다. 바로 위에 든 예에서처럼 각기 다른 물가를 감안했을 때 A연구원 연봉평균 이 가장 높은 시도연구원의 70%라면 70%를 점수로 부여하려 합니다.

　이런 방식의 점수계산에 동의한다 (　)

　이런 방식의 점수계산에 동의하지 않는다 (　)

　동의하지 않을 경우 의견 _____

5. 1차 조사결과 전문연구자 보유와 정치적독립성이란 두가지 기준을 충족하 는 지역개발 정책 역량을 가진 기관으로 A연구원과 A지역대학 이라는 응답 이 많았습니다. 지표를 좀더 구체화하기 위해서 좀더 구체적으로 지적해 주 시면 감사하겠습니다.

　지역개발 정책역량을 가진 A지역대학 연구소나 연구회를 알고 있다.

　안다 (　) 명칭 :

　모른다 (　)

6. 아래는 A연구원을 평가하는 실질적인 척도입니다. 읽어보시고 생각나는 점 이 있는 경우에 각각의 질문에 대해서도, 그리고 전체적인 면에 대해서도 지적해주십시오.

<아래의 6개는 확정된 항목입니다>
– 각 항목별로 전국에서 가장 우수한 시도연구원을 100%로 기준했을때

1) A연구원의 연구과제개발능력(정책연구관련 기획력)은 몇 퍼센트입니까?
(%)
2) A연구원의 정치적 독립성은 몇 퍼센트입니까? (%)
3) A연구원의 연구관련 지역사회 네트워크 형성은 몇 퍼센트입니까?(%)
4) A연구원의 연구관리 시스템의 내실화는 몇 퍼센트입니까? (%)
5) A연구원의 연구결과의 정책화는 몇 퍼센트입니까? (%)
6) A연구원의 지역실정의 이해는 몇 퍼센트입니까? (%)

<아래의 3항목은 2차 조사결과에 따라서 추가여부가 결정될 항목입니다>
– 각 항목별로 전국에서 가장 우수한 시도연구원을 100%로 기준했을때

1) A연구원의 연구원 채용과정의 투명성은 몇 퍼센트입니까? (%)
2) A연구원의 정책에 대한 여론형성 기능은 몇 퍼센트입니까? (%)
3) A연구원의 지역사회 갈등 조정 능력은 몇 퍼센트입니까? (%)

<아래의 3항목은 2차 조사결과에 따라서 A, B 둘 중 하나를 척도구성 기준으로 사용하게 됩니다>

1－A) A연구원의 재정상태는 전국에서 가장 재정이 좋은 시도연구원의 몇 퍼센트 정도입니까?

1－B) $\dfrac{A연구원의\ 예산을\ A지역\ 예산으로\ 나눈\ 수치}{시도연구원\ 예산을\ 해당\ 지자체\ 예산으로\ 나눈\ 숫자의\ 전국최고치 \times 100\%}$

2－A) 각 지자체간의 인구의 차이가 있음을 감안할 때 A연구원의 연구인력 숫자 는 전국에서 인구대비 가장 많은 연구인력을 보유한 지역의 시도

연구원의 몇 퍼센트 정도입니까?

2 - B) $\dfrac{\text{인구 십만명당 } A\text{연구원의 연구원수 연구인력}}{\text{인구 십만명당 시도연구원 연구원 숫자의 전국 최고치}} \times 100$

3 - A) 각 지자체의 생활물가의 차이를 감안했을 때 A연구원의 연구자에 대한 경제적 처우는 전국에서 물가대비 가장 처우를 잘해주는 시도연구원의 몇 퍼센트 정도입니까?

3 - B) $\dfrac{A\text{연구원의 연봉편균을 } A\text{ 생활물가지수로 나눈 값}}{\text{시도연구원 연봉평균을 해당 지자체 생활무가지수로 나눈 값의 전국최고치}} \times 100$

7. A연구원이 A의 정책결정과정에 있어 다양한 시각을 제공하고 있습니까?

　다양한 시각을 제공하고 있다 (　　)

　이유 _____

　다양한 시각을 제공하고 있지 않다 (　　)

　이유 _____

8. A연구원은 특정 경제·정치·집단적 이익을 초월해서 A시민 전체의 이익을 대변하고 있습니까?

　A시민 전체의 이익을 대변하고 있다?

　이유 _____

　A시민 전체의 이익을 대변하고 있지 않다?

　이유 _____

9. A연구원은 지역의 힘있는 지배집단(예를 들어 기업, 정치인, 공무원 등)의 이익을 대변하고 있습니까?

　힘있는 지배집단의 이익을 대변한다 (　　)

　대변하는 집단은?_____

　어떤 식으로 이익을 대변합니까?_____

힘있는 지배집단의 이익을 대변하지 않는다 (   )

이유 _____

10. A의 주요 사업이 시민전체의 이익과 상충된다고 생각했을 때 A연구원은
이에 대한 공개적인 반대의사를 표명할 수 있다고 생각하십니까?

11. A연구원은 복잡한 정책을 시민들이 쉽게 이해할 수 있는 노력을 하고 있
습니까?

노력하고 있다 (   )

방식 :_____

이유 _____

노력하고 있지 않다 (   )

이유 _____

12. A연구원은 A시의 주요 사업이나 발전방향에 관하여 시민들이 집회, 소송,
주민청원 등의 집단참여를 만들어 낼 수 있는 정책적 영향력이 있습니까?

있다 (   )

이유 _____

능력이 없다 (   )

이유 _____

13. A연구원의 활동들이 정책결정자가 원하거나 이미 결정해 놓은 사안을 정
당화하기 위해 사용되고 있습니까?

이미 결정된 사업에 대한 정당화를 위해 사용된다 (   )

정책결정자는? (   )

정당화에 동원되는 방식

이미 결정된 사업에 대한 정당화를 위해 사용되지 않는다 (　)

이유: _____

14. A에서 학연·지연·친분관계가 실제 주요 사업에 영향을 미치는 경우가 있습니까?

   영향을 미치는 경우가 있다 (　)

   영향을 미치는 경우가 없다 (　)

   학연·지연·친분관계 등이 실제 주요 사업에 영향을 미치는 경우가 있다면 어떠한 영향을 미칩니까?

15. A에서 학연·지연·친분관계가 지역발전정책 개발역량에 어떠한 영향을 미칩니까?

16. 1차 설문조사에서 A연구원이 A시의 입김에서 자유롭지 않다는 의견이 많았습니다. 그 이유를 자세히 적어 주십시오.

17. 1차 설문조사 결과 A연구원의 인사과정의 불투명성에 대한 지적이 있었습니다. 왜 이런 의견들이 지적되었다고 생각하십니까?

18. A를 변화시키는 주요 사업이 시민전체의 이익과 상충된다고 생각했을 때 이에 대한 공개적인 반대의사를 표명할 수 있는 집단은 어디라고 생각하십니까?

19. A를 변화시키는 주요 사업을 시민들의 반대에도 불구하고 추진할 수 있는 집단은 어디라고 생각하십니까?

20. A의 복잡한 정책을 시민들이 쉽게 이해할 수 있는 노력을 하고 있는 집단은 어디라고 생각하십니까?

21. A시의 주요 사업이나 발전방향을 중심으로 시민들의 참여를 만들어 낼 수 있는 능력이 있는 집단은 어디라고 생각하십니까?

22. 전국에서 지역발전정책 개발역량이 가장 많은 시도연구원은 어디입니까?

     서울시정개발연구원 　(　　　)

     경기개발연구원 　　　(　　　)

     부산발전연구원 　　　(　　　)

     대구경북개발연구원 　(　　　)

     인천발전연구원 　　　(　　　)

     광주전남발전연구원 　(　　　)

     대전발전연구원 　　　(　　　)

     울산발전연구원 　　　(　　　)

     강원발전연구원 　　　(　　　)

     충남발전연구원 　　　(　　　)

     전북경제사회연구원 　(　　　)

     경남발전연구원 　　　(　　　)

     제주발전연구원 　　　(　　　)

     충북개발연구원 　　　(　　　)

23. A연구원의 지역발전정책 개발역량은 전국에서 가장 높은 시도연구원의 몇 퍼센트 정도입니까? 　(　　　　 %)

24. A연구원의 연구역량이 다른 시도연구원보다 떨어진다면 이는 A내부요인입니까 아니면 외부요인입니까? 아니면 둘 다라고 생각하십니까? 또 구체적으로는 어떠한 요인입니까?

     내부요인(　　)＿＿＿＿＿＿＿＿＿＿＿＿＿＿＿＿＿＿＿＿＿

     외부요인(　　)＿＿＿＿＿＿＿＿＿＿＿＿＿＿＿＿＿＿＿＿＿

     내부와 외부요인(　　)＿＿＿＿＿＿＿＿＿＿＿＿＿＿＿＿＿

25. 1차 설문때 A에 대한 지역발전정책 개발역량을 중앙정부와 같은 외부에서도 상당히 가지고 있다는 답변이 나왔습니다. 왜 이런 답변이 나왔다고 생각하십니까?

26. 1차 설문조사 결과 A의 시민단체의 지역발전정책 개발역량은 전문인력면에서 부족하다는 것이 다수 의견이었습니다. 왜 이런 의견이 지적되었다고 생각하십니까?

27. A 시민단체들이 A의 주요 정책, 사업에 대한 의견을 공개적으로 표명할 때 이는 누구의 이익을 대변한다고 생각하십니까?

28. A 시민단체들은 복잡한 정책을 시민들이 쉽게 이해할 수 있는 노력을 하고 있다고 생각하십니까?

노력하고 있다 (　　)

어떻게 _____

왜? _____

노력하고 있지 않다 (　　)

왜? _____

29. A의 시민단체들은 A시의 주요 사업이나 발전방향을 중심으로 시민들의 참여를 만들어 낼 수 있는 능력이 있습니까?

능력이 있다 (　　)

이유 _____

능력이 없다 (　　)

이유 _____

참고문헌

이 QR 코드를 스캔하면 『새로운 지역격차와 새로운 처방』의
참고문헌을 열람할 수 있습니다.

• 저자소개 •

김준우

약력

고려대학교 문과대학 사회학과 졸업
Michigan State University 사회학·도시학 박사
Singapore National University 박사후 과정
부산발전연구원 부연구위원
현재 전남대학교 사회과학대학 사회학과 교수
주요 연구 분야: 지역발전론, 도시사회학

저서
「사회과학의 현대통계학」 김영채 공저, 박영사,
   2005.
「즐거운 SPSS, 풀리는 통계학」 박영사, 2007.
「국가와 도시」 전남대학교출판부, 2007.
「선집으로 읽는 한국의 도시와 지역」 안영진 공
   편, 박영사, 2008.
「공간이론과 한국도시의 현실」 전남대학교출판
   부, 2010.
「황금도시: 장소의 정치경제학」 Logan & Molotch
   Urban Fortunes 번역, 전남대학교출판부, 2013.

안영진

약력

서울대학교 사회과학대학 지리학과 졸업
서울대학교 대학원 석사 및 박사과정 수료
독일 뮌헨공과대학교(TUM) 박사
서울대학교 박사후 과정
현재 전남대학교 사회과학대학 지리학과 교수
주요 연구 분야: 경제·사회지리학, 지역발전론,
   지리학이론

저서
「사회지리학: 사회공간 이론과 지역계획의 기초」
   법문사, 1998.
「인구 경제발전 환경」 한울, 2000.
「노동시장의 지리학: 공간적 맥락에서 본 취업
   과 실업」 한울, 2002.
「도시의 이해」 박영사, 2002.
「사회공간론: 사회지리학 이론 발달사」 한울,
   2003.
「대학과 지역발전: 이론과 실제」 한울, 2005.
「지방도시의 변화와 발전 동인」 전남대학교출
   판부, 2006.
「사회지리학의 이해」 푸른길, 2008.
「중심지 이론: 남부 독일의 중심지」 나남, 2008.
「공업입지론」 나남, 2009.
「지구 지방화와 다문화 공간」 푸른길, 2011.
「현대 경제지리학 강의」 푸른길, 2011.
「지리학: 역사 본질 방법(1) (II)」 아카넷, 2013.
「세계경제공간의 변동」 시그마프레스, 2014.

새로운 지역격차와 새로운 처방

초판발행   2017년 7월 5일

지은이   김준우·안영진
펴낸이   안종만

편 집   한두희
기획/마케팅   이영조
표지디자인   김연서
제 작   우인도·고철민

펴낸곳   ㈜ **박영사**
                서울특별시 종로구 새문안로3길 36, 1601
                등록 1959. 3. 11. 제300-1959-1호(倫)
전 화   02)733-6771
f a x   02)736-4818
e-mail   pys@pybook.co.kr
homepage   www.pybook.co.kr
ISBN   979-11-303-0433-5   93350